학교상담자를 위한

상담면접의 실제

학교상담자를 위한

상담면접의 실제

| 김진희 · 박미진 · 임경희 · 조붕환 공저 |

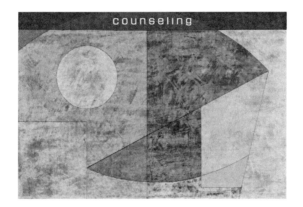

학지사

머리말

학교상담의 중심에는 학교상담자가 있다. 학교상담이 중요한 만큼 학교상담자의 역할이 중요하지만, 학교상담 장면에서 만나게 되는 청소년들의 다양하고 심각한 문제는 학교상담자들의 어려움과 소진으로 연결되고 있다.

학교상담을 효과적으로 진행하기 위해서는 상담기법에 대한 이해와 이를 효과적으로 적용할 수 있는 역량이 필요하다. 이는 학교상담뿐만 아니라 모든 상담에서 상담자가 갖추어야 할 태도이자 역량에 해당한다.

상담은 대화를 통해서 이루어진다. 좋은 상담이란 궁극적으로 내담자가 자신의 내면에 대해 잘 이야기할 수 있는 장을 마련해 주는 것이라고 할 수 있다. 내담자가 자신에 대해 잘 이야기할 수 있도록 하고 그 과정에서 내담자 스스로가 자신에 대해 자각하고 변화하게 하는 것도 대화를 통해서이다. 효과적인 상담을 진행하고 상담의 성과를 내기 위해서 상담자는 전문적인 상담기법을 사용하여야 하고, 이를 위한 훈련은 필수적이다.

이 책은 학교상담 장면에서 상담자가 상담기법을 효과적으로 이해 · 훈련 · 적용하는 것을 돕기 위해 쓰였으며, 학교상담, 상담기법, 주제별 상담기법 적용의 총 3부로 구성되었다. 1부에서는 학교상담의 의미와 목표, 학교상담자의 자질 및 역할과 학교상담에서 다루게 되는 영역 등 학교상담에 관한 전반적인 내용을 개관하였다.

2부에서는 상담면접의 대표적 기법인 주의집중과 경청, 질문, 내용반영, 감정반영, 자기개방, 직면, 해석, 즉시성의 적용과 그 효과를 살펴보고 연습문제를 통해 직접 연습해 볼 수 있도록 구성하였다. 상담기법에 대한 이해를 돕기 위해 상담기법의 사용을 예시를 들어 설명하여 상담기법의 적용 방법과 그 효과를 실제적으로 반영하고자 하였다. 또한 각 장의 연습문제는 3단계로 구성하였는데 1단계는 적절한 기법을 적용해 보는 연습, 2단계는 가상의 청소년 내담자 사례의 상담 축어록 속에서 상담기법을 적용하는 연습을 할 수 있게 하였다. 3단계는 역할연습을 통해 상담기법을 점검하고 숙달할 수 있도록 실습으로 구성하였다.

3부에서는 학교장면에서 많이 접할 수 있는 정서문제 상담, 진로상담, 학교폭력 상담, 학부모 상담을 선정하여, 각 상담의 목표와 과정을 살펴보고 문제유형 및 주제별 상담 장면에 따라 상담기법을 적용해 보도록 하였다.

이 책은 학교상담자뿐만 아니라 초보상담자, 상담을 전공하는 대학원생의 상담기법 적용 및 연습을 위한 실습서로 활용하기에 유용하다. 이 책이 내담자를 돕고 효과적으로 상담을 진행하는 데 보탬이 되기를 바란다. 아울러 이 책의 출판을 맡아 주신 학지사의 김진환 사장님과 여러 면에서 많은 도움을 주신 편집부 분들께 감사드린다.

2018년 2월
저자 일동

차례

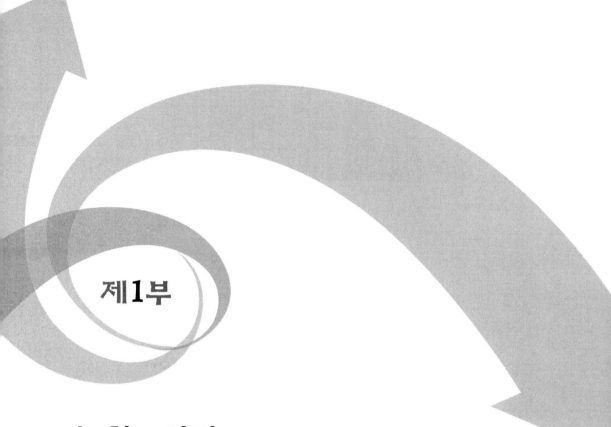

제1부

| 학교상담

1장 학교상담의 이해

1장
학교상담의 이해

학교상담은 학교장면에서 주로 전문상담교사, 전문상담사를 포함한 교사와 상담자가 학생과 학부모를 대상으로 하는 상담으로, 학생 및 학부모와 협력관계를 형성하고 이들의 자기이해를 도와 사고, 감정, 행동 및 태도를 변화시켜 가도록 조력함으로써 인간적 성장을 도모하는 과정이라고 할 수 있다.

그동안 초·중등학교에서는 담임교사, 교과담당교사들이 학생들에게 필요한 자료나 정보를 제공하고 수시로 면담을 통하여 조언하는 상담을 해 왔으며, 중등학교의 경우 교도교사나 진로상담교사들이 전문적 연수를 받은 후 부분적으로 상담자로서의 역할을 해 왔다(연문희, 강진령, 2009). 현재는 전문상담교사와 전문상담사들이 학교현장에 배치되어 활발히 활동하고 있으나 그 수는 매우 부족한 상황이다.

학교상담의 경우 임상적인 치료를 목적으로 하는 일반상담과는 달리 학생들의 전인적인 발달과 문제예방을 위한 교육을 주목적으로 하기 때문에, 오늘날의 종합적이고 발달적인 측면에서의 학교상담이라는 개념이 정립되기까지는 많은 시간이 걸렸다(허승희, 박성미, 2010).

1. 학교상담의 의미

1) 학교상담의 정의

학교상담의 정의에 앞서 상담에 대한 정의를 먼저 살펴보기로 한다. 상담에 대한 정의는 학자들마다 지향하는 인간관이나 인간의 본성에 대한 이해에 따라 강조하는 측면에 다소간의 차이가 있다. 국내외 몇몇 학자들이 제시하고 있는 상담의 정의를 살펴보면 〈표 1-1〉과 같다(조붕환, 임경희, 2013).

■ 표 1-1 상담에 대한 국내외 학자들의 정의

학자	정의
Rogers(1942)	치료자와의 안전한 관계에서 내담자가 과거에 부정했던 경험을 다시 통합하여 새로운 자기로 변화하는 과정
Corey(2005)	치료적 모험을 통해 변화를 가져오도록 하는 상담자와 내담자 간의 계약과정
이장호(2005)	도움을 필요로 하는 사람이 전문적 훈련을 받은 사람과의 대면관계에서 생활과제의 해결과 사고, 행동 및 감정 측면의 인간적 성장을 위해 노력하는 학습과정
이재창(2006)	전문적인 훈련을 받은 상담자가 도움을 필요로 하는 내담자에게 자신과 주위환경에 대한 이해를 촉진시킴으로써 적응과 발달을 위한 행동의 변화, 즉 개인의 성장을 가져오게 하는 상호작용의 학습과정

이를 종합해 보면 상담은 다음과 같은 몇 가지 특징으로 요약된다.

- 도움을 필요로 하는 내담자와 도움을 주는 상담자가 있어야 한다.
- 전문적으로 교육과 훈련을 받은 상담자에 의해 제공되는 전문적인 활동

이다.

- 상담자와 내담자의 관계에 기초를 두고 상담자와 내담자가 대등한 위치에서 서로 협력하는 활동이다.
- 내담자에게 의사결정 기술과 문제해결 방법을 찾도록 가르치는 과정이다.
- 내담자가 새로운 행동이나 태도를 학습하도록 돕는 과정이다.
- 궁극적으로 내담자의 성장과 발전을 위해 노력하는 과정이다.

일반적인 상담의 정의와 비교할 때, 학교상담은 상담자가 일대일 관계에서 내담자의 문제해결을 돕는다는 의미보다는 보다 넓은 차원에서 인간의 전체적인 발달을 돕는 것에 초점을 둔다. 즉, 학교상담은 학생들의 교육적·발달적 측면에 초점을 두는 교육프로그램을 구안하여 학생들의 문제를 예방하고, 효과적인 발달을 돕는 기능을 하며, 보다 넓은 차원에서 학생, 학부모 및 교사들을 돕는 광범위한 봉사활동을 의미한다(Schmidt, 1999).

미국학교상담자협회(American School Counselor Association: ASCA, 1997)에서 제시한 학교상담을 위한 국가모형에서는 학교상담의 초점을 유치원에서부터 고등학교에 이르기까지 학생들의 학업, 진로, 개인 및 사회적 영역에서의 성취에 두고 있으며, 일반상담과 다른 학교상담의 주요한 차이로서 학교상담의 예방적 측면을 강조하고 있다. 즉, 학교상담 프로그램의 목적은 모든 학생이 학업적, 개인적, 사회적 영역 및 진로영역에서의 발달 경험을 적극적이고 예방적인 방법으로 확보할 수 있도록 돕는 것이다(허승희, 박성미, 2010).

학교상담에서는 일반상담과 달리 모든 학생의 교육적, 발달적 측면에 초점을 두는 교육 프로그램을 구안하고 실행하는 역할을 강조한다. 즉, 학교상담 프로그램의 내용은 학생들의 학업 향상, 진로 발달 및 개인적, 사회적 성장에 초점이 맞추어져 있다(Dahir, 2001).

2) 학교상담의 특성

학교상담의 특성은 학교상담의 주체, 학교상담의 대상, 학교상담의 내용과 학교상담의 특수성으로 구분할 수 있는데 그 내용에 대해 살펴보면 다음과 같다 (조붕환, 임경희, 2013).

(1) 학교상담의 주체

현재 학교에서 상담서비스를 제공하고 있는 사람들은 전문상담교사, 일반교사, 각급 학교에 채용된 전문상담사 등이다. 학교에서 상담활동을 하는 상담자의 임무는 학교 이외의 기관에서 상담을 임무로 하는 상담자의 임무와는 여러 면에서 다르다. 학교상담의 기본 목적이 학생들의 성장과 발달을 촉진하는 데 있다는 점에서 학교상담자의 역할은 보다 넓고 다양하다.

학교상담자의 주체로는 현직 교사 중에서 일정한 경력을 갖추고 교육대학원에서 상담 관련 석사학위과정 혹은 1년간의 집중적인 상담 관련 교육을 통해 양성된 1급 전문상담교사와 대학의 심리학과나 상담학과 등에서 전문상담교사 양성과정을 거쳐 교원임용시험에 합격하여 임용된 전문상담교사 그리고 상담 관련 전문자격을 가지고 각급 학교에 채용된 전문상담사들이 주로 학교상담실에서 상담을 수행하고 있다. 일반교사들은 사범대학이나 교육대학 혹은 일반대학교의 교직과정을 통해서 생활지도, 아동 및 청소년 발달 등의 과목을 수강하고 선배교사 및 동료교사와의 대화 그리고 교직경험에 바탕을 두고 상담을 실시하고 있다.

(2) 학교상담의 대상

학생, 학부모, 일반교사, 지역사회 등이 될 수 있다. 상담의 일차적인 대상은 비행, 학업, 대인관계, 성격 등으로 어려움을 겪고 있는 학생이 그 대상이 될 수 있다. 그러나 최근에는 상담의 목적이 성장과 발달에 초점을 두게 되면서 점차 상담의 대상은 모든 학생으로 확대되고 있다. 현재 일반교사들은 주로 학생과 학부모를 대상으로 상담활동을 하고 있으며, 전문상담교사는 학생, 학부모, 일반교사들에 대해서도 상담활동을 하고 있다. 최근에는 점차 학부모, 일반교사, 학교행정가 및 지역사회와의 연계, 홍보, 상담활동이 강조되면서 상담교사들의 지역사회와 일반교사, 학교행정가들을 대상으로 한 자문과 조정활동의 역할이 중요해지고 있다.

(3) 학교상담의 내용

학교상담에서 다루어지는 내용은 학습상담, 진로상담, 성격상담, 비행상담 등으로 분류된다. 학교상담은 문제를 야기하는 소수의 학생만을 대상으로 하는 것이 아니라 모든 학생들의 성장발달을 조장하고 촉진하는 예방활동에 노력을 기울인다. 전문적인 도움을 필요로 하는 학생들을 상담하는 활동과 일반학생들의 건전한 성장발달을 조장하는 예방활동이 통합을 이루는 상담활동에 초점을 둔다.

(4) 학교상담의 특수성

① 대체로 비자발적으로 이루어진다.

학교에서의 상담활동은 주로 호출면담의 형태로 교사주도적으로 이루어지는 경우가 많기 때문에 학생의 동기가 매우 낮고 비자발적으로 전개되어 상담의 효과를 기대하기 어렵게 한다. 학교상담자는 학생들이 상담의 동기를 지니고 상담에 임할 수 있도록 도울 필요가 있다.

② 시간적 제약이 따른다.

학교장면에서의 상담은 일정한 기간을 정하여 지속적인 상담활동을 하기에 현실적인 어려움이 있다. 학교상담자들은 창의적 체험활동 시간이나 홈룸(homeroom)시간, 교과와 연계한 학급단위의 집단상담과 상담교육 활동을 실시할 수 있으며 메일, 홈페이지, 게시판, 편지 등의 상담 방법을 활용할 필요가 있다. 또한 단기상담이나 단회상담을 활용하는 방안과 가능성을 고려하는 것이 효율적이다.

2. 학교상담의 목표

상담의 궁극적 목표는 내담자가 잠재력을 최대한으로 발휘하도록 돕고, 일상생활에서 보다 건강하고 행복한 삶을 누릴 수 있도록 도와주는 것이다. 이와 같은 맥락에서 학교상담은 모든 학생의 자기이해와 건전한 적응을 돕고 자기지도력을 갖게 함으로써 자아실현을 할 수 있도록 하는 데 목적이 있으며, 문제의 해결이나 부적응 행동의 수정 자체에 일차적인 관심을 두기보다는 학생들의 성장과 발달에 관심을 둔다.

즉, 학교상담의 궁극적인 목적은 학생 개개인의 성장과 자기실현이라고 할 수 있으며, 이를 위한 구체적인 목표는 다음과 같이 요약할 수 있다(조붕환, 임경희, 2013).

1) 자신의 특성과 잠재력에 대한 이해

학생의 능력, 적성, 성격, 흥미, 가치관, 신체조건 등 개개인이 가지고 있는 특성뿐만 아니라 이들의 발달가능성을 깊이 인식하고, 잠재력을 개발해서 최대한으로 성장·발달시키는 데 필요한 적절한 교육적 경험들을 제공해 주어야 한다.

2) 환경에 대한 현실적 이해

학생들이 당면한 문제를 해결하고, 미래를 계획할 수 있도록 하기 위해서는 이들을 둘러싸고 있는 가정, 학교, 사회, 국가, 세계에 관한 이해와 더불어 생활에서 필요한 여러 가지 교육, 직업, 개인적·사회적 정보에 대한 현실적 이해가 이루어질 수 있도록 도와주어야 한다.

3) 문제해결능력의 신장

교사는 학생들의 문제해결능력 신장을 위해 학교생활, 생활습관, 대인관계, 가족관계, 학습습관 등의 다양한 영역에서 학생들과 문제해결과정을 함께 하면서 각 영역에서 요구되는 태도와 기술을 습득할 수 있도록 하며, 이들이 적응적으로 사고하고 행동할 수 있도록 도와줄 필요가 있다.

4) 현명한 선택과 적응

현명한 선택은 이후의 원만한 적응을 예견한다. 현명한 선택과 적응을 돕기 위해서 학생들이 스스로 선택하고 결정하는 데 필요한 정보를 제공하고, 의사결정의 대안들이 갖는 장단점을 비교할 수 있도록 지도하며, 현명한 의사결정을 방해하는 정서적·심리적 문제의 특성이 무엇인지 확인하고 극복할 수 있도록 도와줄 필요가 있다.

5) 자기실현과 민주시민 육성

학교상담의 궁극적 목적은 학생들이 자기를 실현하고, 민주사회의 일원으로 성장·발달할 수 있도록 돕는 것이라고 할 수 있다. 따라서 자신의 권리를 요구하고 책임을 이행하며, 자신을 비롯한 타인의 존재가치와 존엄성, 개성을 인정할 줄 아는 사회의 일원으로 성장·발달할 수 있도록 다양한 교육적 경험을 제공할 필요가 있다.

ASCA(1997)의 '학교상담 프로그램 국가표준'에서 제시하고 있는 학교상담의 기본목표는 〈표 1-2〉와 같으며, 학교상담의 영역별 세부목표라고 볼 수 있는 역량과 지표는 다음 절에서 제시하기로 한다.

표 1-2 미국상담자협회(ASCA)의 학교상담 프로그램 국가표준

국가표준	학교상담의 기본목표
표준 1	학교와 생애 전반에 걸쳐 효과적으로 학습할 수 있는 태도, 지식, 기술을 습득한다.
표준 2	대학을 포함한 이후 다양한 고등교육 기회에 필수적인 학업준비를 하고 학교를 마친다.
표준 3	직업세계, 가정 및 지역사회에서의 생활과 학업의 관계를 이해한다.
표준 4	자신에 대한 지식과 관련지어 직업의 세계를 탐색하고, 현명한 진로결정을 위한 기술을 습득한다.
표준 5	성공적이고 만족스럽게 장래의 진로목표를 달성하기 위한 전략을 사용한다.
표준 6	개인의 특성과 교육, 훈련 및 직업세계와의 관계를 이해한다.
표준 7	자신과 타인을 존중하고 이해하는 데 도움이 되는 태도와 지식, 대인관계 기술을 습득한다.
표준 8	의사결정, 목표설정, 목적성취에 필요한 행동을 한다.
표준 9	안전과 생존기술을 이해한다.

출처: ASCA (1997).

3. 학교상담자의 자질

학교상담자의 자질은 인성적 자질과 전문적 자질로 나눌 수 있다. 인성적 자질은 일반상담자와 학교상담자가 갖추어야 할 공통적 자질이다. 학교상담자는 이외에도 학생들의 발달단계에 관한 이론적 지식과 그에 따른 학생에 대한 이해, 발달단계에 따른 접근 방법, 면접기법 등에 관한 전문적 자질을 추가로 갖추어야 한다(조봉환, 임경희, 2013).

1) 인성적 자질

상담은 내담자와 상담자 간의 상담관계를 핵심으로 하는 과정이다. 그러므로

상담관계를 형성하고 발달시키는 것이 상담효과를 높이는 데 가장 중요한 변인
이다. 상담자의 인성적 자질은 내담자와 진정한 인간관계를 형성하고 내담자에
게 영향을 미칠 수 있는 인성적 특성을 의미한다.

(1) 일치성

일치성[congruence 또는 진실성(genuineness)]은 상담자가 상담 시간에 순수하
고 진실해야 한다는 것을 의미한다. 상담자는 겉치레 없이 내적 경험과 외적 표
현을 일치시켜야 하고, 내담자와의 관계에서 느끼는 감정과 태도를 개방적으로
표현할 수 있어야 한다. 진실성은 상담자가 내담자와의 관계에서 상담자의 역
할을 하기보다는 한 인간으로서 내담자를 만난다는 의미이다.

(2) 무조건적 존중과 수용

무조건적 존중과 수용(unconditional positive regard)은 개인의 행동이나 감정,
사고방식들이 당사자에게는 가장 적절한 방식임을 받아들이려는 상담자의 노
력이라고 할 수 있다. 이는 '나는 당신이 ~할 때만 당신을 받아들이겠다.'가 아
니라 '나는 있는 그대로의 당신을 받아들이겠다.'는 태도이다. 상담자는 내담자
에게 따뜻하고 수용적이어야 하며, 이러한 자세를 말뿐만 아니라 억양과 표정
같은 비언어적 단서를 통해 전달해야 한다.

(3) 공감적 이해

공감적 이해(empathic understanding)란 내담자의 입장에서 그들의 내면세계
를 이해하는 것이다. 내담자와 같은 경험을 하지는 않았지만 내담자와 거의 같
은 내용과 수준에서 그들의 감정을 이해하는 것이다. 상담자는 내담자가 겪고
있는 의사결정 문제, 불안, 좌절, 환경적 압력 등에 대해 '내가 그와 같은 상황에
놓여 있다면' 어떨 것인지 느껴 보고 이해하려고 노력해야 한다. 또한 내담자의
감정을 깊고 정확하게 경험하고 수용할 뿐만 아니라 이를 내담자에게 정확하게
전달해 주어야 한다.

2) 전문적 자질

상담자의 전문적 자질은 내담자를 이해하고 상담을 효과적으로 진행시키는 데 필요한 지식과 기술을 말한다. 상담은 전문적인 지식과 기술을 필요로 하는 조력의 과정이므로, 상담자에게는 상담을 수행하는 데 필요한 전문적 소양과 인간 이해에 대한 기본적인 기술이 요구된다. 상담자는 내담자의 문제에 대한 객관적이고 전문적인 이해를 전달하는 능력과 내담자의 문제를 예측하고 설명하는 능력을 갖추어야 한다. 상담자에게 필수적으로 요구되는 전문적 자질은 다음과 같다.

(1) 성격 및 인간발달 이론에 대한 지식

성격 이론, 인간발달 이론, 이상성격의 특징, 성격과 사회적 · 문화적 요인과의 관계 등에 관한 지식이 요구된다.

(2) 사회 환경에 대한 지식

직업세계에 대한 이해, 사회복지기관의 활동에 관한 지식과 정보, 청소년이 경험하는 사회 환경에 관한 이해를 포함한다.

(3) 심리 평가 능력

상담자는 내담자에 대해 객관적으로 이해해야 한다. 이를 위해 개인의 여러 가지 심리적 특성을 객관적으로 측정하고 평가할 수 있는 능력을 갖추어야 한다.

(4) 상담의 이론과 실제에 대한 이해

상담의 이론과 실제에 대한 충분한 지식을 지녀야 한다. 상담의 원리, 상담의 과정, 상담 사례연구, 면접기법 등을 이해하고 습득해야 한다.

(5) 상담 실습

상담자는 실제적으로 상담을 진행할 수 있는 능력을 갖추어야 한다. 이를 위해 상담 실습을 할 필요가 있다.

(6) 연구 방법과 통계적 기술에 대한 지식

상담의 원리와 기술에 관해 계속 연구하는 경우, 연구 방법에 대한 지식과 과학적인 연구를 할 수 있는 통계적 기술이 요구된다.

(7) 전문적 윤리의식

상담자에게는 내담자에 대한 일정한 책임이 있고 지켜야 할 윤리강령이 있다. 상담에 수반되는 전문적 윤리가 무엇인지를 이해하고 실천할 필요가 있다.

(8) 기타 영역에 대한 이해

상담자는 기본적으로 상담이 적용되는 분야에 대해 이해해야 한다. 학교상담자에게는 학교교육에 대한 기본적인 지식이 필요하고, 진로상담자에게는 진로와 직업에 대한 이해가 요구된다.

ASCA는 학교상담교사의 자질을 크게 지적 자질, 기술적 자질, 전문가적 자질, 개인적 자질로 구분하고 있다(Wittmer, 2000). 구체적인 내용은 〈표 1-3〉과 같다.

■ 표 1-3 학교상담교사의 자질

영역	내용
지적 자질	인간발달 이론과 개념, 개인상담 이론, 자문 이론과 기술, 가족상담 이론과 기술, 집단상담 이론과 기술, 진로결정 이론과 기술, 개인발달과 행동에 문화가 미치는 영향, 학습 이론, 동기 이론, 평가 이론과 과정, 상담 관련 윤리적·법적 논쟁, 프로그램 개발 모델에 대한 지식

기술적 자질	학생들의 요구 진단하기, 집단상담, 진로상담, 다문화적 상담, 적절한 의뢰체계 확립과 의뢰하기, 학생들의 성취 · 흥미 · 적성 · 성격검사 등을 관리하고 해석하기, 프로그램 · 교육검사 · 직업발달 · 물질남용 · 학대에 초점 두기, 학생과 교직원들을 위한 지지적 풍토 구축하기, 학교정책과 교육과정 속에 인종이나 성에 대한 편견을 제거하거나 감소시키기, 교직원 · 지역사회 · 부모에게 학교상담교사의 실제 활동과 기능 설명하기, 교직원을 위한 서비스에 대한 계획과 실천, 내담자와 관련된 정보와 요인 평가하기, 개인상담, 교직원 · 학생 · 부모 자문하기, 윤리적 결정하기
전문가적 자질	자신의 장점과 보완해야 할 영역 등을 알아보기 위한 자기평가, 평생교육 속에서 개인적으로나 전문적으로 성장하기 위한 계획을 개발하기, 주와 국가의 법률을 지키고 변호하기, 학생 · 교직원 · 학교공동체 · 학부모 · 동료들과의 상호작용과 실제 훈련을 지도하기 위한 전문가적 윤리강령 채택하기
개인적 자질	타인의 복지에 대해 무조건적인 관심 보이기, 타인의 관점에서 이해하기, 인간 개인이 자신의 문제에 대해 해결력이 있음을 믿기, 학습에 대한 개방, 위험을 감수할 의지, 자기가치에 대한 신념, 실수를 두려워하지 않고 실수에서 배우기, 인간으로서의 성장에 대한 가치, 친절하고 따뜻함, 예리한 유머감각

출처: 이종헌(2005).

4. 학교상담자의 역할

ASCA(1990)에서 규정한 학교상담자의 조력과정은 상담(counseling), 자문(consultation), 조정(coordinating)이다.

1) 상담

상담에서는 학생 개인이든 소그룹이든 내담자들과 신뢰관계와 비밀작업관계를 수립하는 일이 선행되어야 한다. 상담자는 학습 및 발달과 관련하여 학생들이 각 개인의 의미를 탐색하고 이해할 수 있도록 해야 하는데, 이러한 조력의 과정은 궁극적으로 학생들이 문제를 해결하고 적응하는 기술을 갖고, 의사결정을 할 수 있도록 돕는 것이다.

2) 자문

자문은 상담자가 부모, 교사, 행정가, 그 밖의 사람들과의 상호작용을 좀 더 명확히 이해하도록 도와주는 협력과정을 말한다(ASCA, 1990). 이 과정의 목표는 피자문자가 학생들과 효과적으로 상호작용할 수 있도록 정보를 습득하고 그 기술을 발달시키도록 하는 일이다.

3) 조정

조정은 학교상담자가 한 학교의 상담프로그램과 관련된 서비스 활동들을 조직·관리하도록 돕는 하나의 지도적 과정이다(ASCA, 1990). 학교상담자는 학교와 지역사회기관과의 연결자로서 봉사하기와 선도적인 프로그램 조직하기, 학습집단 지도하기 등의 활동을 전개한다.

학교상담자는 학생들의 고민 해결을 돕는 상담자로서의 역할뿐 아니라 부모, 교사, 학생, 행정가 및 교직원들에 대한 자문가로서의 역할을 한다. 또한 학교상담 프로그램 및 교육과정과 관련하여 수업을 담당하거나 교사들의 자문가로서의 역할을 통해 예방적인 상담교육 활동을 하고, 각종 검사에 대한 자료수집과 이를 토대로 한 정보제공자로서의 역할을 수행하며, 이러한 모든 활동과 관련된 행정업무를 담당한다(허승희, 박성미, 2010). 이러한 역할은 크게 상담, 대집단 생활지도, 자문, 조정, 검사 및 평가, 프로그램 개발 및 관리, 전문성의 개발, 행정 및 사무로 집약될 수 있다(이종헌, 2005).

Wilgus와 Shelley(1988)는 상담교사의 기능과 역할을 다음과 같이 제시하였다.

- 개인 및 집단 상담(individual/group counseling)

- 학급 관찰 및 프로그램 운영(classroom observation/program)
- 개인 및 집단 심리검사(individual/group testing)
- 자문(staff consultation)
- 부모 교육 및 접촉(parent education/contact)
- 교직원 교육(staff development)
- 생활지도 및 상담회의(guidance counseling-oriented meeting)
- 의뢰(referrals)

학교상담의 기능은 대상 연령에 따라 발달적 요구가 다르기 때문에 학생들의 연령이나 학교급에 따라 달리 설정되어야 한다고 보는 견해(허승희, 박성미, 2010)와 중등학교 상담자의 역할과 초등학교 상담자의 역할은 크게 다르지는 않으나 중·고등학생 시기는 발달과정상 변화가 급속하게 이루어지므로 학교상담 프로그램은 보다 융통성 있고, 다양한 탐색이 가능한 활동으로 구성되는 것이 바람직하다고 보는 견해가 있다(연문희, 강진령, 2009).

더불어 Henderson(1987)은 종합적 학교상담의 4가지 구성요소인 생활지도 교육과정, 개인적 계획, 반응적 서비스, 체제지원을 위해 쓰이는 시간의 비율에 대해 다음과 같이 권고하였다. 초등학교 상담자들은 생활지도 교육과정에 40%, 개인적 계획에 25%, 반응적 서비스에 25%, 그리고 체제지원에 10%를 소비할 것을 제안하였다. 반면, 중등학교 상담자에게는 생활지도 교육과정에 30%, 개인적인 계획에 30%, 반응적 서비스에 25%, 체제지원에 15%를 할애할 것을 권장하였다. 이는 초등생활지도 및 상담에서는 아동들과 접촉하는 일에 가장 큰 우선권을 두라는 의미이다. 중등학교의 경우에는 학생들과의 접촉에 우선권을 두면서도 생활지도 교육과정의 고안과 실행을 위한 시간을 줄이고 학생들의 개인적 계획을 위한 시간의 비율이 좀 더 높아지도록 제시하고 있다.

표 1-4 종합적 학교상담에서 상담자의 시간구성 권고

	생활지도 교육과정	개인적 계획	반응적 서비스	체제지원
초등학교 상담자	40%	25%	25%	10%
중등학교 상담자	30%	30%	25%	15%

출처: Henderson (1987).

5. 학교상담의 영역과 세부목표

ASCA의 국가모델에서는 학교상담의 영역을 학업발달 영역, 진로발달 영역, 개인·사회적 발달 영역으로 구분하고 학생에게 요구되는 국가표준의 기준과 역량 및 지표를 다음과 같이 제시하고 있다(ASCA, 2005).

1) 학업 영역

ASCA의 국가모델에서는 학생에게 요구되는 학업 영역의 국가표준 기준과 역량 및 지표를 〈표 1-5〉와 같이 제시하였다.

표 1-5 학업 영역의 기준과 역량 및 지표

기준 (standard)	역량 (competency)	지표 (indicator)
학교와 생애 전반에 걸쳐 효과적으로 학습할 수 있는 태도, 지식, 기술을 습득한다.	학업 자아개념 향상시키기	1. 학습자로서의 역량과 자신감 갖기
		2 학습에 대한 긍정적인 관심 갖기
		3. 학업과 성취에서 자긍심 갖기
		4. 실수를 학습과정에 필수적인 것으로 받아들이기
		5. 성공적으로 학습할 수 있는 태도와 행동을 확인하기

학교와 생애 전반에 걸쳐 효과적으로 학습할 수 있는 태도, 지식, 기술을 습득한다.	학업향상을 위한 기술 습득하기	1. 시간관리 및 시간관리 기술 적용하기
		2. 노력과 끈기가 학습에 어떻게 긍정적인 영향을 미치는지 보여 주기
		3. 의사소통 기술을 사용해서 도움이 필요할 때 언제, 어떻게 도움을 요청할 수 있는지 알기
		4. 지식과 학습양식을 적용해서 학업수행에 긍정적인 영향 미치기
	학교에서 성공하기	1. 자신의 행동에 책임지기
		2. 혼자뿐만 아니라 다른 학생과 함께 공부하는 능력 발휘하기
		3. 폭넓은 흥미와 능력 발달시키기
		4. 함께하는 능력, 생산성, 주도성 발휘하기
		5. 지식 공유하기
대학을 포함한 다양한 고등교육 기회에 필수적인 학업준비를 하고 학교를 마친다.	학업향상	1. 개인의 잠재력을 성취하려는 동기 갖기
		2. 비판적 사고 기술을 배우고 적용하기
		3. 각 수준별로 학업성공에 필요한 학습기술 적용하기
		4. 교원, 직원, 가족, 또래로부터 정보를 얻고 지원을 받기
		5. 다양한 원천으로부터 학업정보를 조직 · 적용하기
		6. 학업수행에 긍정적인 영향을 미치는 학습양식에 대한 지식 사용하기
		7. 자기주도적이고 독립적인 학습자되기
	목표성취를 위한 계획 세우기	1. 목표달성을 위한 계획 세우기
		2. 초 · 중 · 고등학교에서의 도전적인 학업목표 세우기
		3. 교육계획을 세우는 데 평가결과 사용하기
		4. 학업능력과 성취를 극대화하도록 연간 학습계획을 개발하고, 실행하기
		5. 적성과 흥미에 대해 알고 목표설정에 적용하기
		6. 문제해결과 의사결정 기술을 사용해서 교육목표의 진전을 평가하기
		7. 학급에서의 수행과 학교에서의 성공의 관계 이해하기

직업세계, 가정 및 지역사회에서의 생활과 학업의 관계를 이해한다.	학교와 생활 경험을 관련짓기	1. 학교생활, 공부, 특별활동, 여가시간, 가족생활 간에 균형 잡는 능력 발휘하기
		2. 학교 경험을 촉진하는 보조교육과정과 지역사회 경험 탐색하기
		3. 학습과 일 사이의 관계 이해하기
		4. 인생의 목표를 추구·획득·유지하는 데 필수적인 평생학습의 가치를 이해하고 있음을 보이기
		5. 학교에서의 성공이 학생에서 지역사회 구성원으로 이행해 가는 준비임을 이해하기
		6. 학교성공과 학업성취가 미래 진로와 직업기회를 어떻게 촉진시키는지 이해하기

출처: ASCA (2005).

2) 진로 영역

ASCA의 국가모델에서는 학생에게 요구되는 진로 영역의 국가표준 기준과 역량 및 지표를 〈표 1-6〉과 같이 제시하였다.

▪ 표 1-6 진로 영역의 기준과 역량 및 지표

기준 (standard)	역량 (competency)	지표 (indicator)
자신에 대한 지식과 관련지어 직업세계를 탐색하고, 현명한 진로 결정을 위한 기술을 습득한다.	진로인식 발달시키기	1. 진로정보를 찾아내고 평가·해석하는 기술 발달시키기
		2. 다양한 전통적, 비전통적 직업 학습하기
		3. 개인의 능력, 기술, 흥미와 동기 인식하기
		4. 팀으로 상호작용하고 협동적으로 일하는 방법 학습하기
		5. 의사결정 방법 학습하기
		6. 목표설정 방법 학습하기
		7. 계획의 중요성 이해하기
		8. 관심 영역에서의 역량을 탐색하고 발달시키기
		9. 취미와 직업흥미 발달시키기
		10. 일과 여가시간 간의 균형 잡기

자신에 대한 지식과 관련지어 직업세계를 탐색하고, 현명한 진로 결정을 위한 기술을 습득한다.	고용준비 갖추어 가기	1. 팀으로 작업하기, 문제해결 기술 및 조직화 기술과 같은 고용능력 기술 획득하기
		2. 직무준비 기술을 적용해서 고용기회 탐색하기
		3. 변화하는 직업현장에 대한 지식을 갖추고 있음을 보이기
		4. 고용주와 고용인의 권리와 의무에 대해 학습하기
		5. 직장에서 개개인의 독특성을 존중하도록 학습하기
		6. 이력서 쓰는 방법 학습하기
		7. 일과 학습에 대한 긍정적인 태도 발달시키기
		8. 직장에서의 의무, 신뢰성, 정확성, 통합, 노력의 중요성 이해하기
		9. 시간과 과업 관리 기술 활용하기
성공적이고 만족스럽게 장래의 진로목표를 달성하기 위한 전략을 사용한다.	진로정보 획득하기	1. 의사결정 기술을 진로계획, 코스 선택, 진로전환에 적용하기
		2. 개인의 기술, 흥미, 능력을 확인하고 현재의 진로선택과 관련짓기
		3. 진로계획의 과정 알기
		4. 다양한 직업분류 방식 알기
		5. 연구와 정보 원천을 사용해서 진로정보 얻기
		6. 인터넷을 사용해서 진로계획 정보에 접근하는 방법 학습하기
		7. 전통적, 비전통적 진로선택을 이해하고 자신의 진로선택과 관련짓기
		8. 변화하는 경제와 사회적 요구가 고용 추세와 미래 훈련에 미치는 영향 이해하기
	진로목표 확인하기	1. 진로목표 달성에 필요한 교육과 훈련에 대해 알기
		2. 진로지원을 위해 교육계획을 평가 · 수정하기
		3. 인턴십, 멘토링, 섀도잉, 기타 직업경험 속에서 고용능력과 직무 준비 기술 활용하기
		4. 진로흥미와 관련된 코스워크 선택하기
		5. 진로계획 포트폴리오 유지해 나가기

개인의 특성과 교육, 훈련 및 직업세계와의 관계를 이해한다.	진로목표 달성을 위해 지식 습득하기	1. 교육성취와 진로성공 간의 관계 이해하기
		2. 개인적 성공과 만족을 이루는 데 일이 어떻게 도움이 될 수 있는지 설명하기
		3. 진로선택과 성공에 영향을 주는 개인적인 선호 경향과 흥미 확인하기
		4. 변화하는 직업현장이 평생학습과 신기술 습득을 요구하고 있음을 이해하기
		5. 일이 생활양식에 미치는 영향 설명하기
		6. 진로선택에서 공정성과 접근기회의 중요성 이해하기
		7. 일이 개인을 나타내는 중요하고 만족스러운 수단임을 이해하기
	진로목표 달성을 위해 기술 적용하기	1. 흥미, 능력, 성취도가 개인, 사회, 교육, 진로목표의 성취와 어떻게 관련되는지 설명하기
		2. 동료 및 성인들과의 갈등을 관리하는 기술을 사용하는 방법 학습하기
		3. 팀의 구성원으로서 타인들과 어떻게 협력하여 일하는지 학습하기
		4. 인턴십, 섀도잉 또는 멘토링 경험과 같은 일 기반의 학습상황에서 학업과 고용준비 기술 적용하기

출처: ASCA (2005).

3) 개인·사회적 영역

ASCA의 국가모델에서는 학생에게 요구되는 개인·사회적 영역의 국가표준기준과 역량 및 지표를 〈표 1-7〉과 같이 제시하였다.

■ 표 1-7 개인·사회적 영역의 기준과 역량 및 지표

기준 (standard)	역량 (competency)	지표 (indicator)
자신과 타인을 존중하고 이해하는 데 도움이 되는 태도와 지식, 대인관계 기술을 습득한다.	자신에 대한 지식 습득하기	1. 자신을 고유하고 가치 있는 사람으로 여기는 긍정적인 태도 발달시키기
		2. 가치, 태도, 신념 확인하기
		3. 목표설정 과정 학습하기
		4. 변화는 성장의 일부임을 이해하기
		5. 감정을 인식하고 표현하기
		6. 적절한 행동과 부적절한 행동 분별하기
		7. 개인의 영역과 권리, 개인적 욕구 인식하기
		8. 자기조절의 필요성과 훈련방법 이해하기
		9. 집단 속에서 협력적인 행동 보이기
		10. 개인적 강점과 자신을 확인하기
		11. 변화하는 개인과 사회의 역할을 확인하고 논의하기
		12. 변화하는 가족의 역할을 확인하고 인식하기
	대인기술 습득하기	1. 모든 사람이 권리와 의무를 가짐을 인식하기
		2. 대안적인 관점을 존중하기
		3. 개인적인 차이를 인식·수용·존중·이해하기
		4. 인종적, 문화적 다양성을 인식·수용·이해하기
		5. 다양한 가족 형태의 차이를 인식하고 존중하기
		6. 효과적인 의사소통 기술 사용하기
		7. 의사소통에는 말하기, 듣기, 비언어적 행동이 포함되어 있음을 알기
		8. 친구를 사귀고 유지하는 방법 학습하기

의사결정, 목표설정, 목적성취에 필요한 행동을 한다.	자신에 대한 지식 적용하기	1. 의사결정과 문제해결 모델 사용하기
		2. 결정과 선택의 결과 이해하기
		3. 문제에 대한 대안적 해결책 확인하기
		4. 문제를 다루는 효과적인 대처 기술 발달시키기
		5. 문제해결과 의사결정을 하기 위해 언제, 어디서, 어떻게 도움을 요청할 것인지 설명하기
		6. 갈등해결 기술을 적용하는 방법 알기
		7. 개인적 · 문화적 차이를 이해하고 존중하기
		8. 또래압력이 결정에 영향을 미치는 시기 알기
		9. 장 · 단기 목표 확인하기
		10. 목표달성을 위한 대안적 방법 확인하기
		11. 지식과 기술을 습득할 때 끈기와 인내를 발휘하기
		12. 현실적인 목표를 설정하고 성취할 수 있도록 활동계획 세우기
안전과 생존 기술을 이해한다.	개인의 안전기술 습득하기	1. 개인 정보(예: 휴대폰 번호, 집 주소, 비상연락처) 설명하기
		2. 규칙, 법, 안전, 개인의 권리 보호 사이의 관계에 대해 알기
		3. 적절한 신체적 접촉과 부적절한 접촉의 차이에 대해 알기
		4. 경계와 권리, 사생활 영역을 설정하는 능력 발휘하기
		5. 또래의 지지를 받을 상황과 성인의 도움을 받을 상황 구분하기
		6. 학교와 지역사회에서 인적자원을 알아보고 도움을 받는 방법 알기
		7. 효과적인 문제해결과 의사결정 기술을 적용해서 안전하고 건강한 선택하기
		8. 약물사용과 남용의 정서적, 신체적 위험성 배우기
		9. 또래집단의 압력에 대처하는 방법 배우기
		10. 스트레스와 갈등을 관리하는 기술 배우기
		11. 삶의 사건들을 관리하는 대처기술 배우기

출처: ASCA (2005).

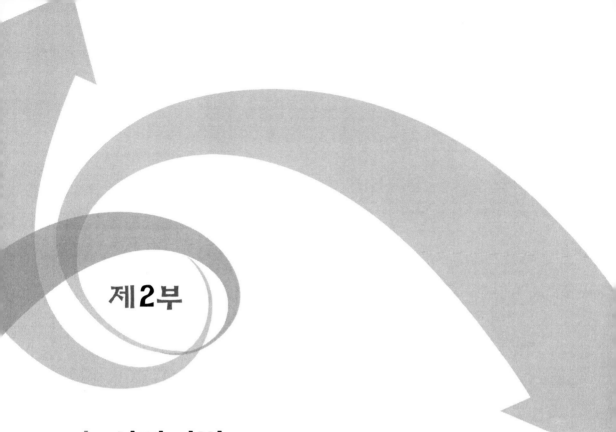

제2부

| 상담기법

2장
주의집중과 경청

주의집중과 경청은 성공적인 상담을 위해 꼭 필요한 기본적인 기술이자 태도이다. 주의집중은 상담과정 전반에 걸쳐서 사용되는 기본적인 기술로써 다른 상담기술을 익히기 전에 숙달되어야 한다(Evans, Hearn, Uhlemann, & Ivey, 2011). 상담에서 주의집중은 상담자가 내담자에게 관심을 갖고 집중하고 있다는 것을 드러내는 것이다. 주의집중의 기술은 신체적으로 내담자에게 향하는 것과 내담자가 말하는 것에 반응하는 태도를 포함하는데(Hill, 2012), 이는 언어적, 비언어적 태도와 반응으로 드러나게 된다. 주의집중과 관련된 중요한 기술에는 경청이 있다(Evans et al., 2011). 경청은 내담자가 명백하게 말하는 것뿐만 아니라 언어적, 비언어적 메시지를 통합하여 내담자가 느끼고 경험하는 것을 진정으로 듣는 것이다. 이는 내담자가 나타내는 언어적, 비언어적 메시지를 통해 내담자의 이야기에 담겨 있는 내담자의 생각과 감정을 깊이 이해하기 위해 노력하는 것을 의미한다. Rogers(1980)는 내담자에게 관심을 기울이고 관찰하고 경청하며, 내담자와 함께하는 공감적 경청을 강조했다. 상담자는 심리적으로나 신체적으로 내담자와 함께할 때 내담자의 이야기를 잘 들을 수 있다. 상담은 기본적으로 듣는 것에서 시작되고 잘 듣는 것은 내담자로 하여금 잘 말할 수 있도록 한다. 내담자는 말하면서 자신을 탐색하고, 상담자는 내담자의 말을 들으며 내담자를 이해하게 된다. 따라서 효과적인 상담은 내담자가 자신의 이야기를 잘 하게 하는 것이다. 거기에는 주의집중과 경청이 있다. 주의집중과 경청은 상담자가 내담자의 세계를 이해하고 내담자의 세계로 들어갈 수 있는 첫걸음이자 효과적인 상담진행을 위해 상담자가 기본적으로 갖추어야 할 핵심 역량이다.

1. 주의집중과 경청의 효과

주의집중은 상담자의 발언을 최소화하면서 내담자가 자유롭고 개방적으로 이야기할 수 있도록 내담자를 촉진한다. 상담자가 내담자에게 관심을 가지고 내담자의 이야기에 주의를 기울이는 것은, 내담자에게 자신의 이야기가 들을 만하다는 것으로 느끼게 하여 상담자에게 마음의 문을 열게 한다. 이로써 내담자는 상담자를 신뢰하고 자신과 자신이 처한 문제상황을 이야기할 수 있다. 어떤 일들을 말로 표현하는 것은 그 일을 다시 한번, 그러나 다른 방식으로 체험하는 것이다. 따라서 주의집중은 상담에서 상담자와 내담자의 관계 형성을 위한 초석이자 내담자의 자기 자각과 탐색을 돕는 열쇠라고 할 수 있다.

1) 상담관계 형성

상담자가 내담자에게 집중하고 관심을 기울이며 내담자의 말을 경청하는 것은, 내담자에게 상담자를 믿을 만한 존재로 여기게끔 하고 상담자와의 관계를 안전하고 편안하게 느끼게 한다. 내담자의 행동과 말을 좀 더 많이 알고 싶어하는 상담자의 의향, 즉 더 많은 정보를 얻고자 하는 상담자의 자세는 내담자에게 아직 말하지 못한 것을 말해도 괜찮겠다는 안전함을 느끼는 시작점을 만들 수 있으며 내담자의 정서적 · 내면적 차원의 억압을 제거할 수 있다(Anderson & Goolishian, 1992). 주의집중과 경청은 내담자의 문제상황을 내담자의 관점에서 듣고 이해하고자 하는 상담자의 의지와 태도로 내담자에게 전달되어 내담자가 안심하고 이야기할 수 있게 한다.

● 예시 2-1 ●

친구와의 다툼에서 심각한 물리적 폭력 행사로 교내를 떠들썩하게 한 중학교 1학년 남학생 내담자

상담자: 어떻게 해서 친구랑 싸우게 된 거야?

내담자: (격양된 목소리로 빠르게) 그 애가 먼저 시비를 건 거라고요.

상담자: (부드러운 눈빛으로 내담자를 바라보고 고개를 끄덕이며) 음.

내담자: (목소리 톤이 한결 차분해지며) 쉬는 시간에 태욱이 카톡을 보고 있었는데……. (사건에 대해 이야기하기 시작한다.)

어려움에 처해 있을 때, 누군가가 그저 함께해 준다는 것은 그 자체만으로도 매우 중요한 일이다(Egan, 1997). 주의집중은 상담자가 내담자와 함께 있음을 느끼게 해 주는 것이며, 상담 초기, 내담자에게 상담 장면을 자신의 이야기를 편안하게 꺼내고 풀어낼 수 있는 장으로 경험할 수 있게 하는 그 시작점이 주의집중과 경청이다. 이는 상담자와 내담자와의 신뢰관계를 형성하게 하고 이후 원활한 상담진행을 이끌 수 있게 한다.

2) 내담자의 탐색 및 이야기 촉진

주의집중과 경청을 통해 상담관계가 형성되면 내담자는 자신을 개방할 수 있다. 사람들은 누군가 자신의 이야기를 잘 들어줄 때 자신의 걱정을 점검할 수 있다(Hill, 2012). 내담자는 안전한 상담의 장에서 자신을 이야기하면서 생각과 감

정을 표현하게 된다. 내담자에 대한 상담자의 주의집중과 경청은 내담자로 하여금 자신의 생각과 감정을 더 잘 이야기하도록 촉진하는 역할을 한다. 상담자가 내담자에게 주의집중하는 것은, 내담자에게 자신이 말해야만 하는 것을 상담자가 듣기를 원한다고 느끼게 하기 때문이다. 진지하게 경청해야 내담자는 편하게 이야기를 꺼내 놓을 수 있고, 상담자가 경청하면 내담자는 더욱더 이야기를 잘 하게 된다. 동시에 상담자는 내담자의 말을 경청함으로써 내담자를 이해하게 되고 내담자의 내면을 알게 된다. 내담자 또한 자신의 생각과 감정 표현이 촉진됨에 따라 자신을 이해하게 된다.

● 예시 2-2 ●

최근 학급에서 집단따돌림의 피해자로 상담에 의뢰된 고등학교 1학년 여학생

상담자: 친구들이 괴롭힐 때 어떤 기분이 들었어?

내담자: (고개를 떨구고 작은 목소리로) 안 좋았어요…….

상담자: (내담자 쪽으로 상체를 기울이고 나지막하고 부드러운 목소리로) 그래…… 기분이 안 좋았고…….

내담자: (여전히 시선을 떨구고 가만히 있는다.)

상담자: (따뜻한 시선으로 내담자를 바라보며 힘들었을 것을 생각하며 잠시 기다린다.)

내담자: (고개를 약간 들면서 머뭇거린다.)

상담자: (내담자에게 상체를 기울이고 따뜻한 시선, 톤은 낮지만 부드러운 목소리를 유지하면서) 말하기 힘들 정도로 기분 좋지 않은 경험을 했다는 것이 느껴져.

내담자: (여전히 목소리는 작지만 상담자에게로 시선이 향한다.) 그냥 싫었어요. 그 상황에서 벗어나고 싶었고, 숨고 싶었어요.

상담자: (고개를 끄덕이며) 음, 벗어나고 싶고, 숨고 싶었구나…….

내담자에게 주의집중하고 내담자의 이야기를 경청하는 것은 상담 장면에서 상담자가 내담자와 진정으로 함께하기 위해서이다. 의사소통에서 사람들이 원하는 것은 대화의 상대가 단지 몸만 곁에 있는 것이 아니라 심리적, 사회적, 정서적으로 함께해 주는 것이다(Egan, 1997). 내담자는 상담자의 언어적 반응과 함께 비언어적 행동을 통해 자기 삶의 문제를 판단한다. 사회구성주의 관점에 의하면 사람들은 상호작용 속에서 타인의 반응을 관찰하면서 자신이 전한 메시지의 의미를 구성하고 사고 구조를 형성한다. 따라서 내담자는 상담자의 주의집중과 경청의 언어적, 비언어적 반응을 통해 자신과 자기 삶의 문제에 대해 의미를 구성한다. 즉, 상담자의 내담자에 대한 충분한 관심과 진지한 태도는, 내담자에게 상담자가 자신과 함께한다는 것을 느끼게 하고, 그로 인해 자신을 드러내고 그 과정을 통해 스스로를 탐색할 수 있도록 하는 것이다.

2. 주의집중과 경청의 방법

주의집중과 경청은 내담자의 욕구에 부응하고 효과적인 상담을 위해 사용되는 가장 기본적인 도구로써 상담자라면 능숙하게 구사할 수 있어야 한다(Egan, 1997). 숙달된 주의집중과 경청의 기술은 마치 원래 몸에 배어 있는 본성처럼 되기 때문에 내담자를 대할 때 저절로 나오게 된다.

1) 주의집중 방법

주의집중의 중요한 기술은 비언어적인 태도와 많은 관계가 있는데, 이는 Egan(1997)이 제시한 'SOLER' 기법과 Hill과 O'Brien(1999)이 제시한 'ENCOURAGES' 원칙을 통해서 알 수 있다. 'SOLER' 기법에 나타난 주의집중의 방법은 내담자를 정면으로 바라보고(Squarely), 개방적인(Open) 자세를 취하고, 내담자를 향해 몸을 기울이고(Lean), 적절한 시선접촉(Eye contact)을 유지하고,

편안하고(Relaxed) 자연스러운 자세를 취하는 것이다.

　Hill과 O'Brien(1999)이 제시한 주의집중 기술인 'ENCOURAGES'의 원칙은 적당한 정도의 눈 마주치기(Eye contact)를 유지하고, 고개의 끄덕임(Nod)을 적당한 수준으로 사용하여 경청과 동의를 표현하고, 성이나 연령 등 문화적 차이(Cultural difference)를 인식하고 존중하며, 내담자를 향하여 몸을 기울여 개방적인 자세(Open stance)를 취하고, '아…….' '음…….' '저런!' '그랬군요.' '그래서요?' 등의 내담자의 말을 인정하고 맞장구치는 언어(Unhmm)를 사용하고, 편안하고(Relaxed) 자연스럽게 대하며, 불필요한 행동과 산만한 행동은 피하고(Avoid), 내담자의 문법적 스타일(Grammatical style)에 맞추며, 언어적 메시지와 비언어적 메시지 모두에 주의하여 제3의 귀(Ear)로 듣고, 적절한 거리(Space)를 유지하여 내담자가 부담감을 느끼지 않도록 하는 것이다.

　이러한 기법과 원칙은 상황에 맞게 적용해야 한다. 무엇보다 중요한 것은 내담자에게 주의집중을 하는 것이다. 상담자의 비언어적 태도와 행동은 내담자에게 주의를 집중해야 하고, 이를 내담자에게 드러내며 내담자를 촉진시킬 수 있어야 한다. 내담자를 촉진시키고 내담자에게 상담자의 영향력을 수용하게 하려면 내담자가 상담자를 신뢰하는 것이 중요하다. 내담자가 상담자를 신뢰할 만한 상담자로 평가하는 기준은 상담자의 언어적 행동뿐만 아니라 비언어적 행동을 적절하게 사용할 수 있는 능력의 여부라는 것이 연구에서도 밝혀졌고, 상담자의 특정한 비언어적 행동이 상담효과에 영향을 미친다는 연구결과도 이미 입증되었다(김동연, 한미령, 1991).

● 예시 2-3 ●

상담실에 처음 내방한 중학교 3학년 여학생
상담자: (따뜻한 미소로 내담자를 맞으며) 어서 와. 반가워.
내담자: (쭈뼛쭈뼛하며) 안녕하세요.

상담자: (웃으며) 어서 와. (내담자가 앉을 의자를 안내하면서) 여기에 앉아.

　　　　(내담자가 앉으면 맞은편 상담자의 의자에 앉는다.)

　　　　(팔짱을 끼거나 다리를 꼬지 않고 자연스러운 자세를 취한다.)

　　　　무슨 일로 상담을 하고 싶어?

내담자: 음…… 뭐, 별것 아니에요.

상담자: (부드러운 눈빛, 진지한 표정, 내담자의 정보를 듣고자 하는 마음)

내담자: 이런 게 상담거리가 되는지 모르겠는데요…….

상담자: (내담자 쪽으로 상체를 기울이고 고개를 끄덕인다.) 음…….

내담자: 자꾸 이상한 생각이 떠올라요.

상담자: (상담자의 평가나 편견 없이 내담자의 이야기를 더 듣고자 한다.)

　　　　이상한 생각?

내담자: 친구들이 저를 싫어하는 것 같아요.

상담자: (진지한 표정과 부드러운 눈빛을 유지하며) 음…….

내담자: 제가 없을 때 친구들이 제 욕을 하는 것 같은 생각이 들어요. (안심하고
　　　　자신의 경험을 이야기하기 시작한다.)

　　일반적으로 상담자들은 상담 장면에서 내담자의 언어 반응과 행동에는 세심한 주의를 기울이면서 자기 자신의 행동에는 신경을 덜 쓰는 경향이 있는데, 실제로 상담자의 비언어적 행동 역시 내담자에게 무언의 감정을 전달하며 상담자에 대한 신뢰성 지각에 영향을 미친다(George & Cristinai, 1981). 따라서 상담자는 자신의 비언어적인 반응을 인식할 수 있어야 하고, 상담효과에 긍정적 영향을 줄 수 있는 비언어적 행동을 습득해야 한다. 상담의 전 과정에서 상담자는 비언어적 행동인 표정, 태도, 자세 등을 통해 내담자의 말에 귀를 기울이고 있음을 알려야 하고, 내담자의 말을 지지하고 주의 깊게 들으며 내담자를 존중하는 태도를 취해야 한다. 진지하면서도 부드러운 표정으로 내담자와 적절하게 눈을 맞추고, 내담자의 이야기에 고개를 끄덕이며 내담자의 어조와 언어양식에 보조

를 맞추고 내담자에게로 몸을 향하며 자연스럽고 개방적인 자세를 취하는 상담자의 비언어적 행동은 상담자가 내담자에게 관심을 기울이고 있고 내담자와 함께한다는 의미를 전달하는 것이므로, 이로써 내담자는 편안함을 느낄 수 있다.

2) 경청의 방법

내담자에게 주의집중하는 자세와 행동은 학습과 훈련을 통해 드러낼 수 있지만, 경청하지 않으면 내담자를 이해할 수 없다. 상담자는 경청을 통해 내담자의 말뿐만 아니라 말 이면의 생각, 사고, 정서, 느낌, 감정 등 심리적인 요인까지 읽을 수 있다. 경청의 방법은 내담자의 이야기를 들으며 언어적 메시지를 이해하고 비언어적 메시지를 관찰하여 이를 해석하는 것이다. 인간은 이야기하는 행위를 통해 삶에서 일어나는 사건을 조직하고 해석하는 존재이다(Rayne, 2006; Ricoeur, 1984). 따라서 내담자의 삶의 문제는 내담자의 이야기를 통해 드러나고 구성된다. 내담자를 이해하기 위해서는 내담자의 삶의 문제를 전문지식에 따라 이해하고 분석하려고 하기보다는 내담자의 이야기를 통해 드러난 것을 이해해야 한다.

경청의 방법 첫 번째는 내담자의 언어적 메시지를 통해 내담자의 경험, 행동, 정서를 듣는 것이다. 내담자의 이야기에서 핵심적인 메시지가 무엇인지, 주제가 무엇인지, 내담자의 관점은 무엇인지, 내담자에게 무엇이 가장 중요한지, 내담자가 이해해 주기를 바라는 것이 무엇인지를 질문하며 경청해야 한다(Egan, 1997).

경청의 방법 두 번째는 내담자의 비언어적 메시지에 주목하는 것이다. 경우에 따라서 내담자의 표정, 몸의 움직임, 어조, 분위기, 신체적 반응이 말보다 더 많은 메시지를 전달한다. Highlen과 Hill(1984)은 비언어적 행동이 대화를 조절하고 정서를 전달하며 언어적 메시지를 수정하고 상담자와의 관계에 대한 중요한 메시지를 제공한다고 했다. 비언어적 의사소통은 사람들이 말함과 동시에 거의 무의식적으로 나타나서 언어 정보를 보충, 강조 또는 대치하게 된다. 이는

우리가 상대방의 메시지를 받아들일 때 청각과 시각을 동시에 사용하기 때문이
며 분노, 놀람, 유머, 슬픔과 같은 감정은 언어만을 사용하여 표현하거나 이해하
기가 아주 어려운 경우가 많기 때문이다(Cammak & Buren, 1973). 따라서 상담자
는 내담자의 자세, 몸의 움직임, 말 할 때의 손짓이나 몸짓 같은 신체적 행동, 미
소를 짓거나 미간을 찌푸리거나, 눈썹을 치켜세우거나, 입술을 삐죽거리는 등의
표정, 음률의 고저, 어조, 강약, 억양, 단어 띄우기, 강조, 쉼, 침묵, 말의 유창함
과 같은 음성 관련 행동, 가쁜 숨, 일시적인 발진, 얼굴 붉힘, 창백함, 동공 확대
와 같은 자율신경계에 의한 관찰 가능한 생리적 반응, 건강, 키, 몸무게, 안색과
같은 신체적 특징, 옷차림새와 같은 일반적인 외관을 읽어야 한다(Egan, 1997).

● 예시 2-4 ●

학업과 진로문제로 부모와 갈등을 겪고 있는 고등학교 1학년 내담자

내담자: (눈살을 찌푸리며) 어제 엄마랑 또 싸웠어요. (낮은 목소리와 냉소적인
　　　　 어조로) 엄마는 늘 그런 식이에요. 이번에 웬일로 오래간다고 생각했
　　　　 어요. (눈을 아래로 뜨며 흘긴다.)

상담자: (내담자의 비언어적 태도에서 엄마에 대한 화를 읽는다. 진지한
　　　　 표정으로) 엄마의 태도에 화가 났구나.

내담자: (눈썹을 치켜세우며) 뭐, 화날 것도 없어요. 언제나 그런 식이죠.

상담자: (내담자의 이야기를 더 들어 보기로 한다. 상체를 기울이고 내담자의
　　　　 눈을 바라보며) 무슨 일이 있었는데?

내담자: (한숨을 쉬며) 토요일에 아침에 일어났는데 머리가 아프고 몸이 안
　　　　 좋았어요. 영어학원에서 보충수업이 있었는데, 엄마가 계속 학원 안
　　　　 가냐고 재촉하는 거예요. 보충수업이기도 하고 컨디션이 안 좋으니까
　　　　 쉬고 싶다고 했죠. (목소리가 커지며) 그랬더니 또 시작이라고, 툭하면
　　　　 핑계를 댄다고 하는 거예요.

> 상담자: (부드러운 표정, 진지한 모습으로 고개를 끄덕이며) 음, 그래서?
>
> 내담자: (얼굴을 붉히며 목소리를 높여) 그동안 학교도 안 빠지고 학원도 잘
> 갔는데, 이번에 한 번 안 간다고 그렇게 얘기하는 거예요.
>
> 상담자: (내담자의 억울함을 느끼며) 억울했구나.
>
> 내담자: (눈을 반짝이며) 맨날 그런 식으로 몰아세워요. 학원비가 아깝다는 둥
> 차라리 그럴 거면 다 때려치우라고요.
>
> 상담자: (진지한 표정) 음……. 저런……. 그래서 어떻게 했어?
>
> 내담자: 엄마는 항상 그런 식이라고, (떨리는 목소리) 학원비가 그렇게 아깝냐고
> 소리쳤어요. 너무 열 받아서 핸드폰을 집어 던졌어요. (고개를 숙이고)
> 나를 위한다고 하지만 결국은 엄마 말만 한다구요. (눈물)

또한 Highlen과 Hill(1984)은 내담자의 비언어적 행동은 자기지각에 대한 통찰을 할 수 있게 해 주고, 내담자가 자신의 생각대로 말하지 않는다는 단서를 제공한다고 했다. Mehrabian(1971)은 언어적·비언어적으로 표현된 행동 간에 모순이 있을 때 비언어적 행동 쪽이 진실한 태도로 간주될 수 있다고 하였다.

> ● 예시 2-5 ●
>
> 최근 부모님의 이혼을 경험한 초등학교 6학년 여학생 내담자
>
> 상담자: (부드러운 표정으로) 부모님 이혼하시고 어땠어?
>
> 내담자: (입을 삐쭉거리며) 그냥 그랬어요. 아무렇지도 않아요.
>
> 상담자: (부드러운 눈빛으로 내담자를 바라본다.) 음, 그렇구나.
>
> 내담자: (눈을 아래로 뜨고, 손가락을 만지작거리며)
>
> 상담자: (내담자의 감정적 동요를 읽는다. 부드러운 침묵-내담자와 함께
> 있다.) (진지한 표정, 부드러운 목소리로) 지난주와 달라진 점이 있을
> 것 같아.

내담자: (얼굴이 붉어지며) 괜찮아요.

상담자: (내담자의 언어적 메시지와 비언어적 메시지의 불일치를 확인하며, 비언어적 메시지를 더 신뢰하지만 '괜찮다.'는 내담자의 언어적 메시지를 존중하며 기다리기로 한다.)

내담자의 비언어적 메시지는 신중하게 경청해야 한다. 내담자의 비언어적인 행동에 담긴 의미를 제대로 파악하기 위해서는 특정 상황에서 내담자들의 비언어적 행동을 유심히 관찰하고 그 의미를 파악하는 연습과 경험을 해야 한다. 내담자가 나타내는 특정한 비언어적인 행동은 내담자가 처한 환경, 전체적인 맥락 속에서 이해해야 한다.

3) 주의집중과 경청이 어려운 경우

주의집중과 경청의 중요성과 효과가 입증되었음에도 불구하고 주의집중과 경청이 잘 되지 않을 때가 있다. 주의집중과 경청이 어려운 경우는 상담자 요인과 내담자 요인이 모두 작용할 수 있다. 상담자가 자기 생각에 골몰하거나 어떻게 대답을 할까 궁리할 때, 내담자에게 매력을 느낄 때, 피곤하거나 몸이 아플 때, 자신의 문제에 빠져 있을 때, 돕고 싶은 마음이 너무 앞설 때, 자기 문제가 내담자의 문제와 같아 동병상련을 느낄 때, 내담자와 상담자 사이에 사회적 · 문화적 차이가 클 때 내담자에 대한 경청과 이해가 어렵다(Egan, 1997). 초심자들은 내담자가 하는 말에 어떻게 반응할까를 생각하느라 내담자에게 집중하지 못하는 때가 많다. 숙련된 상담자도 마찬가지이다. 내담자의 이야기에 배어 있는 핵심 메시지를 열심히 경청하는 것만으로도 적절하고 효과적인 반응을 자연스럽게 이끌어 낼 수 있다. 따라서 효율적인 상담자가 되려면 내담자의 말을 경청하는 데 무엇이 방해가 되는지 내담자뿐 아니라 자신의 언어적 메시지, 비언어적 행동, 감정 및 정서를 경청해야 한다.

　　지나치게 관념적이고 추상적으로 모호하게 이야기하는 내담자, 감정 전달이 안 되고 사실만을 기술하는 내담자, 현실검증력이 떨어지고 망상이 있는 내담자의 경우 주의집중과 경청이 어려울 수 있다. 이런 경우, 내담자의 특성으로 파악해야 하는 부분과 상담자의 요인을 분리하여 점검하고 대처해야 한다.

 요 약

1. 주의집중과 경청은 다른 모든 상담기법과 효과적인 상담개입의 기초가 되는 태도이자 기술이다.
2. 주의집중과 경청은 내담자의 생각과 감정을 터놓고 이야기하게 하고 내담자의 탐색을 촉진시키기 위한 것이다.
3. 주의집중은 상담자가 신체적으로 내담자에게 향하고 심리적으로 내담자와 함께한다는 것을 뜻하며, 상담자의 비언어적 행동을 통해 전달된다.
4. 경청은 내담자가 이야기하는 것을 듣고 진짜 의미하는 것을 이해하려고 노력하는 것이다.
5. 상담자는 내담자의 언어적 메시지뿐만 아니라 비언어적 메시지에 주의를 기울여야 한다.
6. 상담자는 내담자뿐만 아니라 자신의 언어적 · 비언어적 메시지도 경청해야 한다.

◦ 상담연습 [I] ◦

다음에 제시된 사례를 읽고 내담자의 언어적 반응에서 드러난 내담자가 전달하고자 하는 메시지와 내담자의 언어적 반응에서는 드러나지 않았으나 비언어적 반응에서 읽을 수 있는 내담자의 심리적 메시지가 무엇인지 파악하여 적어 보고, 이를 바탕으로 상담자가 취할 수 있는 적절한 주의집중, 경청의 반응을 써 보시오.

1. 학교에서 무단결석, 학교폭력 등의 문제로 상담실에 방문한 중학교 3학년 남학생

> 대기실에서 처음 본 내담자는 대기실 의자에 구부정하게 앉아 핸드폰을 들여다보고 있었다. 상의는 풀어헤쳐져 있고 교복바지는 몸에 꼭 맞게 줄였으며 맨발에 슬리퍼를 신고 있었다. 상담자가 이름을 부르며 다가가니 느릿느릿 일어나 구부정하게 인사를 했다. 키는 180cm에 가깝고 다부진 체격과 인상이었다. 상담실로 들어와 의자로 안내하니 상체를 뒤로 젖히고 앉는다.
>
> 내담자: 엄마랑 선생님이 가라고 해서 왔어요. 원하는 것은 없어요. (고개를 숙이고) 학교는 가도 그만 안 가도 그만이에요. 학교는 답답해요. (눈을 치켜뜨며) 학교 안 가는 애들도 많아요. (눈을 흘기며) 선생님들은 맨날 귀찮게 하고, 애들은 바보 같아요.

언어적 메시지: _____

_____

비언어적 메시지: _____

_____

상담자 반응: _____

_____

2. 우울감, 학교 부적응으로 상담 중인 중학교 2학년 남학생

학교 부적응으로 상담 중인 내담자는 그림 그리는 것을 좋아하고, 자신이 진학하고 싶은 고등학교가 있지만 진학하기에는 성적이 많이 부족한 상태이다. 보통 체격에 피부가 검은 편인 내담자는 얼굴이 창백하고 표정이 굳어 있다. 머리카락이 길고 덥수룩하며 실내화를 꺾어 신고 있다.

내담자: 애들이 내가 그린 그림을 보고 뭐라고 했어요. (눈을 가늘게 뜨고 작은 목소리로) 지들이 뭔데…… 뭘 안다고……. (목소리가 커지며) 함부로 말하는 애들은 인성이 잘못된 거예요. 제가 원하는 학교에 가면 이런 일들은 없을 거예요. (입을 삐죽거리면서) 엄마가 그림 그리는 것을 싫어해서 문제예요. (목소리가 작아지며) 그 학교에만 가면 괜찮을 거예요. (한숨)

언어적 메시지: _____

_____

비언어적 메시지: _____

_____

상담자 반응: _____

_____

_____

_____

_____

_____

3. 고등학교 1학년 때 학급 내 집단따돌림을 당한 후 휴학 중인 고등학교 2학년 여학생

> 휴학 후 집에서만 지내는 내담자를 답답해하는 내담자의 어머니와의 주말에 있었던 갈등상황에 대해 내담자와 이야기 중이다.
>
> 내담자: 집에만 있으니까…… 주말에 엄마랑 영화 보고 쇼핑 가는 것 외에는 계속 집에만 있었어요. 평일에는 엄마도 일하러 나가시니까 집에 저 혼자 있어요. 엄마는 운동도 하고 학원도 다니라고 하는데……. 그러기로 했는데, 이번 주는 비도 오고 나가기가 그랬어요. (목소리가 떨리면서) 엄마는 제가 계속 집에만 있으니까 더 우울해지는 것이라고 하는데, 전 집에 있을 때가 제일 편해요. (고개를 숙이고) 밖에 나가는 것이 신경 쓰여요. 학교에 있을 시간에 다니는 건……. 저녁시간에 나가는 것은 괜찮은데 이번 주는 다 귀찮았어요. (눈을 반짝이며) 다음 주엔 중학교 때 친구랑 영화 보러 가기로 했어요.

언어적 메시지: _____

_____

비언어적 메시지: _____

_____

상담자 반응: _____

_____

_____

_____

_____

4. 학업문제로 상담 중인 고등학교 2학년 남학생

그동안 학교와 학원, 독서실에서 공부했던 내담자는 중간고사 성적이 목표했던 것에 미치지 못하였고, 집에서 하는 것이 더 낫겠다는 판단하에 집에서 공부할 때의 계획을 상담자와 논의한 후 집에서 공부를 하면서 일주일을 보내고 상담을 하게 되었다.

내담자: (한숨을 쉬며) 예능 프로그램 하나만 보고 공부하려고 했는데 보다 보니까 계속 보게 됐어요. 엄마가 자꾸 그만 보고 들어가라고 했는데, 계속 거실 TV 앞에 있었어요. 나중에 엄마가 폭발하자 (고개를 숙이고) 짜증 나서 그냥 들어가 자 버렸어요. (목소리를 높이며) 엄마는 공부할 때 방문을 열어 놓고 공부하라고 해요. 저를 믿지 못하는 거죠.

언어적 메시지: _____

_____

비언어적 메시지: _____

_____

상담자 반응: _____

_____

_____

_____

_____

_____

_____

5. 불안감과 우울감으로 상담에 의뢰된 중학교 2학년 남학생

최근 유행스타일을 반영한 깔끔한 헤어스타일에 검정색 뿔테 안경을 쓴 하얀 피부에 마르고 큰 키의 내담자는 깔끔하게 정돈된 흰색 티셔츠와 잘 다려져 각이 잡힌 면바지를 입고 있었고, 상담실로 안내받자 가방을 메고 의자에 반듯하게 앉았다. 이야기를 하는 도중 눈을 깜빡거리고 안경을 매만지면서 고쳐 쓰는 경우가 많았고, 자신의 앞머리를 점검하듯이 자주 만졌다.

내담자: (안경을 매만지며) 그냥…… 심각한 문제는 아닌데. (시선을 피한다.) 친구들이 쑤군거리는 것 같아요. 저에 대한 얘기를 하겠죠. (얼굴이 붉어지며) 소심하다, 여자 같다 그런 얘기를 할 것 같아요. 뭐, 상관없어요. 기분이 나쁘지도 않아요. (머리를 만지며 눈을 옆으로 뜨고) 어제 2교시 끝나고 조퇴했어요. 그냥 쉬고 싶었어요.

언어적 메시지: _____

비언어적 메시지: _____

상담자 반응: _____

6. 초등학교 때 따돌림을 당한 경험으로 인해 친구관계에 어려움을 호소하는 중학교 2학년 여학생

> 내담자는 보통 체격에 긴 생머리, 화장을 하고 서클렌즈를 착용하고 있었고 대기실이나 상담실에서 최신 핸드폰을 만지작거리고 확인하는 경우가 많았다. 교복은 몸에 꼭 맞게 줄여서 입고 다니고 가방을 자주 바꾸는 편이었다.
>
> 내담자: (눈을 찌푸리며) 초등학교 때 따돌림을 당한 적이 있어서 또 그런 일이 일어날까 봐 걱정이 돼요. (작은 목소리로) 초등학교 때 애들이 촌스럽다고 했어요. 애들이 저를 끼워 주지 않을까 봐 불안해요. (눈을 치켜뜨고) 어제 제가 교무실 갔다가 온 사이에 민지랑 서현이가 주말에 쇼핑센터에 가기로 얘기를 한 거예요. (얼굴이 어두워지며) 저한테는 가자는 말을 하지 않았어요. (흔들리는 눈동자) 그냥 가만히 있었지만 불안해요.

언어적 메시지: ＿＿＿＿＿＿＿＿＿＿＿＿＿＿＿＿＿＿＿＿＿＿＿＿＿＿＿

＿＿＿＿＿＿＿＿＿＿＿＿＿＿＿＿＿＿＿＿＿＿＿＿＿＿＿

비언어적 메시지: ＿＿＿＿＿＿＿＿＿＿＿＿＿＿＿＿＿＿＿＿＿＿＿＿＿

＿＿＿＿＿＿＿＿＿＿＿＿＿＿＿＿＿＿＿＿＿＿＿＿＿＿＿

상담자 반응: ＿＿＿＿＿＿＿＿＿＿＿＿＿＿＿＿＿＿＿＿＿＿＿＿＿＿＿

＿＿＿＿＿＿＿＿＿＿＿＿＿＿＿＿＿＿＿＿＿＿＿＿＿＿＿

＿＿＿＿＿＿＿＿＿＿＿＿＿＿＿＿＿＿＿＿＿＿＿＿＿＿＿

＿＿＿＿＿＿＿＿＿＿＿＿＿＿＿＿＿＿＿＿＿＿＿＿＿＿＿

● 상담연습 [Ⅱ] ●

상담자, 내담자, 관찰자의 역할을 정하고 내담자가 이야기하는 동안 상담자는 Egan(1997)의 SOLER 기법과 Hill과 O'Brien(1999)이 제시한 'ENCOURAGES' 원칙에 따라 주의집중 행동을 취해 보자. 내담자는 자신과 관련된 자유주제에 대해 3분 동안 이야기하고, 관찰자는 상담자가 주의집중 기술을 효율적으로 활용하고 있는지 관찰한다. 3분이 끝난 후 역할을 교대로 연습한다. 연습 장면을 동영상으로 촬영하고 분석할 수도 있다.

연습 후 상담자와 내담자는 어떤 기분이었는지 의견을 나누어 보자. 특히, 상담자는 주의집중의 행동을 취하면서 내담자와 함께하는 노력과 시도가 어떠했는지, 불편한 점은 없었는지를 점검해 보자.

● 상담연습 [Ⅲ] ●

상담자, 내담자, 관찰자의 역할을 정하고 내담자는 자신과 관련된 자유주제에 대해 3분 동안 이야기한다. 내담자가 이야기하는 동안 상담자는 내담자의 비언어적 메시지와 언어적 메시지를 경청한다. 3분 후, 상담자가 파악한 내담자의 비언어적 메시지와 언어적 메시지의 내용을 말한다. 내담자는 상담자의 경청 내용을 듣고 소감을 이야기한다. 상담자, 내담자, 관찰자의 역할을 교대로 연습한다.

● 상담연습의 답안 예시 ●

상담연습 [1]

1. 학교에서 무단결석, 학교폭력 등의 문제로 상담실에 방문한 중학교 3학년 남학생

- 언어적 메시지: 선생님과 엄마의 권유로 상담실에 온 것이고 상담에 기대하는 바는 없다. 학교에서의 생활은 답답하고 선생님도 친구들도 불만족스럽다. 학교는 가도 그만 안 가도 그만이다.

- 비언어적 메시지: 대기실에 구부정하게 앉아 있고, 느릿느릿 일어나 구부정하게 인사하는 모습에서 상담에 대한 동기가 자발적이지 않고 현재 불만이 가득하다는 것을 알 수 있다. 상담실에 들어와 상체를 뒤로 젖히고 앉는 모습에서 상담에 대해 협조적이지 않을 것임을 엿볼 수 있다. 복장에서 학교의 규율이나 규칙에 민감하지 않음을 알 수 있고, 학교 선생님에 대해 부정적 정서를 지니고 있음을 느낄 수 있다. 학교에 다니지 않는 애들이 있다는 것을 강조하면서 학교를 다니지 않는 것에 대해 아쉬움이 없음을 드러내려고 하지만 "학교는 가도 그만 안 가도 그만이다."라고 말하는 모습에서 고개를 숙이고, "학교를 그만두겠다."고 직접적으로 말하지 않는 것에서 학교를 다니는 것에 대해서는 미련이 남아 있을 수 있음을 읽을 수 있다.

- 상담자 반응: 내담자의 태도에 대해 정서적 영향을 받지 않도록 비판적으로 판단하려 하지 않고, 자발적으로 상담실에 온 것이 아니기에 불만족스러울 수 있다는 것을 존중하며 진지한 태도로 주의집중하도록 한다. 적절한 심리적 거리와 부드러운 눈빛과 표정을 유지하며, 팔짱을 끼거나 다리를 꼬지 않도록 유의하고 내담자를 존중하고 함께한다는 마음을 유지하도록 한다.

2. 우울감, 학교 부적응으로 상담 중인 중학교 2학년 남학생

- 언어적 메시지: 내가 그린 그림을 비판한 애들은 아주 못됐다. 원하는 학교에 가면 모든 것이 괜찮을 것이다. 엄마가 그림 그리는 것을 반대하는 것이 걸림돌이다.

- 비언어적 메시지: 그림을 비판한 친구들에 대해 적대감과 분노를 느끼고 있고, 원하는 학

교에만 가면 모든 것이 해결될 것이라는 기대를 갖고 있지만 그림 그리는 것을 반대하는 엄마를 탓하는 마음이 느껴진다. 그럼에도 불구하고 한편으로는 원하는 학교에 진학하기에는 자신의 성적이 부족한 상태라는 것을 지각하고 있으며 이로 인해 자신감 없음과 우울감을 느끼고 있음을 읽을 수 있다.

- 상담자 반응: 진지한 표정, 부드러운 눈빛 적절한 고개 끄덕임으로 내담자가 느끼는 분노와 적개심을 수용할 수 있도록 한다. 또한 자신이 원하는 학교에만 진학하면 모든 것이 해결될 수 있을 거라는 내담자의 믿음 뒤에 있는 현실에서의 어려움을 내담자가 충분히 탐색할 수 있도록 반응한다.

3. 고등학교 1학년 때 학급 내 집단따돌림을 당한 후 휴학 중인 고등학교 2학년 여학생

- 언어적 메시지: 엄마랑 주말에 나가는 것 이외에는 계속 집에만 있었다. 엄마와 운동하고 학원 가기로 약속했는데 지키지 못했다. 엄마는 계속 집에만 있어서 더 우울해진다고 말씀하시는데 집에 있는 것이 편하다. 혼자 밖에 나가는 것이 불편하고 신경이 쓰인다. 이번 주는 비도 오고 그래서 나가는 것이 귀찮았다. 다음 주에는 친구와 영화를 보러 나가기로 했다.

- 비언어적 메시지: 자신이 집에만 있어서 우울해진다는 것을 말하면서 목소리가 떨린 것을 통해 심적 동요를 느낄 수 있으며, 밖에 나가는 것이 불편하고 다른 사람의 시선이 신경 쓰이는 것에 대한 불편감을 읽을 수 있다. 학교에 있어야 할 시간에 밖에 있는 것에 대한 다른 사람의 시선과 반응을 상당히 신경 쓰고 있음이 드러난다. 다음 주에 친구와 영화 보러 가기로 한 것을 말하며 눈을 반짝인 것을 통해 혼자 다니는 것에 대한 두려움을 느낄 수 있고, 누군가와 함께하는 것을 바라고 있음을 읽을 수 있다.

- 상담자 반응: 내담자가 밖에 나가는 것에 대해 느끼는 불편감, 집에만 있게 되면서 느끼는 심리적 부담감을 수용하고, 내담자가 함께있음을 경험할 수 있도록 진지한 표정, 부드러운 눈빛과 자세를 취한다. 상황을 판단하지 않는 자세로 내담자의 심리적 갈등에 집중하도록 한다.

4. 학업문제로 상담 중인 고등학교 2학년 남학생

- 언어적 메시지: 계획과 다르게 TV 프로그램을 많이 보았고, 이를 본 엄마가 폭발하였다. 엄마의 행동에 짜증이 나서 그냥 자 버렸다. 공부할 때 엄마가 방문을 열어 놓으라고 하는 것은 나를 믿지 못한다는 증거이다.
- 비언어적 메시지: 계획대로 공부하지 않고 TV 프로그램을 계속 본 것에 대한 후회와 자책감이 느껴진다. TV 그만 보고 공부하라고 말하는 엄마에 대한 저항감이 느껴지고, 그래서 자신의 행동을 조절하지 못했다는 것을 알 수 있다. 그럼에도 불구하고 그냥 잔 것에 대해서는 후회를, 엄마가 자신을 믿지 못한다는 것에 대해서는 불만을 가지고 있음을 읽을 수 있다.
- 상담자 반응: 계획대로 하지 않은 내담자를 비난하거나 비판하지 않고 내담자가 느낀 후회와 죄책감을 함께하겠다는 자세와 태도를 취한다. 엄마가 자신을 믿지 못한다고 한 것과 그럼에도 불구하고 자신의 행동에 대해 자책하고 있음 모두를 인지하고 이를 놓치지 않도록 한다.

5. 불안감과 우울감으로 상담에 의뢰된 중학교 2학년 남학생

- 언어적 메시지: 친구들이 자신에 대해 소심하고 여자 같다고 쑤군거릴 것 같다. 심각한 문제는 아니라고 생각하고 기분도 나쁘지 않지만 어제 2교시 후 조퇴하였다.
- 비언어적 메시지: 깔끔하고 정돈된 외모에 신경을 쓴다는 것을 느낄 수 있다. 눈을 깜빡거리고 안경을 매만지는 행동은 현재의 불안한 심리상태를 방어하기 위한 행동이라는 것을 짐작하게 한다. 친구들이 쑤군거리는 것에 대해 심각한 문제라고 생각하지는 않는다고 하면서도, 안경을 매만지고 시선을 피하면서 말하는 것을 통해 신경을 쓰고 있다는 것을 읽을 수 있다. 특히, 자신에 대해 소심하고 여자 같다고 얘기할 것 같다고 말하며 얼굴을 붉혔는데 이를 통해 내담자가 불편감을 느끼고 있음을 알 수 있다. 하지만 이를 인정하고 싶어 하지 않는 심리상태가 조퇴를 이야기하며 머리를 만지고 눈을 옆으로 뜨는 행동에서 드러난다.
- 상담자 반응: 적절한 심리적 거리를 유지하며 진지한 자세로 내담자에게 집중하도록 한

다. 상담자의 태도나 자세가 과도한 친근감의 표현으로 느껴지지 않도록 하는 것이 필요할 것으로 사료되는데, 내담자의 경우 불안감을 느끼지만 이를 표현하는 데 방어적이고, 주변 환경이나 대인관계에 있어서 경계심을 갖고 민감할 수 있기 때문이다. 내담자의 이야기를 더 듣고 싶어 하는 상담자의 전문적이고 진지한 태도가 중요하다.

6. 초등학교 때 따돌림을 당한 경험으로 인해 친구관계에서 어려움을 호소하는 중학교 2학년 여학생
- 언어적 메시지: 초등학교 때 따돌림을 당한 경험이 있는데, 또 다시 따돌림을 당할까 봐 걱정되고 불안하다. 당시 촌스럽다고 따돌림 당했는데 지금도 그래서 친구들이 자신을 끼워 주지 않을까 봐 걱정된다. 어제 민지와 서현이 둘만 주말에 쇼핑센터에 가기로 했다는 것을 알았으며, 나한테는 말하지 않았다는 것이 불안하다.
- 비언어적 메시지: 초등학교 때 따돌림 당한 경험이 재현될 것에 대한 불편감과 불안감을 느낄 수 있다. 초등학교 때 따돌림의 이유였던 '촌스럽다'는 것에 연연하고 있으며 그렇게 보이지 않기 위해 노력하고 있다는 것이 외모를 신경 쓰는 데에서 드러난다. 민지와 서현이가 둘만 쇼핑을 가기로 해서 심하게 불안해하며 동요되고 있음을 읽을 수 있다.
- 상담자 반응: 내담자의 불안과 심리적 동요를 탐색할 수 있도록 진지하면서도 따뜻한 표정, 끄덕임, 적절한 맞장구 등을 통해 내담자의 불안감을 수용하고 더 이야기할 수 있도록 한다.

3장
질문

상담은 상담자의 질문과 내담자의 답변이 많이 이루어지는 활동이다. 질문은 내담자에게는 자기 자신에 대해 더 많은 이야기를 하도록 하여 자신의 문제에 대한 이해를 촉진시키고, 상담자에게는 내담자의 문제를 분석하고 평가하는 자료를 수집하도록 하는 중요한 과정이 된다.

질문은 상담대화 방법으로써 매우 중요하지만, 질문과 답변의 주고받음만으로는 상담이 될 수 없다. 질문은 단순한 관심의 표시든 특정 내용에 대한 의미 있는 탐색이든 적절한 타이밍에 이루어져야 효과적이다. 또한 상담자는 질문으로 상담을 시작하고 진행하지만 지나치게 질문과 답변 형태의 대화가 되지 않도록 신경을 써야 한다. 상담자가 질문에 대한 답을 들은 뒤에는 답을 관심 있게 들었음을 보여 주는 질문, 반영, 공감 등의 반응을 해 주는 것도 필요하다.

1. 질문의 효과

1) 초점두기

질문은 내담자의 이야기 중 어떤 내용을 중심으로 상담을 진행할지에 대한 방향을 정하는 데 유용하다. 질문은 내담자에게 답변을 요구함으로써 주의를 끌 수 있다. 내담자의 이야기 속에서 상담자가 중요하다고 생각하는 부분에 대해 질문함으로써 특정 내용에 대해 초점을 맞추게 된다. 내담자의 이야기가 산만할 때, 상담자의 질문은 상담 이슈를 선정하거나 방향을 결정하게 된다.

질문을 효과적으로 사용하려면 먼저 내담자의 이야기를 주의 깊게 경청해야한다. 어떤 부분에 질문을 할지 결정하기 위해서도 경청이 필요하지만, 내담자의 답을 집중해서 들어야 다시 상담자가 어떤 반응을 할지를 결정할 수 있으므로 상담자의 주의집중과 경청이 요구된다.

다음의 예시 3-1을 살펴보면, 내담자의 이야기 중 상담자가 어떤 부분에 초점을 두느냐에 따라 질문이 달라질 수 있음을 알 수 있다. 연습 3-1에서는 가능한 상담자의 질문을 적어 보자.

● 예시 3-1 ●

내담자: 중학교 때는 안 그랬는데, 고등학교 와서는 사는 게 재미가 없어요. 아침 일찍 학교에 가지만 공부도 열심히 하지 않고 수업시간에도 자요. 수업이 끝나면 집에 오기 싫어도 바로 집에 와서 그냥 그럭저럭 있다가 자요.

상담자: ✓중학교 때는 학교생활이 지금하고 어떻게 달랐어? (이전의 학교생활에 초점)

✓ 사는 게 재미가 없다는 것은 무슨 뜻이지? (현재의 학교생활에 초점)

✓ 집에서 오기 싫은 이유가 있어? (가정생활에 초점)

● 연습 3-1

내담자: 제가 전학을 와서 학교가 좀 낯설어요. 새롭게 친구들을 사귀어야 될 텐데 잘 할 수 있을지 모르겠어요. 정말 걱정이에요. 그런데 엄마는 제가 걱정하는 것을 이해 못하세요.

상담자: _____

(친구를 사귀는 방법에 초점)

_____

(걱정의 내용 탐색에 초점)

_____

(상담에서 다룰 내용에 초점)

2) 내용탐색

질문의 가장 중요한 효과는 바로 탐색이다. 질문은 내담자가 좀 더 많은 이야기를 할 수 있도록 하면서 탐색의 기회를 제공한다. 질문을 통한 탐색의 주 내용은 내담자의 문제 및 상황에 대한 사실적 정보, 내담자의 경험 내용, 내담자의 생각과 감정, 상담의 주제나 목표 등이 될 수 있다.

내용탐색을 위한 질문은 가급적 개방형 형태로 사용한다. '예' 또는 '아니오'로 답하거나 단순한 단어로 대답할 수 있는 폐쇄형 질문과 달리 개방형 질문은 내담자 자신의 생각과 상황, 입장 등을 좀 더 상세히 드러낼 수 있게 한다. 따라서 상담자는 개방형 질문을 통해 상담에서 필요한 내용을 좀 더 수집하게 되고, 이를 통해 내담자와 내담자가 호소하는 문제에 대해 더 많은 이해를 할 수 있게 된다. 내담자 역시 이러한 탐색적 질문에 대한 답을 하면서 자신의 생각이나 감정, 상황 등에 대한 더 많은 자각과 이해를 할 수 있기도 하다. 결국 탐색을 위한 질문은 상담자와 내담자가 더 구체적인 이야기를 할 수 있도록 하고 새로운 내용을 발견하거나 이야기를 할 기회를 제공한다.

한편, 상담자는 개방형 질문을 통해 내담자에게 상담적 대화의 주도권을 줌으로써 상담의 주체가 내담자임을 확인시켜 줄 수 있다. 개방형 질문은 내담자가 답을 할 수 있는 내용에 제한을 크게 두지 않아 내담자가 좀 더 주도적으로 답할 수 있는 기회를 제공한다. 상담자는 개방형 질문을 통해 내담자의 내적 세계에 대한 정보를 더 많이 수집하고 내담자를 더 깊게 이해 · 공감할 수 있게 된다.

다음의 예시 3-2에서 상담자는 내담자가 수업시간에 수업을 듣지 않고 친구와의 갈등에 대한 걱정에 빠져 있음을 다루고자 한다. 이를 위해 개방형 질문과 폐쇄형 질문을 사용하는 경우를 비교해 본다. 연습 3-2에서는 폐쇄형 질문을 가능한 개방형 질문으로 바꿔 적어 보자.

● 예시 3-2 ●

〈폐쇄형 질문〉

상담자: 수업시간에 선생님 말은 잘 듣니?

내담자: 아니오.

상담자: 그럼 딴생각하는 거야?

내담자: 예.

상담자: 수업시간에도 그 친구랑 어떻게 해야 하나 생각하는 거지?

내담자: 그렇죠.

상담자: 결국 그런 생각 때문에 수업을 제대로 못 받는 거네?

내담자: 그런 것 같아요.

〈개방형 질문〉

상담자: 요즘 수업시간은 어때?

내담자: 수업시간에 자꾸 딴생각이 들어요.

상담자: 딴생각이라면 어떤 생각을 말하지?

내담자: 수업 끝나고 그 친구를 만나면 어떻게 할까? 뭐 그런 생각이요.

상담자: 그런 생각을 하면 어때?

내담자: 아무래도 수업도 안 되고 기분도 다운되고 그렇죠. 수업시간에 머리가 복잡해져요.

● 연습 3-2 ●

〈폐쇄형 질문〉

내담자: 제 성격이 좋은 것 같지는 않아요.

상담자: 그런 성격으로 계속 살고 싶니?

내담자: 아니요.

상담자: 좋은 성격이 되고 싶은 거지?

내담자: 예.

상담자: 좋은 성격이 되면 친구들도 많아지겠지?

내담자: 그럴 것 같아요.

〈개방형 질문〉

내담자: 제 성격이 좋은 것 같지는 않아요.

상담자: _____

내담자: 성격이 안 좋으니까 친구들도 많이 안 생기는 것 같아요.

상담자: _____

내담자: 밝은 성격이요.

상담자: _____

내담자: 같이 있으면 기분 좋은 사람이요. 그래야 친구들이 많아질 것 같아요.

3) 명료화

상담내용의 명료화나 사실 확인을 위한 질문은 내담자의 이야기 중 자살이나 폭력 등과 같이 중대한 사안에 대한 확인이 필요할 때, 내담자의 이야기가 내담자의 생각이나 입장 인지 등을 자각·직면시킬 필요가 있을 때, 불분명한 내담자의 표현을 확인할 필요가 있는 경우에 사용한다.

일반적으로 질문의 형태는 개방형 질문이 바람직하지만 명료화를 목적으로 하는 질문으로는 폐쇄형 질문이 더 효과적인 경우가 많다. 그러나 명료화의 목적을 가졌다 할지라도 폐쇄형 질문을 계속하거나 빈번하게 사용하는 것은 삼가야 한다.

다음의 예시 3-3을 살펴보면, 자살과 같은 문제는 명료화를 위한 질문이 필요함을 알 수 있다. 연습 3-3에서는 학교폭력을 당하고 있는 내담자에게 가능한 상담자의 명료화 질문을 몇 가지 적어 보자.

● 예시 3-3 ●

내담자: 죽고 싶다는 생각을 자주 해요.

상담자: 실제로 자살을 하려고 한 적도 있어?

내담자: 그런 것 같기도 하고……

상담자: 실제로 자살을 하려고 한 적도 있다는 거니?

내담자: 예.

상담자: 혹시 지금도 죽고 싶다는 생각을 해?

내담자: 그렇지는 않아요.

● 연습 3-3 ●

내담자: 제가 요즘 학교에서 반 애들한테 좀 괴롭힘이랄까 뭐 그거랑 비슷한
　　　　 걸 당하고 있는 것 같아요. (팔의 상처를 보여 주며) 이것 좀 보세요.

상담자: _____

　　　　 _____

---

2. 질문의 효과적인 사용

1) 요청형태의 질문

　내담자가 답하기 부담스럽거나 꺼릴 수 있는 내용의 질문이라면 요청형태의
질문이나 서술형태의 간접질문을 사용한다. 요청형태의 질문은 내담자에게 답
변에 대한 압력을 낮춰 줌으로써 상담자로부터 존중받는 느낌을 줄 수 있으며,
상담자에게는 질문 내용에 대해 주의를 기울이고 탐색할 기회를 제공하게 된다.
　상담자가 할 수 있는 요청형태의 질문은 '~에 대해 좀 더 얘기해 줄 수 있을
까?' '무슨 의미인지 다시 설명해 줄 수 있을까?' '선생님은 ~에 대해 더 이야기
를 듣고 싶네.' 등이다. 다음 예시 3-4를 살펴보고, 연습 3-4에서는 상담자의 가
능한 요청형태의 질문을 적어 보자.

● 예시 3-4 ●

내담자: 저희 집은 사정이 별로 안 좋아요.

상담자: 혹시 집안 사정에 대해 이야기해 줄 수 있을까?

내담자: 부모님에 관한 거라 이야기하기가 좀 그래요.

상담자: 그렇구나. 그런데 네가 힘들어하는 것처럼 보여 선생님은 이야기를 듣고 싶기도 하네.

● 연습 3-4 ●

내담자: 친구들이랑 싸운 다음부터 학교에 가기가 싫어졌어요. 그런데 그건 지난 일이에요. 말해 봤자 소용없어요.

상담자 : _____

_____

2) 비유도 질문

유도 질문은 질문자가 이미 답을 생각하면서 하는 질문을 의미한다. 즉, 충분한 근거가 없는데 상담자가 내담자의 입장이나 감정을 짐작하여 답을 유도하는 것이다. 예를 들어, 내담자가 울고 있을 때 상담자는 '왜 슬픈가요?'라고 물을 수 있는데, 이미 내담자가 슬프다는 것을 전제로 한 질문이기 때문에 이는 유도 질문에 해당된다. 이러한 유도 질문에 내담자는 자신이 왜 슬픈지에 대해서 생각하게 됨으로써 자신의 감정에 대해 탐색하는 폭이 좁아진다.

또한 자존감이 낮거나 자기주장이 약한 내담자나, 상담자와 같은 타인에게 맞추려는 경향을 가진 내담자는 유도 질문에 의해 답변이 많은 영향을 받는다. 이러한 유도 질문은 '지금 눈물이 나는데 기분이 어떤가요?'와 같은 질문으로, 상담의 주체인 내담자가 자신의 상태를 제한 없이 답할 수 있도록 제시되어야 한다.

예시 3-5에서 상담자는 목소리가 커지고 흥분한 내담자를 상담하고 있다. 상담자가 내담자에게 유도 질문과 비유도 질문을 사용하는 경우를 비교해 본다. 연습 3-5에서는 유도 질문을 가능한 비유도 질문으로 바꿔 적어 보자.

● 예시 3-5 ●

〈유도 질문〉

상담자: 화가 난 것 같은데, 무엇 때문에 화가 나는 걸까?

내담자: 화요? 화가 나는 것 같기도 해요.

상담자: 자신의 어떤 행동 때문에 화가 난 거지?

내담자: 제가 그때 아무 말도 못 한 거요.

〈비유도 질문〉

상담자: 지금 말을 하면서 어떤 느낌이 드니?

내담자: 아무 말도 못한 제 자신에게 화가 나요.

상담자: 그때는 왜 아무 말도 못했을까?

내담자: 너무 당황해서 어떻게 해야 할지 몰랐던 것 같아요. 그런데 지금 생각해 보면, 일방적으로 당한 것 같아 속상해요.

● 연습 3-5 ●

〈유도 질문〉

내담자: 성적을 엄마한테 말하지 못하겠어요.

상담자: 말을 하면 엄마는 뭐라고 화내실 것 같지?

내담자: 만화 그리느라 성적이 떨어진 거라고요.

상담자: 공부해야 하는데, 만화도 그렸나 보구나?

내담자: 만화를 그리느라 공부를 안 한 것은 아니에요.

〈비유도 질문〉

내담자: 성적을 엄마한테 말하지 못하겠어요.

상담자: _____

> 내담자: 사실 저도 성적이 왜 떨어졌는지 잘 모르겠어요.
>
> 상담자: _____
>
> 내담자: 저도 속상하고 엄마한테는 더 말을 못하겠어요.

3) 질문은 가급적 간단하게 한다

질문은 요지를 내담자가 이해할 수 있도록 구체적으로 해야 하지만 최대한 간단하게 해야 내담자가 답을 하기 용이하다. 즉, 질문의 내용이 너무 많거나 모호하면 내담자는 답하기 어렵다. 질문을 한꺼번에 여러 개를 하는 경우에도 내담자는 질문을 기억하거나 이해하기 어렵게 된다. 질문은 한 번에 한 개씩 내담자가 이해할 수 있도록 간단하게 한다. 또한 질문의 길이도 가급적 짧게 하여 질문의 요지를 내담자가 분명하게 전달받도록 하는 것이 중요하다.

4) 내담자가 상담자의 질문에 답하지 못할 때

내담자가 상담자의 질문에 적절히 답한 경우에 상담자는 이에 대한 수용과 이해를 전한다. 그러나 종종 내담자가 상담자의 질문에 적절히 답하지 못하는 경우가 있다. 상담자의 질문에 내담자가 답을 하지 못하는 이유는 다양하다. 일반적으로 상담자의 질문을 이해하지 못했거나, 답하는 데 어려움을 느끼는 경우 내담자는 질문에 답하지 못하게 된다. 이때, 상담자는 내담자가 답을 할 수 있도록 기다려 주는 것이 필요하다. 답을 재촉하거나 유도해서는 안 된다.

내담자가 상담자의 질문에 답하지 못할 때, 상담자는 내담자에게 질문을 반복해 주거나 답을 할 수 있도록 격려할 수 있다. 재질문은 질문을 단순히 반복하거나 '무슨 의미인지 다시 설명해 줄 수 있을까?' '~부분은 선생님이 이해가 잘 안 되네. 다시 말해 줄 수 있을까?'와 같은 요청형태가 될 수 있다. 또한 내담자가 질문에 대한 답을 할 수 있도록 기억을 상기시킬 수 있는 단서를 제공할 수 있다. 내담자의 답이 적절하지 않았거나 불충분할 때, 상담자는 내담자가 이해할 수 있도록 질문을 다시 하거나 답을 할 수 있도록 좀 더 쉬운 질문으로 제시한다.

다음의 예시 3-6에서는 내담자가 답하지 못할 때 할 수 있는 질문을 살펴보고, 연습 3-6에는 내담자가 답을 하지 않을 때 가능한 상담자의 질문을 적어보자.

● 예시 3-6 ●

내담자: 제가 막 화를 내니까 정인이가 약속을 지키지 못한 이유를 말하기는 했는데, 어쨌든 저를 무시한 거잖아요.

상담자: 정인이가 약속을 지키지 못한 이유가 뭔데?

내담자: …….

상담자: ✔ 그때 정인이가 약속을 지키지 못한 이유가 뭐라고 했지?

　　　 ✔ 정인이가 뭐라고 했는지 천천히 생각해 보렴.

　　　 ✔ 네가 화를 내니까 정인이가 이유를 뭐라고 말한 거지?

● 연습 3-6 ●

내담자: 길에서 걸어갈 때 사람들 얼굴이 마주치면 먼저 피하게 돼요. 사람들이 지나가면서 눈이 마주치기도 하잖아요, 그러면 저는 피해요.

상담자: 피하게 되는 이유가 뭘까?

내담자: …….

상담자: ＿＿＿＿＿＿＿＿＿＿＿＿＿＿＿＿＿＿＿＿＿＿＿＿＿＿＿＿＿＿＿＿

　　　 ＿＿＿＿＿＿＿＿＿＿＿＿＿＿＿＿＿＿＿＿＿＿＿＿＿＿＿＿＿＿＿＿

5) 내담자의 응답이 충분하지 않을 때

상담자가 나름대로 효과적인 질문을 하더라도 내담자가 이에 대한 응답을 충분히 하지 않을 때가 있다. 특히 답을 간단하게 하거나 폐쇄형 응답을 하는 경우, 상담자는 상담을 진행하기 위해 계속적으로 질문을 하게 되는 상황에 처하게 된다. 물론 내담자의 답이 적절하지 않을 때도 상담자는 경청과 수용의 태도를 일관되게 보여야 한다.

내담자의 응답이 충분하지 않을 때, 상담자는 재질문을 할 수 있다. 이때의 재질문은 내담자가 이미 한 이야기에 관한 것으로 하여 대화의 맥락을 유지한다. 내담자의 응답을 정리해서 요약하는 내용이 담긴 질문을 하는 것도 좋다. 때로는 내담자에게 질문하는 이유를 설명해 주는 것도 효과적이다. 상담자가 왜 그러한 질문을 하는지를 설명하게 되면 내담자는 응답의 필요성을 좀 더 느끼게 될 수 있다. 내담자가 방어나 저항의 의미로 응답을 충분하게 하지 않을 때, 상담자는 이러한 내담자의 태도를 다룰 수도 있다. 상담자는 내담자에게 자신의 이러한 모습을 직면하게 하고 내담자의 태도에 대해 논의한다.

다음의 예시 3-7에서는 내담자가 답이 충분치 않을 때 할 수 있는 질문을 살펴보고, 연습 3-7에는 내담자의 답이 불충분할 때 가능한 상담자의 질문을 적어 보자.

● 예시 3-7 ●

상담자: 지금 눈물이 나는데, 지금 왜 눈물이 날까?

내담자: (멋쩍게 웃으면서, 상담자 손을 바라보며) 선생님 반지가 참 예뻐요.

상담자: ✓ 그래, 그런데 선생님은 네가 왜 우는지가 궁금한데?

　　　　✓ 그래, 지금 친구와 싸운 이야기를 하면서 눈물이 났는데, 왜 그럴까?

　　　　✓ 선생님 질문에 다른 답을 하고 있는데, 왜 그런 거지?

● 연습 3-7 ●

내담자: 제가 막 화를 내니까 정인이가 약속을 지키지 못한 이유를 말하기는
     했는데, 어쨌든 저를 무시한 거잖아요.

상담자: 정인이가 약속을 지키지 못한 이유가 뭔데?

내담자: 정인이는 맨날 그래요.

상담자: _____

     _____

 요 약

1. 상담이 지나치게 질문과 답변 형태의 대화가 되지 않도록 주의한다.
2. 질문은 내담자의 이야기 중 어떤 내용을 중심으로 상담을 진행할지 방향을 정하
   는 데 유용하다.
3. 질문의 가장 중요한 효과는 탐색으로, 질문을 통해 내담자는 좀 더 많은 이야기
   를 할 수 있는 탐색의 기회를 갖는다. 이때 상담자는 탐색을 위해 가급적 개방형
   질문을 사용한다.
4. 상담내용의 명료화를 위해 폐쇄형 질문이 더 효과적인 경우가 있다.
5. 내담자가 답하기 부담스럽거나 꺼릴 수 있는 내용의 질문이라면 요청형태의 질
   문이나 서술형태의 간접질문을 사용한다.
6. 질문자가 이미 답을 생각하면서 하는 유도 질문은 삼간다.
7. 질문은 가급적 간단하게 한다.
8. 내담자가 상담자의 질문에 답하지 못할 때, 상담자는 내담자에게 질문을 반복
   해 주기나 답을 할 수 있도록 격려할 수 있다.
9. 내담자의 응답이 충분하지 않을 때는 재질문을 할 수도 있고, 내담자에게 질문
   하는 이유를 설명해 주거나 내담자의 태도를 다룰 수도 있다.

● 상담연습 [1] ●

다음에 제시된 사례를 읽고, 내담자의 이야기에 대한 상담자의 적절한 질문 반응을 써 보시오.

1. 학교폭력 피해를 경험한 초등학교 5학년 여학생

> 내담자: 이제 그 애들(학교폭력 가해학생들)은 무시하려고요. 그냥 신경 안 쓰면 될 거
> 같아요. 오늘도 쳐다도 안 보고 다른 친구들과만 이야기했어요.

상담자: _____

_____

2. 진로선택 문제로 부모와 갈등을 빚고 있는 고등학생

> 내담자: 아빠는 만약 교대를 못 가면 어떻게 할 거냐고, 실패에 대한 계획도 필요하다
> 고 하셨어요. 그게 현실적인 것 같기는 해요.

상담자: _____

_____

3. 친구들에게 공격적인 행동을 하는 남자 중학생

> 내담자: 애들이 놀려도 참아야 하는데 참아지지가 않아요. 더 화를 내거나 더 때리고
> 싶어져요. 애들이 소리치면 저는 더 크게 소리치고 잡으려고 뛰어가요.

상담자: _____

_____

4. 핸드폰 사용과 관련하여 어머니와 갈등을 겪고 있는 여자 중학생

> 내담자: 핸드폰은 안 보고 책상 위에 그냥 뒀는데, 엄마는 저에게 핸드폰이 공부에 방해된다고 자꾸 치우라고 하세요. 또 지난번처럼 엄마가 던질 것 같아서 짜증 나요.

상담자: _____

_____

5. 엄마의 잔소리 때문에 짜증이 난다는 여자 중학생

> 내담자: 중학생이 되니까 엄마가 잔소리를 너무 하시는 거예요. 초등학교 때까지는 친구들이 엄마한테 잔소리를 듣는다고 해서 그런가보다 했는데, 저도 엄마의 잔소리를 많이 듣게 된 거예요.
> 상담자: 엄마는 어떤 잔소리를 하시는 거지?
> 내담자: …….

상담자: _____

_____

6. 학업 스트레스에 시달리는 여자 고등학생

> 내담자: 수학시험은 좀 짜증이 났어요. 수학시험 때문에 다른 시험도 못 보게 되었고요.
> 다 수학 탓이에요.

상담자: _____

_____

7. 아이 문제로 남편과 갈등을 겪고 있는 학부모

> 내담자: 애가 자꾸 사고를 치니 남편이 자꾸 이렇게 해라, 저렇게 해라 주문이 많아져요.
> 저도 한다고 하는데, 애가 말을 안 듣는 걸 어떻게 하겠어요.

상담자: _____

_____

8. 진로결정으로 고민하는 여자 고등학생

> 내담자: 어떻게 직업을 정했는지 친구들한테 물어보면, 어떤 애들은 자기는 어려서부터
> 하고 싶은 일이 있어서 한다고 하고, 또 부모님이 하라고 해서 하는 애들도 있고
> 그래요. 그런데 저는 확신이 없어요.

상담자: _____

_____

9. 담임교사의 의뢰로 상담을 시작한 여자 초등학생

> 내담자: 담임선생님이 상담을 받으라고 해서 왔는데, 상담 꼭 받아야 되나요? 집에 같이 가는 친구도 있는데, 오늘은 혼자 집에 가야 돼요.

상담자: _____

_____

10. 친구와의 의사소통에서 어려움을 겪고 있는 여자 고등학생

> 내담자: 제가 하고 싶은 이야기를 하면 친구들이 너무 심각하게 받아들이면 어떻게 하나 걱정이 돼서 말을 못해요. 괜히 말해서 친구들이 화를 낼 수도 있으니까요.

상담자: _____

_____

● 상담연습 [Ⅱ] ●

다음은 중삼이와의 상담 축어록이다. 중삼이는 학교에서 대인관계의 어려움을 겪고 있으며 학교를 그만두고 싶어 한다. 사례를 읽고 밑줄이 쳐진 부분의 상담자 질문을 좀 더 적절한 질문으로 수정하거나 빈칸에 들어갈 적절한 반응을 적어 보자.

상담자 1: 자, 그럼 오늘 상담을 시작할까? 중삼이는 학교에 친한 친구가 많니?

(⇒ _____)

내담자 1: 아니 많이 없어요.

상담자 2: 그럼 점심시간에 밥도 먹고 이야기도 할 수 있는 친구는 없어?

(⇒ _____)

내담자 2: 한 명 있어요.

상담자 3: 한 명? 그 친구는 우리 학교야? (⇒ _____)

내담자 3: 예, 같은 반이에요.

상담자 4: 같은 반이야? 서로 의지를 좀 하는 사이인가?

(⇒ _____)

내담자 4: 제가 일방적으로 이야기를 많이 해요.

상담자 5: 네가 거의 일방적으로 말을 하는 편이야?

내담자 5: …….

상담자 6: (⇒ _____)

내담자 6: 걔도 무슨 일이 있으면 저한테 이야기하긴 하는데…… 주로 제가 많이 이야기해요.

상담자 7: 왜 너만 더 많이 얘기하는데? (⇒ _____)

내담자 7: 그게…… 그냥요.

상담자 8: (⇒ _____)

내담자 8: 그 친구는 이해심이 많은 것 같아서요.

상담자 9: 또 교제하는 친구는 없어? (⇒ _____)

내담자 9: 제 성격이 별로라서……

상담자 10: 네 성격이 별로인 거야? (⇒ _____)

내담자 10: 예, 사람을 잘 못 믿어요.

상담자 11: 잘 못 믿겠어? (⇒ _____)

내담자 11: 모르겠어요. 진짜 얘가 나랑 친하다고 생각될 때까지는 못 믿어요. 친구들이 저를 진짜 좋아하는 건지 자꾸 의심이 들어요. 그래서 한 달씩 고민하기도 해요.

상담자 12: 한 달 동안 무엇을 고민하는 걸까?

내담자 12: (침묵) 꼭 대답해야 돼요?

상담자 13: (⇒ _____)

내담자 13: 그 친구에 대해 알아야 하잖아요. 진짜 믿을 만한 친구인가, 나를 진짜 좋아하는 것이 맞나 그런 것을 생각해요.

상담자 14: 한 달이면 친해지는 거야? 친해지면 같이 밥도 먹고 얘기하고 그러는 건가?
(⇒ _____)

내담자 14: 같이 밥도 먹고 쉬는 시간에 이야기도 하구요.

상담자 15: 그러니까 한 달 정도 그 친구에 대해 생각해 보고 친하게 지낼 수 있겠다 싶으면 친하게 지낸다는 거네?

내담자 15: 예, 그런 거죠.

● **상담연습 [III]** ●

상담자, 내담자, 관찰자 역할을 정한 후 내담자는 '최근의 스트레스를 받을 만한 사건이나 인상적인 경험'에 대해 이야기를 하고, 상담자는 '질문' 반응에 신경을 쓰면서 상담한다. 관찰자는 상담자의 '질문' 반응에 집중하여 관찰한다. 연습의 효과를 위해 녹음이나 동영상 촬영을 하는 것이 좋다.

상담 후 '질문'에 대해 다음과 같은 내용을 포함하여 상담자의 반응을 함께 논의한다.

- 상담자는 질문을 어떤 의도로 사용하였는가?
- 내담자는 상담자의 질문을 어떻게 받아들였는가?
- 질문이 효과적인 시점에서 사용되었는가?
- 질문의 형태는 적절하였는가?
- 가장 효과적인 질문은 무엇이고 어떤 점에서 효과적인가?
- 가장 비효과적인 질문은 무엇이고 어떤 점에서 비효과적인가?

필요시 내담자 역할은 다음과 같은 사례의 내담자로 연습한다.

사례 1

초등학교 6학년인 혜정이는 아버지의 직장이동에 따라 전학을 가야 할 상황이다. 혜정이는 친한 친구들과 떨어져서 새로운 곳으로 이사를 하고 전학을 가야 한다는 것에 대해 이야기를 한다.

사례 2

고등학교 1학년인 정수는 중간고사에서 예상보다 낮은 점수를 받았다. 시험기간이 다가왔을 때 집중적으로 공부했던 중학교 때와 달리, 고등학교에서는 이러한 방식의 공부로는 좋은 점수를 받지 못하는 것 같다는 이야기를 한다.

● 연습문제의 답안 예시 ●

연습 3-1

새롭게 친구는 사귀는 방법에는 어떤 것이 있을까? (친구를 사귀는 방법에 초점)

네가 걱정하는 것이 무엇인지 얘기해 볼래? (걱정의 내용 탐색에 초점)

그럼, 상담에서 네가 하는 걱정에 대해 얘기해 볼까? (상담에서 다룰 내용에 초점)

연습 3-2

내담자: 제 성격이 좋은 것 같지는 않아요.

상담자: 성격이 좋지 않다는 것은 무슨 뜻이지?

내담자: 성격이 안 좋으니까 친구들도 많이 안 생기는 것 같아요.

상담자: 그럼, 어떤 성격이 좋은 성격이라고 생각하니?

내담자: 밝은 성격이요.

상담자: 밝은 성격의 사람이란 어떤 사람인데?

내담자: 같이 있으면 기분 좋은 사람이요. 그래야 친구들이 많아질 것 같아요.

연습 3-3

지금 네가 학교폭력을 당하고 있다는 거니?

이 상처가 반 친구들한테 당한 거라는 거지?

괴롭힌 친구들을 학교폭력으로 신고하려고 하니?

연습 3-4

친구와 싸운 얘기를 좀 더 해 줄 수 있을까?

그런데 선생님은 네게 중요한 얘기처럼 들려서 좀 더 이야기를 듣고 싶은데?

왜 말해 봤자 소용없다고 생각하는지 궁금하네.

연습 3-5

내담자: 성적을 엄마한테 말하지 못하겠어요.

상담자: <u>성적을 엄마한테 말하지 못하는 이유는 무엇이지?</u>

내담자: 사실 저도 성적이 왜 떨어졌는지 잘 모르겠어요.

상담자: <u>성적이 떨어진 것에 대해 너는 어때?</u>

내담자: 저도 속상하고 엄마한테는 더 말을 못하겠어요.

연습 3-6

네가 사람을 피하는 이유가 뭘까?

네가 사람들을 피하는 데는 이유가 있을 텐데 한번 생각해 보면 좋겠다.

사람들과 마주치는 것을 왜 피하게 될까?

연습 3-7

정인이가 약속을 지키지 못한 이유를 뭐라고 한 거지?

정인이가 이유를 말했는데, 왜 너를 무시한 거라고 생각하게 된 거지?

선생님은 정인이가 약속을 지키지 못한 이유로 말한 내용이 궁금하구나.

● **상담연습의 답안 예시** ●

상담연습 [I]

1. 학교폭력 피해를 경험한 초등학교 5학년 여학생
- 그 친구들을 신경 안 쓰겠다는 생각은 어떻게 하게 되었지?
- 그래서 오늘 하루 학교생활은 어땠어?

2. 진로선택 문제로 부모와 갈등을 겪고 있는 고등학생
- 아빠의 말씀에 대해 어떻게 생각하니?
- 현실적이라는 것은 무슨 뜻이지?

3. 친구들에게 공격적인 행동을 하는 남자 중학생
- 친구들이 어떻게 놀리는 거지?
- 참아야 한다고 생각하지만 참아지지가 않는 이유가 뭘까?

4. 핸드폰 사용과 관련하여 어머니와 갈등을 겪고 있는 여자 중학생
- 엄마는 왜 그러시는 걸까?
- 엄마가 치우라고 할 때 너는 어떻게 하는데?

5. 엄마의 잔소리 때문에 짜증이 난다는 여자 중학생
- 엄마가 잔소리를 하신다고 하는데, 뭐라고 하시는지 궁금하네.
- 잔소리를 들을 때 너는 어떠니?

6. 학업스트레스에 시달리는 여자 고등학생
- 수학시험이 짜증 난 이유는 뭐지?
- 왜 수학시험 때문에 다른 시험을 못 보게 된 거지?

7. 아이 문제로 남편과 갈등을 겪고 있는 학부모

• 아이에 대한 남편의 주문에 대해서는 어떻게 생각하시나요?

• 지금 상황에 대해 어떻게 느끼시나요?

8. 진로결정으로 고민하는 여자 고등학생

• 친구들이 직업을 정한 이야기를 듣고 어떤 생각이 들었지?

• 확신이 없다는 것은 무슨 뜻이지?

9. 담임교사의 의뢰로 상담을 시작한 여자 초등학생

• 상담을 받으러 오면서 어떤 생각을 했어?

• 담임선생님은 왜 상담을 받으라고 하셨을까?

10. 친구와의 의사소통에서 어려움을 겪고 있는 여자 고등학생

• 네가 하고 싶은 이야기는 무엇이지?

• 친구들이 네 얘기를 심각하게 받아들인 이유가 뭘까?

상담연습 [Ⅱ]

상담자 1: 자, 그럼 오늘 상담을 시작할까? 중삼이는 학교에 친한 친구가 많니?

        (⇒ 오늘은 어떤 이야기를 하고 싶니? 또는 요즘 학교 친구들과는 어때?)

내담자 1: 아니 많이 없어요.

상담자 2: 그럼 점심시간에 밥도 먹고 이야기도 할 수 있는 친구는 없어?

        (⇒ 그럼, 쉬는 시간이나 점심시간에는 누구랑 놀아?)

내담자 2: 한 명 있어요.

상담자 3: 한 명? 그 친구는 우리 학교야? (⇒ 그 친구는 어떤 친구야?)

내담자 3: 예, 같은 반이에요.

상담자 4: 같은 반이야? 서로 의지를 좀 하는 사이인가?

　　　　(⇒ 그 친구와는 어떻게 지내니?)

내담자 4: 제가 일방적으로 이야기를 많이 해요.

상담자 5: 네가 거의 일방적으로 말을 하는 편이야?

내담자 5: …….

상담자 6: (⇒ 선생님은 네가 그 친구와 어떻게 지내는지 궁금하구나.)

내담자 6: 걔도 무슨 일이 있으면 저한테 이야기하긴 하는데…… 주로 제가 많이 이야기해요.

상담자 7: 왜 너만 더 많이 얘기하는데? (⇒ 네가 더 얘기를 많이 하는 이유가 있을까?)

내담자 7: 그게…… 그냥요.

상담자 8: (네가 더 많이 얘기하는 데는 이유가 있을 것 같은데?)

내담자 8: 그 친구는 이해심이 많은 것 같아서요.

상담자 9: 또 교제하는 친구는 없어? (⇒ 다른 친구들하고는 어때?)

내담자 9: 제 성격이 별로라서…….

상담자 10: 네 성격이 별로인 거야? (⇒ 성격이 별로라는 것은 무슨 뜻이지?)

내담자 10: 예, 사람을 잘 못 믿어요.

상담자 11: 잘 못 믿겠어? (⇒ 사람을 못 믿는다는 것이 어떤 건지 더 얘기해 주면 좋겠는데?)

내담자 11: 모르겠어요. 진짜 얘가 나랑 친하다고 생각될 때까지는 못 믿어요. 친구들이 저
　　　　를 진짜 좋아하는 건지 자꾸 의심이 들어요. 그래서 한 달씩 고민하기도 해요.

상담자 12: 한 달 동안 무엇을 고민하는 걸까?

내담자 12: (침묵) 꼭 대답해야 돼요?

상담자 13: (⇒ 네가 친구를 사귀기 전에 고민하는 것이 무엇인지 궁금하구나.)

내담자 13: 그 친구에 대해 알아야 하잖아요. 진짜 믿을 만한 친구인가, 나를 진짜 좋아하는
　　　　것이 맞나 그런 것을 생각해요.

상담자 14: 한 달이면 친해지는 거야? 친해지면 같이 밥도 먹고 얘기하고 그러는 건가?

　　　　(⇒ 친해지면 어떻게 지내지?)

내담자 14: 같이 밥도 먹고 쉬는 시간에 이야기도 하구요.

상담자 15: 그러니까 한 달 정도 그 친구에 대해 생각해 보고 친하게 지낼 수 있겠다 싶으면 친구하게 지낸다는 거네?

내담자 15: 예, 그런 거죠.

4장
내용반영

상담에서 내담자는 자신이 경험하고 있는 문제에 대한 생각과 감정을 이야기함으로써 스스로를 드러내며, 내담자가 자신의 모습을 자각할 때 상담의 효과는 발휘된다. 상담에서 드러난 내담자의 생각과 감정을 상담자의 반응을 통해 내담자에게 비춰 주는 것이 반영이다. 내담자는 자신의 모습, 즉 자신의 생각과 감정, 태도와 행동을 상담자의 반응을 통해 확인하면서 자신에 대해 이해하고 자각하며 자신의 내면을 탐색할 수 있다. 내담자가 표현하는 것 중에서 내담자의 생각이나 사실과 같은 내용적인 측면을 그대로 비춰 주는 것이 내용반영이다. 내용반영은 내담자의 생각을 듣고 이를 재진술함으로써 내담자가 스스로의 생각을 탐색할 수 있도록 돕는다. 내용반영을 할 때에는 내담자의 이야기를 경청하고 내담자가 진술한 내용의 핵심을 상담자의 언어로 좀 더 간결하게 내담자에게 되돌려 주어야 한다(Evans et al., 2011). 따라서 효과적인 내용반영을 위해서는 경청의 태도는 기본이고 내담자가 이야기한 내용의 핵심을 잡아내는 것이 중요하다. 내용반영의 대상은 내담자가 표현하는 상황 또는 사건을 기술하는 인지적 측면을 반영하는 것으로 상황, 사건, 대상, 생각, 의견, 판단, 행동, 경험 등이 포함된다.

1. 내용반영의 효과

내용반영은 내담자로 하여금 사안에 대해 좀 더 자세하게 이야기하도록 격려하여 상담자와 내담자 모두 내담자의 문제를 더 잘 이해할 수 있도록 한다. 내담자의 이야기 중 핵심내용을 반영하는 것은 내담자 문제의 가장 중요한 측면에 집중하도록 하고 내담자로 하여금 상담자가 자신의 이야기를 경청한다고 느끼게 한다. 경청하면서 자신이 말하는 내용을 거울처럼 비추어 주는 상담자는 내담자에게 자신의 생각을 들어 볼 수 있는 기회를 제공한다(Hill, 2012).

1) 내담자가 자신의 생각에 대해 숙고하게 함

내담자들은 문제에 압도되어 있고, 자신의 상황에 혼란스러워하며 갈등하고 있는 경우가 많다. 이럴 때 내담자 스스로 자신이 무슨 말을 하는지 들음으로써 자신의 생각을 평가할 수 있고, 잊었던 것을 추가할 수 있으며 스스로 말한 것에 대해 더 깊은 단계에서 생각해 볼 수 있다. 자신이 한 말을 다른 누군가가 다시 말하는 것을 들으면 다르게 들리기 때문에 내용반영은 내담자가 자신의 생각을 곰곰이 잘 생각해 볼 수 있게 한다. 특히 상담자의 내용반영이 내담자의 핵심문제와 관련되어 있다면 내담자의 생각을 명료화하고 관점을 확장시킬 수 있다.

내담자의 이야기를 듣고 내담자의 생각을 되돌려 주는 방법은 '당신은 ~하다는 것이군요.' '당신의 생각은 ~라는 말이지요.' '당신의 말은 ~이라는 것처럼 들리는군요.' '당신은 ~라고 말하고 있군요.' '당신은 ~에 대해 ~라고 생각하고 있군요.'와 같은 형태로 이루어진다. 내용반영은 내담자가 방금 전에 말한 내용을 재진술할 수도 있고 전에 다룬 내용과 관련된 내용을 반영할 수도 있다. 내담자가 한 모든 말을 재진술하기보다는, 내담자의 진술과 비슷하거나 적은 단어를 사용하고 내담자의 진술보다는 구체적이고 분명해야 한다. 또한 내담자의 진술 내용이나 의미를 반복해서 재진술하거나 내담자의 말을 상담자의 언어로 바꾸어 말하는 형태를 취할 수 있다. 상담자의 말로 바꾸어 반영할 때에는 내담자가 표현한 수준과 같은 수준에서 반영이 이루어져야 한다.

● 예시 4-1 ●

내담자: 그 녀석은 정말 나쁜 놈이에요. 생각만 해도 재수 없어요. 지난주에 교실에서 그 녀석이 나보고 찌질하다고 했을 때 언젠가 죽여 버릴 거라고 생각했어요.

상담자: 찌질하다는 이야기를 들었을 때 죽이고 싶다는 생각이 들었구나. (내담자의 진술을 그대로 반복)

내담자: 하지만 그러지도 못했어요. 난 정말 찌질한 것 같아요.

상담자: 죽이고 싶도록 미웠지만 그 친구에게 아무런 행동도 하지 않은 스스로에 대해서 못났다고 생각하는구나. (상담자의 말로 바꾸어 반영)

다음의 사례를 읽고 내담자의 반응에 대해 내담자의 진술을 반복하는 반영과 내담자의 진술을 상담자의 언어로 바꾸어 말하는 형태의 내용반영을 취해 보도록 하자.

● 연습 4-1 ●

내담자: 애들이랑 연예인 얘기할 때가 많아요. 저는 A그룹을 좋아하는데 나경이랑 수현이는 X그룹을 좋아해요. 그래서 연예인 얘기할 때 나경이랑 수현이는 말이 잘 통해요. 저는 그냥 듣고 있는 편이죠. 왜 X그룹을 좋아하는지 모르겠어요. X그룹 얘기할 때 A그룹에 대해 얘기해 봤자 좋아하지 않을 게 분명해요.

상담자: _____

_____

2) 내담자 진술 격려

　내용반영은 문제에 초점을 두고 더 깊이 이야기하도록 내담자를 돕는다. 즉, 내담자는 내용반영을 통해 자신의 생각을 폭넓으면서도 구체적으로 말하게 된다. 내담자는 상담자가 좀 더 명확히 이해할 수 있도록 자신의 문제에 대해 더 설명하고, 반복해서 같은 말을 하는 것이 아니라 문제의 다른 측면도 이야기하게끔 된다. 내용반영은 감정표현을 두려워하는 내담자나 감정지향적인 내담자가 고통스러운 감정적 주제에 관해 이야기하면서 감정에 압도당할 우려가 있고 자제가 필요할 때 사용하기 적합하다.

● 예시 4-2 ●

내담자: 친구를 사귈 때 가장 중요한 것은 서로 배려하는 마음이라고 생각해요.

상담자: 배려하는 친구가 좋은 친구라고 생각하는구나.

내담자: 네, 배려하는 마음. 그리고 말투도 중요한데 거칠지 않고 생각 없이 말을 툭툭 내뱉지 않고 극단적이지 않은 것⋯⋯.

상담자: 말투나 말하는 방식도 중요하네.

내담자: 저는 화가 나도 그냥 참고 웃어요. 정말 어이가 없을 때는 말하지만 화가 나도 툭툭 말하지 않아요.

상담자: 정말 어이가 없을 때 빼고는 화가 나도 잘 표현하지 않는다는 말이구나.

내담자: 애들이 뒷담화를 잘 하는데 그럴 때는 어이가 없죠.

예시 4-2의 경우 상담자는 내용반영을 통해 내담자가 중요시하는 좋은 친구의 특성과 화가 나도 화를 잘 표출하지 않는다는 생각을 드러나게 했다.

3) 내담자에게 초점 유지

내용반영의 강조점은 다른 사람의 생각이 아닌 내담자의 생각에 있다는 것이다. 내용반영을 통해 내담자는 다른 사람의 비난이나 다른 사람이 무슨 생각을 할지에 관한 걱정이 아닌 자신의 내면에 집중하도록 한다.

● 예시 4-3 ●

내담자: 엄마, 아빠는 제가 원하는 것과 달라요. 엄마는 제가 수학에는 소질이 없다고 하시면서 이과는 저랑 맞지 않는다고 했어요. 우리 집은 원래 수학적 소질이 없다고……. 아빠도 제가 교대나 사범대에 진학하는 것은 찬성이지만 이과를 선택하는 것은 못마땅하신가 봐요.

상담자: 너는 이과를 선택하고 싶다는 말로 들리는구나.

내담자: 만약에 이과에 가서 잘하지 못하면 엄마나 아빠가 엄청 뭐라고 할 거예요. 수학 점수가 좋지 않으면 그럴 줄 알았다고 하겠죠.

상담자: 이과에 가서 점수가 낮게 나올 것에 대한 걱정을 하고 있구나.

내담자: 이과에 가고 싶지만 제가 확신이 서질 않네요.

예시 4-3의 경우 내담자는 자신의 진로에 대한 엄마와 아빠의 생각과 의견을 이야기하고 있지만, 상담자가 내담자의 생각에 초점을 맞추는 내용반영을 한 결과, 내담자는 자신이 진로에 대한 확신이 서질 않는다는 생각을 하고 있음을 알게 되었다.

2. 내용반영의 효과적인 방법

1) 내담자 진술의 핵심 파악하기

상담자는 내담자가 말하는 모든 것을 부연 설명하기보다는 내담자가 말한 것의 핵심을 파악할 수 있어야 한다. 내담자가 많은 말을 쏟아 내듯이 할 때에도 마찬가지이다. 상담자는 종종 내담자가 말하는 모든 것을 놓치지 않아야 한다고 생각하지만 모든 것을 놓치지 않으려는 것은 불가능할 뿐 아니라 비생산적인 일이다.

상담자가 내담자 진술 중 가장 중요한 부분을 선택하는 것은 상담자의 의도와 판단력에 달려 있다. 따라서 상담자는 내담자의 가장 중요한 측면을 알아내려 노력해야 하고 내담자가 무엇에 관해 가장 걱정하는지를 심도 있게 경청해야 한다. 내담자의 진술 중에 내담자의 문제와 관련되어 있고 내담자의 자각이나 문제해결과 관련된 정곡을 찌르는 내용을 찾아 반영할 수 있다면 심도 있는 상담진행을 이끌 수 있다. 내용반영에서 가장 중요한 것이 무엇인지 알기 위한 단서는 내담자가 가장 중점을 두는 것, 내담자가 이야기하며 가장 열중하는 듯 보이는 것, 내담자가 의문스러워하거나 모순되어 보이는 것 그리고 탐색되지 않은 것에 집중함으로써 알 수 있다. 말하지 않은 내용에 주목하는 것 역시 내담자의 메시지 중 가장 중요한 내용을 탐색하도록 돕는 방법이다.

● 예시 4-4 ●

내담자: 아빠는 잘해주시다가도 갑자기 화를 내고 그래요. 병 주고 약 주고…….
　　　　어떨 때는 나 때문에 산다고 했다가 어떨 때는 나 때문에 죽겠다고
　　　　그래요.
상담자: 아빠 마음이 어떤 것인지 모르겠다는 말이구나.

> 내담자: 갈수록 저에게 원하는 것이 많아져요. 아빠가 원하는 대로 하면 요구하는
>   게 더 많아져요. 도대체 왜 그러는지 모르겠어요.
> 상담자: 아빠 마음에 대해서 알고 싶어 하는 것 같아.
> 내담자: 잘 지내다가도 아빠가 화를 낼 때마다 포기하고 싶어져요.
> 상담자: 아빠와 잘 지내고 싶은데 그 기준을 알 수가 없구나.

2) 다양한 형태의 내용반영을 간결하게 사용하기

상담자의 내용반영이 내담자가 진술하는 내용을 단순히 반복할 경우에 내담자는 상담자가 앵무새처럼 자신의 이야기를 반복한다는 느낌을 받을 수 있다. 그러면 자칫 내담자가 상담이 정체되고 있고 목적 없이 진행된다는 느낌을 받을 수 있다. 결국 상담에 집중하는 것이 어려워진다. 따라서 상담자는 내담자의 이야기에서 핵심을 선택하고 내담자 문제의 핵심 요소에 집중하되 형태를 다양하게 하여 내용반영을 하고 간결하게 유지하며 상담을 이끌 수 있어야 한다. 그렇다고 해서 항상 새로운 말로만 반영해야만 하는 것은 아니다. 내담자의 이야기를 요약하는 것도 반영에 해당하며 내담자의 말 중 핵심 단어를 사용하여 재진술할 수 있다. 한편, 상담자는 내담자 진술의 정확한 내용 포착에만 급급하여 가장 중요한 내담자를 이해하고 공감하는 것을 놓쳐서는 안 된다. 다음의 예시 4-5는 내담자의 반응에 대해 상담자의 내용반영을 다양한 형태로 제시한 것이다.

> ● 예시 4-5 ●
>
> 내담자: 학교에 친구라고 할 만한 애들이 없어요. 그냥 혼자 있어요. 늘 혼자죠.
> 상담자: 학교에서는 항상 혼자인 것 같구나⋯⋯.
> 내담자: 수업시간은 그나마 나아요. 쉬는 시간에는 빨리 쉬는 시간이 끝났으면
>   좋겠어요.

상담자: 쉬는 시간이 더 견디기 힘들다는 거네.
내담자: 제가 투명인간인 것 같아요.
상담자: 투명인간…….
내담자: 다른 애들한테 제 존재는 없는 것 같아요.
상담자: 친구들로부터 소외되고 있다고 생각하는구나.

다음의 사례를 읽고 내담자의 반응에 대한 내담자의 내용반영을 다양한 형태로 취해 보도록 하자.

● 연습 4-2 ●

내담자: 자꾸 수지가 신경 쓰여요. 제게 했던 말도 계속 생각나고, 수지가 저를 나쁘게 생각하는 것은 아닐까 싶기도 하고……. 어제 왜 저한테 그런 말을 했는지도 잘 모르겠고…….

상담자: _____

_____

3) 내담자의 생각을 명확히 하는 질문 사용하기

내담자가 혼란스러울 때 생각을 명확히 하도록 돕고, 새로운 문제에 대해 생각해 보도록 하는 방법으로 생각을 탐색하는 질문을 사용할 수 있다. 내담자에게 '~에 대해서 더 말해 보세요.' '~에 대해서 어떻게 생각하나요?' '~에 대한 당신의 생각을 말해 주세요.'와 같은 형태의 질문을 통해 내담자의 생각을 명확히 하고 자세한 이야기를 이끌 수 있다. 내담자의 말을 이해하지 못했다면, 이해한 척하는 것보다 내담자에게 다시 말해 달라고 하는 것이 좋다.

● 예시 4-6 ●

내담자: 엄마는 매일 잔소리만 해요. 어제는 저한테 실망했다는 말씀을 하셨죠. 그때부터 소리 지르기 시작했어요.

상담자: 엄마가 실망했다고 말씀하셨을 때 어떤 생각이 들었어?

내담자: 엄마는 항상 그런 식이에요. 또 시작이라는 생각이 들었어요.

상담자: 평소 엄마가 잔소리하는 것에 대해서 어떻게 생각하고 있었어?

내담자: 엄마는 나를 자극해요. 나를 위한다고 하지만 사실은 엄마를 위한 것이라고요.

상담자: 엄마의 모습이 위선이라고 생각하는구나.

 약

1. 내용반영은 내담자의 생각을 비롯한 사실적 내용을 재진술하는 것이다.

2. 내용반영은 내담자의 진술보다 구체적이고 분명하며 간결해야 한다.

3. 내용반영은 내담자 진술의 핵심 내용을 파악하고 내담자의 진술을 격려하며 내담자에게 초점을 맞추는 기법이다.

4. 내용반영은 형태를 다양하게 사용하되 내담자가 표현한 수준에서 이루어져야 한다.

5. 내담자의 말을 이해하지 못했다면, 이해한 척하는 것보다 내담자에게 다시 말해 달라고 하는 것이 좋다.

┌───┐

● 상담연습 [I] ●

다음에 제시된 사례를 읽고, 내담자의 이야기에 대한 상담자의 적절한 내용반영 반응을 써 보시오.

1. 최근 시험성적이 좋지 않은 고등학교 2학년 여학생

> 내담자: 어제 성적표가 나왔어요. 성적이 생각했던 것보다 좋지 않았어요. 열심히 해야
> 한다는 생각은 많이 하는데, 그렇게 되지 않아요. 이번 시험기간에는 일찍부터
> 계획을 세우긴 했지만 계획대로 한 것이 거의 없어요. 이제 곧 고 3인데……
> 모든 게 엉망이에요.

상담자: ＿＿＿＿＿＿＿＿＿＿＿＿＿＿＿＿＿＿＿＿＿＿＿＿＿＿＿＿＿＿

＿＿＿＿＿＿＿＿＿＿＿＿＿＿＿＿＿＿＿＿＿＿＿＿＿＿＿＿＿＿＿＿

2. 진로상담 중인 고등학교 1학년 남학생

> 내담자: 중학교 때부터 그림을 그렸어요. 어렸을 때부터 그림 그리는 것을 좋아해서 직업도
> 그림과 관련된 일을 하고 싶었어요. 그런데 요즘 들어 그림 그리는 것이 저랑 맞지
> 않는 것 같다는 생각이 들어요. 그림 그리는 것이 더 이상 좋지 않고 힘들고 하기
> 싫어요. 지금 그림 말고 다른 것을 생각한다는 것이 어떨지 모르겠어요.

상담자: ＿＿＿＿＿＿＿＿＿＿＿＿＿＿＿＿＿＿＿＿＿＿＿＿＿＿＿＿＿＿

＿＿＿＿＿＿＿＿＿＿＿＿＿＿＿＿＿＿＿＿＿＿＿＿＿＿＿＿＿＿＿＿

└───┘

3. 불안장애로 상담 중인 중학교 2학년 남학생

> 내담자: 찜찜한 생각을 떨칠 수가 없어요. 한번 나쁜 생각이 들면 그 생각을 멈출 수가 없어요. 그 생각이 실제로 이루어지지 않을 거라는 것을 알지만 생각을 멈출 수가 없어요.

상담자: _____

_____

4. 학교폭력 가해학생으로 상담 중인 중학교 1학년 여학생

> 내담자: 주연이가 초등학교 때 왕따였다는 이야기를 들었어요. 친구들이 예전에 왕따를 당한 애들 얘기를 하면서 왕따 당하는 애들은 다 찌질하다고 했어요. 애들이 주연이랑 놀면 같이 왕따를 시킨다고도 했어요.

상담자: _____

_____

5. 진로상담 중인 고등학교 1학년 여학생

> 내담자: 학교에서 문과, 이과 선택을 했는데 엄마가 문과는 돈도 많이 못 벌고 취업도 못한다고 이과를 선택하라고 했어요. 하지만 저는 수학을 못해요. 엄마한테 문과로 가겠다고 했는데 그 이후에 별다른 말씀은 없으셨어요.

상담자: _____

_____

6. 불안감과 우울감으로 상담에 의뢰된 중학교 2학년 남학생의 어머니와의 상담

> 내담자: 초등학교 때는 전혀 문제가 없었어요. 어렸을 때도 특별한 문제가 없었구요. 승찬이가 우울하다는 것을 처음 들었어요. 뭐가 문제인지 모르겠고, 여러 가지 생각이 들어요. 보통 문제가 있는 아이들은 부모가 문제가 있다고 하잖아요. 정말 이해할 수 없어요.

상담자: _____

_____

7. 학교 부적응으로 상담 중인 중학교 2학년 남학생

> 내담자: 애들이 내가 그린 그림을 보고 뭐라고 했어요. 지들이 뭔데…… 뭘 안다고……. 함부로 말하는 애들은 인성이 잘못된 거예요. 제가 원하는 학교에 가면 이런 일들은 없을 거예요. 그 학교에만 가면 괜찮을 거예요.

상담자: _____

_____

8. 고등학교 1학년 때 학급 내 집단따돌림 경험 후 휴학 중인 고등학교 2학년 여학생

휴학 후 집에서만 지내는 내담자를 답답해하는 어머니와의 주말에 있었던 갈등상황에 대해 이야기 중이다.

내담자: 집에만 있으니까……. 주말에 엄마랑 영화보고 쇼핑 가는 것 외에는 계속 집에만 있었어요. 평일에는 엄마도 일하러 나가시니까 집에 저 혼자 있어요. 엄마는 운동도 하고 학원도 다니라고 하는데……. 그러기로 했는데, 이번 주는 비도 오고 나가기가 그랬어요.

상담자: _____

_____

● **상담연습 [Ⅱ]** ●

다음은 중삼이와의 상담 축어록이다. 사례를 읽고, 밑줄이 쳐진 부분에 내용반영 위주로 적절한 반응을 적어 보자.

상담자 1: 그동안 어떻게 지냈어?

내담자 1: 그냥 지냈어요.

상담자 2: 학교에서는 어땠니?

내담자 2: 그냥 그랬어요. 똑같아요.

상담자 3: 지난주 상담에서 했던 얘기 중에 기억나는 것이 있어?

내담자 3: 사람을 믿지 못한다고 했던 거…….

상담자 4: 사람을 잘 믿지 못한다고 했던 말이 생각나는구나.

내담자 4: 네.

상담자 5: _____

내담자 5: 원래 그런 거 아닌가요? 다른 사람들도 그러는 거 아니에요?

상담자 6: _____

내담자 6: 엄마가 그랬어요. 사람은 믿을 수가 없다고…….

상담자 7: 엄마가 하신 말씀이 영향을 끼쳤나 보네.

내담자 7: 엄마는 가게에서 사람들을 많이 만나요. 사람들은 겉과 속이 다르다고 했어요. 아르바이트하는 형들도 뒤통수친다고 했어요. 겉으로는 웃어도 속으로는 안 그런 거래요.

상담자 8: _____

내담자 8: 또 다른 사람 욕하는구나…….

상담자 9: _____

내담자 9: 듣기 싫어요. 맨날 하는 얘기가 그런 거예요. 저보고 그러지 말라고 하고 조심하라고 해요. 제가 초등학교 때부터 엄마가 카페를 했으니까 그런 얘길 계속 들어 귀에 딱지 앉을 정도예요.

상담자 10: ＿＿＿＿＿＿＿＿＿＿＿＿＿＿＿＿＿＿＿＿＿＿＿

내담자 10: 이제는 그러려니 해요. 맨날 누나랑 죽이 맞아서 얘기해요. 저는 이제 게임하거나 TV 봐요.

상담자 11: ＿＿＿＿＿＿＿＿＿＿＿＿＿＿＿＿＿＿＿＿＿＿＿

내담자 11: 가족들에게 별로 제 얘기를 하고 싶지도 않아요.

상담자 12: 중삼이가 요즘 힘들다는 것은 알고 계셔?

내담자 12: 모를걸요. 얘기하고 싶지도 않아요. 아빠는 회사일로 바쁘고 사고만 치지 말라고 해요. 엄마는 누나 말만 듣죠. 누나랑 엄마는 잘 맞아요. 누나가 공부를 잘하니까 더 좋겠죠.

상담자 13: ＿＿＿＿＿＿＿＿＿＿＿＿＿＿＿＿＿＿＿＿＿＿＿

● 상담연습 [Ⅲ] ●

상담자, 내담자, 관찰자 역할을 정한 후 내담자는 '최근에 스트레스 받았던 사건이나 인상적인 경험'에 대해 이야기를 하고 상담자는 '내용반영' 반응에 신경을 쓰면서 상담한다. 관찰자는 상담자의 '내용반영' 반응에 집중하여 관찰한다. 연습의 효과를 위해 녹음이나 동영상 촬영을 하는 것이 좋다.

상담 후 '내용반영'에 대해 다음과 같은 내용을 포함하여 상담자의 반응을 함께 논의한다.

• 내담자의 말속에 담긴 핵심 내용을 반영하였는가?
• 간결하고 명확하게 내담자의 반응을 내용반영하였는가?
• 내담자의 생각에 초점을 맞추며 내용반영하였는가?
• 내담자의 문제와 관련된 부분을 내용반영하였는가?
• 상담자의 내용반영 중 효과적인 내용반영은 어떤 점에서 효과적이었는가?

필요시 내담자 역할은 다음과 같은 사례의 내담자로 연습한다.

사례 1

초등학교 때 왕따를 당한 경험이 있는 중학교 2학년 예은이는 교우관계에 있어서 친구들의 반응에 민감한 편이다. 최근 자신의 왕따 경험을 친구들이 알게 된 것은 아닌지 불안하다며 상담을 신청하였다.

사례 2

고등학교 1학년인 유준이는 학교에서 실시한 정서행동특성검사에서 우울 및 자살사고가 높아 상담에 의뢰되었다. 평소에 잠을 잘 자지 못하고 수업시간에 집중을 잘 하지 못하며, 교우관계가 만족스럽진 않지만 큰 문제는 아니라고 이야기하고 있다.

● 연습문제의 답안 예시 ●

연습 4-1

좋아하는 연예인이 달라 나경, 수경이랑 얘기해 봤자 좋아하지 않을 거라고 생각하는구나.
(내담자의 진술을 그대로 반복)

나경이랑 수현이는 이해할 수 없을 거라고 생각해서 좋아하는 그룹 얘기를 하지도 못하는
자신이 못났다고 생각되는구나. (상담자의 말로 바꾸어 반영)

연습 4-2

수지가 자꾸 신경 쓰이는구나.

수지가 너에 대해서 나쁘게 생각하는 것은 아닐지 의심된다는 말이구나.

수지가 했던 말들이 자꾸 떠오르는구나.

● 상담연습의 답안 예시 ●

상담연습 [Ⅰ]

1. 최근 시험성적이 좋지 않은 고등학교 2학년 여학생
- 생각보다 성적이 좋지 않게 나왔구나.
- 생각처럼 시험공부가 계획대로 되지 않았구나.
- 모든 게 엉망인 것처럼 생각되는구나.

2. 진로상담을 하고 있는 고등학교 1학년 남학생
- 요즘 들어 그림 그리는 것이 힘들고, 자신과 맞지 않는다는 생각이 들었구나.
- 그림 말고 다른 진로를 생각하게 되었네.

3. 불안장애로 상담 중인 중학교 2학년 남학생
- 찜찜한 생각을 멈출 수가 없구나.
- 그 생각이 실제로 이루어지지 않을 거라는 것을 알지만 그 생각을 멈출 수가 없는 자신의 모습을 보면 어떤 생각이 들어?

4. 학교폭력 가해학생으로 상담 중인 중학교 1학년 여학생
- 주연이랑 놀면 너도 왕따를 당할 수 있겠다는 생각이 들었구나.
- 왕따 당하는 애들에 대해서 너는 어떻게 생각해?

5. 진로상담 중인 고등학교 1학년 여학생
- 문과 선택에 영향을 미친 것은 수학을 못한다고 생각했기 때문이었구나.
- 문과에 가면 돈도 못 벌고, 취업도 못한다는 엄마의 생각에 대해 어떻게 생각해?
- 엄마가 별다른 반응은 없지만 신경이 쓰인다는 것으로 들리는구나.

6. 불안감과 우울감으로 상담에 의뢰된 중학교 2학년 남학생의 어머니와의 상담

- 승찬이의 상태가 이해되지 않으시는군요.
- 문제 없이 지내던 승찬이가 우울하고 불안해하니 혹시 부모에게 문제가 있나 하는 생각이 드시나 봐요.

7. 학교 부적응으로 상담 중인 중학교 2학년 남학생

- 애들이 그림에 대해서 뭐라고 하는 것은 애들의 인성이 나쁘기 때문이라고 생각하는구나.
- 원하는 학교에 가면 괜찮을 거라고 기대하는구나.
- 함부로 말하는 애들을 보면서 인성이 나쁜 아이들이라는 생각을 했구나.

8. 고등학교 1학년 때 학급 내 집단따돌림 경험 후 휴학 중인 고등학교 2학년 여학생

- 너는 나가고 싶지 않고 집에 있고 싶었구나.
- 엄마가 운동도 하고 학원에도 가라고 했지만 너는 나가기가 싫었구나.

상담연습 [Ⅱ]

상담자 1: 그동안 어떻게 지냈어?

내담자 1: 그냥 지냈어요.

상담자 2: 학교에서는 어땠니?

내담자 2: 그냥 그랬어요. 똑같아요.

상담자 3: 지난주 상담에서 했던 얘기 중에 기억나는 것이 있어?

내담자 3: 사람을 믿지 못한다고 했던 거…….

상담자 4: 사람을 잘 믿지 못한다고 했던 말이 생각나는구나.

내담자 4: 네.

상담자 5: 사람을 잘 믿지 못하는 자신의 모습에 대해서 어떻게 생각해?

내담자 5: 원래 그런 거 아닌가요? 다른 사람들도 그러는 거 아니에요?

상담자 6: 다른 사람들도 그런지 나만 그런 것인지 의문이 들었구나.

내담자 6: 엄마가 그랬어요. 사람은 믿을 수가 없다고…….

상담자 7: 엄마가 하신 말씀이 영향을 끼쳤나 보네.

내담자 7: 엄마는 가게에서 사람들을 많이 만나요. 사람들은 겉과 속이 다르다고 했어요. 아르바이트하는 형들도 뒤통수친다고 했어요. 겉으로는 웃어도 속으로는 안 그런 거래요.

상담자 8: 엄마가 그런 말씀하실 때 어떤 생각이 들어?

내담자 8: 또 다른 사람 욕하는구나…….

상담자 9: 엄마가 사람들에 대해 안 좋은 얘기를 많이 하신다는 거구나.

내담자 9: 듣기 싫어요. 맨날 하는 얘기가 그런 거예요. 저보고 그러지 말라고 하고, 조심하라고 해요. 제가 초등학교 때부터 엄마가 카페를 했으니까 그런 얘길 계속 들어 귀에 딱지 앉을 정도예요.

상담자 10: 듣기 싫을 정도로 다른 사람을 믿지 말라는 이야기를 오랫동안 들어 왔구나.

내담자 10: 이제는 그러려니 해요. 맨날 누나랑 죽이 맞아서 얘기해요. 저는 이제 게임하거나 TV 봐요.

상담자 11: 중삼이는 집에서도 이야기할 사람이 없다는 걸로 들려.

내담자 11: 가족들에게 별로 제 얘기를 하고 싶지도 않아요.

상담자 12: 중삼이가 요즘 힘들다는 것은 알고 계셔?

내담자 12: 모를걸요. 얘기하고 싶지도 않아요. 아빠는 회사일로 바쁘고 사고만 치지 말라고 해요. 엄마는 누나 말만 듣죠. 누나랑 엄마는 잘 맞나 봐요. 누나가 공부를 잘하니까 더 좋겠죠.

상담자 13: 아빠나 엄마는 중삼이를 신뢰하지 않는다고 생각하는구나.

5장
감정반영

　상담에서는 내담자의 감정이 빈번히 나타나므로 상담자가 이를 다룰 기회가 많다. 내담자의 고민이나 어려움은 그 원인과 내용이 다양하더라도 여러 가지 감정을 동반하기 때문에 상담에서 이를 다루어야 한다. 감정반영은 반영 중 내담자의 감정을 다시 되돌려 주는 기술이다. 즉, 내담자의 이야기 중에서 중요한 내용을 내담자에게 되돌려 주는 것을 내용반영이라고 하고, 드러난 핵심 감정을 되돌려 주는 것을 감정반영이라고 한다.

　내용반영과 달리, 감정반영은 표정, 목소리, 자세 등 내담자의 비언어적 메시지가 중요하다. 내담자에게 중요한 감정은 보통 비언어적 메시지와 함께 나타나기 때문이다. 따라서 상담자는 내담자의 이야기를 잘 듣는 동시에 내담자를 면밀히 관찰해야 한다. 상담자는 감정반영 시 언어적 표현뿐 아니라 비언어적 표현에 있어서 유사한 톤으로 전달하는 것이 효과적이다. 예를 들어, 내담자의 속상한 마음을 반영해 주기 위해 상담자도 속상한 감정을 표현하는 표정과 목소리로 감정반영을 한다.

상담자가 감정반영을 하기 위해서는 무엇보다 내담자의 이야기 속에 담긴 감정을 잘 감지해야 하고, 이를 다시 상담자가 적절한 감정표현으로 전달해야 한다. 감정반영에서 다루는 주요 감정들은 긍정적 감정, 부정적 감정, 양가적 감정 등이다. 상담에서 자주 접할 수 있는 감정표현을 살펴보면 다음 〈표 5-1〉과 같다. 이러한 단어들이 내담자에게 언급될 때, 상담자는 감정반영의 기회를 잡을 수 있기 때문에 주의 깊게 듣는 것이 필요하다. 또한 이러한 감정표현은 상담자가 감정반영에서 사용할 적절한 감정단어가 될 수 있다.

표 5-1 감정표현의 단어들

감정범주	표현단어				
기쁨, 즐거움, 행복	가뿐하다	감격하다	감동하다	감사하다	경쾌하다
	고맙다	근사하다	기분 좋다	기쁘다	대견하다
	두근거리다	따뜻하다	만족하다	반갑다	보기 좋다
	뿌듯하다	사랑스럽다	상쾌하다	설레다	속 시원하다
	신나다	예쁘다	웃기다	유쾌하다	으쓱하다
	재미있다	좋다	즐겁다	천만다행이다	친근하다
	통쾌하다	편안하다	행복하다	후련하다	흐뭇하다
분노, 화	격분하다	격앙되다	격해지다	괘씸하다	굴욕감을 느끼다
	기분 나쁘다	나쁘다	노여워하다	멸시당하다	모멸감을 느끼다
	모욕적이다	못되다	무시당하다	밉다	분개하다
	분노하다	분통 터지다	분하다	불만스럽다	불만족하다
	불쾌하다	비아냥거리다	뿌루퉁하다	삐치다	속 썩이다
	신경질적이다	심술궂다	심통 부리다	씩씩거리다	야박하다
	약 오르다	얄밉다	어이없다	언짢다	울화통이 난다
	원망하다	의심스럽다	증오하다	질투하다	짜증나다
	치 떨리다	치밀어 오르다	치사하다	치욕적이다	흥분하다
공포, 두려움	겁나다	겁쟁이가 되다	공포감을 느끼다	긴박하다	긴장되다
	두렵다	무섭다	무시무시하다	불안정하다	불안하다
	살벌하다	섬뜩하다	소름 끼치다	아슬아슬하다	아찔하다
	안절부절못하다	잔인하다	잔혹하다	조마조마하다	초조하다

감정범주	표현단어				
슬픔, 걱정, 불행	가슴 아프다	가엾다	간절하다	걱정하다	고달프다
	곤욕스럽다	공허하다	괴롭다	기운 없다	낙담하다
	난처하다	눈물겹다	막막하다	망연자실하다	먹먹하다
	미안하다	복받치다	부끄럽다	불쌍하다	불행하다
	비참하다	비통하다	사무치다	서럽다	서운하다
	섭섭하다	속상하다	송구하다	슬프다	실망하다
	심각하다	심란하다	쓸쓸하다	씁쓸하다	아깝다
	아쉽다	안쓰럽다	안타깝다	암담하다	암울하다
	애석하다	애처롭다	애통하다	애틋하다	야속하다
	외롭다	우울하다	울다	울부짖다	울적하다
	울컥하다	원통하다	유감스럽다	자책하다	자포자기하다
	적적하다	절망하다	절실하다	절절매다	좌절되다
	죄송하다	죄책감이 들다	주눅 들다	짠하다	착잡하다
	참담하다	창피하다	처량하다	처참하다	청승맞다
	초라하다	측은하다	침통하다	한숨짓다	한스럽다
	허무하다	허전하다	허탈하다	후회하다	휑하다
혐오	가소롭다	거북하다	괴상하다	구역질나다	구질구질하다
	꺼림칙하다	꼴불견이다	넌더리가 난다	느끼하다	달갑잖다
	더럽다	못미덥다	부담스럽다	역겹다	지독하다
	징그럽다	찜찜하다	코웃음 치다	해괴하다	흉측하다
놀람	갑작스럽다	경악하다	급작스럽다	기막히다	기이하다
	기절초풍하다	기절하다	깜짝 놀라다	놀랍다	당혹스럽다
	당황하다	뜨끔하다	뜨악하다	만만찮다	쇼킹하다
	아연실색하다	아차 하다	어리둥절하다	얼떨떨하다	이상하다
	철렁하다	충격적이다	헉 하다	휘둥그레지다	흠칫하다
지루함	갑갑하다	고리타분하다	귀찮다	답답하다	따분하다
	무료하다	서먹하다	신통찮다	싫증 나다	심심하다
	어색하다	재미없다	지겹다	지긋지긋하다	지루하다
통증	고통스럽다	골치 아프다	기진맥진하다	아프다	지끈거리다
흥미	갈구하다	궁금하다	궁금하다	반신반의하다	부러워하다
	신비롭다	아리송하다	충동적이다	탐나다	흥미롭다
중성 및 기타	각성되다	덤덤하다	조심스럽다	겸연쩍다	무안하다

출처: 손선주, 박미숙, 박지은, 손진훈(2012).

대부분의 상담과정에서 감정반영은 효과적이지만 내담자가 매우 흥분한 상태로 극단적인 감정을 표출할 때나 내담자의 감정이 맥락상 부적절한 경우, 상담자가 감정반영의 필요성이나 효과에 대해 확신할 수 없을 때 등의 상황에서는 가급적 사용하지 않는 것이 좋다.

1. 감정반영의 효과

1) 감정의 명료화

감정반영의 가장 단순한 형태는 내담자의 감정표현을 그대로 다시 언급하는 것이다. 이러한 감정 언급은 내담자가 느끼고 있는 감정을 명료화하는 기회가 된다. 내담자 입장에서는 상담자가 자신의 감정을 되돌려 줌으로써 자신의 감정이 어떤 것인지를 명확히 할 수 있게 되고, 자신의 감정을 다시 경험하면서 카타르시스를 느끼게 될 수도 있다.

상담자의 감정반영은 내담자가 자신이 느끼는 감정이 적절한 것인지에 대해 타당화할 기회를 제공하는 것이 되기도 한다. 상담자의 입으로 듣는 자신의 감정은 내담자에게 자신의 모습과 상태를 조금은 객관적으로 볼 수 있는 기회가 되기도 한다. 내담자의 감정을 명료화하는 감정반영의 형태는 내담자의 말 속에 담긴 감정을 '~에 대해서 ~하게 느끼는 것 같군요.' '지금 ~하게 느끼고 있네.' '네 마음은 ~하다는 거네.' '그러니까 기분이 ~라는 거지?' 등의 표현으로 다시 언급하는 것이다. 이때, 단순히 감정단어만을 되돌려 주기보다는 감정의 근거가 되는 내용은 간략하게 언급한 후 감정반영을 할 수 있다.

감정반영에서 상담자가 사용하는 감정표현은, 내담자가 사용한 감정언어나 이와 유사한 감정단어를 사용할 수 있다. 감정반영에서는 상담자가 내담자가 표현한 감정과 동일한 의미와 수준의 말로 표현하여 전달하는 것이 일반적이다. 상담자 입장에서 내담자의 감정표현이 매우 핵심적이거나 강렬하다고 생각될 때나 내담자의 감정표현을 명확하게 할 필요가 있다고 판단될 때 내담자가 사용한 감정언어를 그대로 사용할 수 있다. 그러나 내담자의 감정이 다소 애매하거나 복합적인 경우에는 상담자가 내담자의 감정을 좀 더 명료화하기 위해 내담자의 감정표현과 유사한 다른 감정언어를 사용하는 것도 가능하다.

다음의 예시 5-1은 내담자의 감정언어를 상담자가 그대로 사용하는 경우와 유사한 감정단어를 사용하는 경우이다. 연습 5-1에는 감정의 명료화를 위한 감정반영을 적어 보자.

● 예시 5-1

내담자: 저 같은 애는 아무짝에도 쓸모없는 인간이에요. 할 수 있는 게 없어요. 이런 생각을 하면 갑자기 우울해지고 머리도 아파지고…… (한숨) 그래서 생각을 아예 안 하려고 해요.

상담자: ✓ 자신이 쓸모없다는 생각을 하면 우울해진다는 거구나.

　　　　(내담자의 감정언어를 그대로 사용하는 경우)

　　　　✓ 자신이 쓸모없다는 생각을 하면 절망감을 느낀다는 거구나.

　　　　(유사한 감정단어를 사용하는 경우)

● 연습 5-1

내담자: 중학교 때 엄마랑 진로 때문에 많이 싸웠어요. 저는 예체능 쪽을 하고 싶었는데 엄마는 특목고를 가라고 하셨어요. 제가 원하는 것을 반대해서 많이 속상했었죠. 엄마 때문에 제 진로가 달라졌어요.

상담자: ＿＿＿＿＿＿＿＿＿＿＿＿＿＿＿＿＿＿＿＿＿＿＿＿

　　　　(내담자의 감정언어를 그대로 사용하는 경우)

　　　　＿＿＿＿＿＿＿＿＿＿＿＿＿＿＿＿＿＿＿＿＿＿＿＿

　　　　(유사한 감정단어를 사용하는 경우)

2) 상담주제 유지

감정반영을 통해 상담자가 내담자의 감정을 되돌려 주면 내담자는 다시금 자신의 감정을 바라보게 된다. 따라서 내담자가 자신의 경험에 대해 좀 더 탐색해 보고 관련된 주제에 대해 더 이야기할 수 있도록 하는 효과가 있다.

내용반영과 마찬가지로 감정반영은 내담자가 하고 있는 상담내용을 상담자가 다시 들려줌으로써 자연스럽게 상담의 주제가 유지된다. 내담자가 상담자의 감정반영에 대해 좀 더 추가적인 언급을 하면서 주제가 좀 더 발전되기도 한다. 또한 내담자의 감정이 여러 가지가 표현될 때, 상담자는 특정 감정에 대해서만 감정반영을 해 줌으로써 관련된 내용에 좀 더 초점을 맞출 수도 있다.

다음의 예시는 내담자가 여러 가지의 감정표현을 했을 경우 상담자가 핵심적 감정을 반영해 줌으로써 상담주제를 유지하는 사례이다. 감정반영의 내용에 따라 이어지는 상담내용이 다소 달라질 수 있다. 연습 5-2에는 가능한 상담자의 감정반영을 적어 보자.

◦ 예시 5-2 ◦

내담자: 선배가 오해를 했다고 사과를 하면서 전처럼 잘 지내자고 하더라고요. 먼저 사과해 주니 다행이긴 했죠. 마음이 좀 가벼워지는 것 같기는 해요. 그런데 전처럼 지내는 것은 안 될 것 같은 생각이 들어 아쉽기도 하고요.

상담자: ✓ 선배가 먼저 사과를 해 줘서 좋은가 보네.

✓ 선배가 사과를 해서 너는 마음이 좀 편해졌구나.

✓ 선배가 사과는 했으나 여전히 아쉬운 마음이 드는구나.

● 연습 5-2 ●

내담자: 그 사건 이후 애들이 저를 좀 깔본다는 생각이 많이 들어요. 좀 무시하는
       것 같고 장난도 잘 안받아 주고요. 갑자기 그러니까 당황스러워요.
       예전에는 안 그랬는데, 왜 그러는 건지 모르니까 걱정도 돼요.

상담자: ✔ _____

       ✔ _____

       ✔ _____

3) 공감

감정반영의 중요한 효과 중 하나는 상담자가 내담자의 감정에 대해 언급하여 내담자의 감정에 공감하고 있음을 전달함으로써, 내담자는 상담자가 자신의 상황을 이해하고 있음을 느낄 수 있다는 것이다. 이러한 공감은 상담의 진행뿐 아니라 효과에도 영향을 미친다. 감정반영은 내담자가 현재 어떤 감정 상태인지 또는 과거의 사건에 의해 감정적인 측면에서 어떤 영향을 받고 있는지를 상담자가 알아 주는 것이다. 이러한 공감을 위한 감정반영은 내담자에게 상담자가 자신을 이해하고 있다는 좋은 감정을 느끼게 하여 상담과정이 더욱 촉진되도록 한다.

공감을 위한 감정반영을 위해 상담자에게는 내담자의 말 속에 깔려 있는 중요한 감정, 태도, 신념 및 가치기준을 포착하는 '감수성'과 미처 표현되지 않은 내적인 측면까지 이해하고 있음을 전달할 수 있는 '의사표현능력'이 요구된다.

기본적인 공감의 형식은 '~ 때문에 ~라고 느끼는 군요.'로, 감정반영과 유사한 형태를 가지고 있다. 먼저 대화에서 나타낸 내담자의 핵심 내용, 행동, 사건 등을 언급하고 내담자의 언어, 비언어적 행동 및 상황을 고려하여 내담자 입장에서 느끼는 감정을 표현한다. 감정반영은 내담자가 표현하는 감정을 상담자가

내담자의 입장에서 이해하고 이를 표현하는 것이 된다.

공감은 단순히 내담자의 감정을 유추하여 내담자의 겉으로 드러낸 감정 상태를 반영해 주는 '표면 공감'과 내담자가 미처 표현하지 못하는 속마음을 이해해 주는 '심층 공감'으로 나누어 볼 수 있다. 표면 공감이 기본적인 형식을 따른 공감이라면, 심층 공감은 중요한 내용을 내담자가 겉으로 약하게 드러낸 것, 스쳐 지나간 것, 조그만 것들까지 정확하게 감지해 순간적인 상황에 맞춰 말과 행동으로 표현해 주는 공감이다.

상담의 시점과 진행 상황에 따라 표면 공감만으로도 충분한 경우도 있고 상담작업이 심화되도록 하는 심층 공감이 필요한 경우도 있다. 내담자가 모호하게 말하는 내용에 대해서는 심층 공감보다는 일단 표면 공감으로 내담자와의 상호작용을 하는 정도로 진행하도록 한다. 심층 공감을 위해서 상담자는 내담자가 하는 말의 이면에 존재하는 욕구(성장 동기)에 관심을 두어야 하며, 내담자가 현재 처한 상황을 고려하여 공감을 해 준다.

다음 예시 5-3에서 표면 공감과 심층 공감을 비교해 보고, 연습 5-3에는 표면 공감과 심층 공감을 적어 보자.

● 예시 5-3 ●

내담자: 요즘 학교 다니기도 너무 싫고, 모든 게 하기 싫어요. (한숨)

상담자: 요즘 굉장히 힘든가 보구나. (표면 공감)

　　　　매사가 하기 힘들다니 이제는 어떻게 해야 하나 하는 걱정이 들겠구나.

　　　　(심층 공감)

● 연습 5-3 ●

내담자: 아이가 갑자기 학교를 그만두겠다고 하니까 어떻게 해야 할지를 모르겠더라고요. 이런 일이 생길지 생각을 못 해 봐서 너무 갑작스러워요.

상담자: _____ (표면 공감)

_____ (심층 공감)

2. 감정반영의 효과적인 사용

1) 감정반영을 위한 질문

감정반영을 하기 위해서는 필수적으로 내담자가 자신의 감정에 대한 표현을 해야 한다. 따라서 감정반영을 위해서는 내담자의 감정에 대한 탐색이 필요하다. 이러한 탐색은 주로 질문을 통해 이루어진다. 내담자의 말속에서 감정이 잘 드러나지 않는다면, 상담자는 감정을 묻는 질문을 하고 질문에 대한 내담자의 반응을 듣고 감정반영을 한다. 감정을 묻는 질문은 '~할 때, 기분이 어땠니?' '~을 생각하면 어떤 마음이 드니?' '~를 떠올리면 어떤 기분이지?' '지금은 기분은 어떠니?' 등이 될 수 있다. 내담자의 답변을 듣고 그에 대해 감정반영을 하도록 한다.

다음의 예시 5-4는 질문에 이어 감정반영을 한 사례이다. 연습 5-4에서는 가능한 감정을 묻는 질문과 감정반영을 몇 가지 적어 보자.

● 예시 5-4 ●

내담자: 아빠가 막 소리를 지르면서 화를 내며 얘기하시는 거예요. 엄마도 아무 말도 못하고요. 아빠가 그렇게 말하는 거 처음 봤어요.

상담자: 그런 아빠의 모습을 보면서 너는 기분이 어땠지? (질문)

내담자: 그런 모습이 처음이라 겁이 나더라고요.

상담자: 처음 본 아빠의 화난 모습에 너는 무서웠다는 거네. (감정반영)

● 연습 5-4 ●

내담자: 학교에서는 제 맘대로 못하는 게 많잖아요. 선생님도 계속 이거 하지
　　　　마라, 저거 하지 마라 하시고요. 그러니까 학교 가는 게 싫어요.

상담자: _____(질문)

내담자: 답답하고 짜증 나요.

상담자: _____(감정반영)

2) 내용반영 후 감정반영

　감정반영은 내담자가 말한 내용보다는 감정만 반응하는 것으로 볼 수 있다. 그러나 때로는 내담자가 표현한 감정이라도 감정에 대한 근거가 제시될 때 감정을 좀 더 명확하게 하고 수용할 수 있도록 하는 것이 필요하다. 이러한 감정반영을 내용반영과 함께 사용하여 내담자의 감정을 타당화하거나 논리적으로 정리하는 기회로 활용할 수 있다. 또한 내용반영과 감정반영을 함께 사용하게 되면 상담자의 내담자에 대한 이해가 내용반영이나 감정반영만 하는 경우보다는 더 많이 전달될 수 있기 때문에 내담자에게 상담자가 자신을 이해하고 있음이 잘 전달되기도 한다.

　내담자에게 자신의 감정에 대해 더 많은 탐색과 통찰이 필요한 경우에는 내용반영과 함께 감정반영을 사용하는 것이 효과적일 수 있다. 또한 내담자의 감정이 흥분되거나 강렬한 경우에는 내용반영으로 감정을 좀 더 객관적으로 볼 수 있도록 하기도 한다.

　다음의 예시 5-5에서 상담자가 감정반영만 한 경우와 내용반영과 함께 감정반영을 한 경우를 비교해 본다. 연습 5-5에는 내용반영과 함께 가능한 감정반영을 적어 보자.

● 예시 5-5 ●

〈감정반영만 반응한 경우〉

내담자: 선생님과 얘기했던 것이 도움이 하나도 안 됐어요. 친구들과 문제가 해결된 것도 없고요. 이제 어떻게 해야 할지 너무 막막해요.

상담자: 지금 상황이 막막하게 느껴지는 것 같구나.

〈내용반영과 함께 감정반영을 반응한 경우〉

내담자: 선생님과 얘기했던 것이 도움이 하나도 안 됐어요. 친구들과 문제가 해결된 것도 없고요. 이제 어떻게 해야 할지 너무 막막해요.

상담자: 선생님의 도움에도 문제가 해결되지 않았구나. 그래서 더 막막하게 느껴지는 것 같기도 하구나.

● 연습 5-5 ●

내담자: 잘 할 수 있을 거라고 생각했는데, 막상 성적이 나오니까 생각보다 너무 낮은 거예요. 그러니까 공부는 더 안 되고 답답해 죽겠어요. 몸과 마음이 안 따라 줘요. 저도 잘하고 싶은데요.

상담자: _____

_____

3) 내담자의 감정이 복잡한 경우의 감정반영

감정반영의 주 내용이 되는 내담자의 감정표현에 여러 가지 감정이 복잡하게 드러나는 경우, 상담자는 그중 가장 강렬하게 표출되거나 핵심적으로 판단되는 감정에 대해 감정반영을 할 수 있다. 그러나 내담자의 복잡한 감정이 의미가 있고 특정한 감정에 대한 감정반영이 효과적이지 않을 것으로 보일 때는 복잡한 감정 그대로 감정반영을 할 수도 있다. 예를 들어, '지금은 여러 가지 감정이 드는 것 같다.' '감정이 복잡한 것 같다.'는 식의 감정반영이 가능하다.

특별한 경우가 아니라면 과거의 감정보다는 여기-지금의 감정이 내담자에게 더 영향을 준다고 볼 수 있다. 따라서 여러 시점에 대한 감정이 언급될 때 상담자는 현재의 감정을 위주로 감정반영을 한다.

상담자의 감정반영은 가능한 한 간략하게 전달하는 것이 좋다. 상담자가 복잡한 감정반영을 하게 되면 내담자는 오히려 감정을 명확하게 지각하는 데 어려움을 가질 수도 있다.

다음의 예시 5-6에서 그리움, 분노, 걱정, 불안 등 복잡한 감정을 표현하는 내담자에 대한 감정반영을 살펴보고, 연습 5-6에는 가능한 감정반영을 몇 가지 적어 보자.

● 예시 5-6 ●

내담자: 중학교 때는 친구들이 많았고 공부도 그런대로 했어요. (눈물을 흘리며) 그때가 그리워요. 고등학교 와서는 친구들 때문에 화나는 일도 너무 많고 힘들어졌어요. 왜 이렇게 되었을까 속상하기도 하고요. 이렇게 계속 학교를 다녀 봤자 무슨 소용이 있나 싶은 마음도 들어요.

상담자: ✓ 네가 많이 속상한 것 같다.
　　　　✓ 네 마음이 아주 복잡하구나.
　　　　✓ 지금 여러 가지 일로 막막하구나.

● 연습 5-6 ●

내담자: 애들은 제가 엄마가 없는지 모르니까 엄마가 뭐 하시냐고 물어봐요. 그때마다 저는 어떻게 대답해야 할지 모르겠어요. 왜 나는 엄마가 없나

속상하고 창피한 마음도 들어요. 자꾸 그런 걸 물어보는 친구도 밉고요. 또 물어보면 어떻게 대답해야 할지 걱정되기도 하고요.

상담자: ✓ _____

✓ _____

✓ _____

4) 내담자가 감정반영에 대해 부정적인 반응을 보일 때

상담자의 감정반영에 대해 내담자가 부정적인 반응을 보이는 경우도 있을 수 있다. 특히 상담자의 감정반영이 표면적이거나 단순하지 않고 깊고 공감적인 경우, 준비되지 않은 내담자를 당황시키거나 방어적으로 만들어 오히려 내담자가 받아들이지 못하게 될 수도 있다. 감정반영에 대해 내담자가 부정적인 반응을 보이는 것은 내담자가 자신의 감정을 수용하지 못하거나 상담자의 감정반영이 부적절한 경우라고 볼 수 있다. 따라서 반영감정도 내담자에게 적절한 시점과 수준으로 제공될 필요가 있다.

내담자가 감정반영에 대해 부정적인 반응을 보이는 경우 상담자는 당황할 수 있으나 내담자의 부정적 반응에 대해 다루는 것이 필요하다. 이때 상담자는 내담자에게 어떤 느낌인지를 좀 더 설명해 달라고 요청하는 것이 좋다. 내담자의 반응에 따라 상담자는 부정적인 태도 자체를 다시 반영할 수도 있고 감정반영에 대한 근거와 함께 다시 감정반영을 제시할 수도 있다. 또한 내담자의 부정적 반응 자체에 대해 이야기를 나눌 수 있다.

다음의 예시 5-7에서 상담자의 감정반영을 받아들이지 못하는 내담자의 사례를 살펴보고, 연습 5-7에는 그런 유형의 내담자에게 감정반영을 포함한 가능한 반응을 몇 가지 적어 보자.

● 예시 5-7 ●

내담자: 아무래도 잘나가는 애들은 끼리끼리 놀아요. 끼고 싶지만 그럴 수가 없죠. 지금 친구들은 편하기는 해요.

상담자: 잘나가는 친구들과 어울리지 못해 아쉽나 보구나.

내담자: 그런 건 아닌데요.

상담자: ✓ 그래? 그럼 네가 어떤 느낌이 드는지 좀 더 얘기해 볼래?

✓ 잘나가는 친구들과 어울릴 수가 없어 아쉬울 것 같아.

✓ 잘나가는 친구들한테 끼지 못하는 게 아쉽지는 않다는 거네.

● 연습 5-7 ●

내담자: 동생 때문에 엄마 아빠한테 맨날 혼나요. 제가 형인데 제 말을 안 들어요. 마음에 안 들어요. 저는 억울해요.

상담자: 동생한테 화가 난다는 거네.

내담자: 저 화내는 거 아니에요.

상담자: ✓ _____

✓ _____

✓ _____

---

5) 감정반영에 대한 내담자의 반응

상담자가 감정반영에 대한 내담자의 반응을 살펴보는 것도 상담의 진행에 도움이 된다. 즉, 상담자가 내담자가 표현한 감정을 되돌려 주었을 때 내담자가 이를 어떻게 받아들이는지를 살펴보고 그 반응에 대해 다루기도 한다. 특히 상담자에게 지나치게 의존하거나 인정받고자 하는 내담자는 상담자의 감정반영을 무조건적으로 수용하는 태도를 가지는 경우가 있다. 또한 방어적이거나 자기주장이 약한 내담자 역시 상담자의 감정반영에 대해 특별한 언급을 하지 않을 수 있다. 따라서 상담자는 감정반영이 내담자에게 수용되고 있고 이를 통해 내담자가 상담 작업에 더 깊게 개입되고 있는지를 살펴볼 필요가 있다.

상담자가 감정반영을 하고 난 후 내담자의 반응을 기다리거나 '그런 면에서 너는 어떻지?' '선생님이 생각하는 것이 맞는지 궁금하구나.'와 같은 내담자의 반응을 요구할 수 있다.

다음 예시 5-8에서 감정반영에 대한 내담자의 반응을 살피는 질문을 살펴보고, 연습 5-8에서는 감정반영과 함께 감정반영에 대한 내담자의 생각을 묻는 질문을 적어 보자.

● 예시 5-8 ●

내담자: 지금 성적으로는 제가 원하는 대학에 못 갈 것 같거든요. 엄마 아빠는 제가 당연히 대학에 들어갈 거로 생각하고 계세요. 요즘은 공부하려고 앉으면 걱정만 되고 공부할 의욕이 안 나요.

상담자: 성적 걱정은 되는데 의욕은 안 나고, 어떻게 해야 할지 고민이 될 것 같구나. 너는 어때?

● 연습 5-8 ●

내담자: 제가 고등학교 오기 전까지는 의사가 되고 싶었어요. 그래서 자연계를 선택했고요. 자연계는 문과보다 수학이 중요하잖아요. 그런데 자꾸 수학 점수가 떨어져요. 의사가 적성에 맞는지도 잘 모르겠어요.

상담자 : _____ _____

_____

요 약

1. 감정반영은 내담자의 감정표현을 그대로 다시 언급하는 것이므로 내담자는 자신의 감정을 명료화하는 기회를 갖는다.

2. 내담자는 감정반영을 통해 다시 자신의 감정을 살피면서 더 탐색해 보거나 더 이야기할 수 있게 된다.

3. 상담자가 내담자의 감정에 대해 언급하여 내담자의 감정에 공감하고 있음을 전달함으로써 내담자는 좋은 감정을 느끼게 된다.

4. 감정반영을 내용반영과 함께 사용하여 내담자의 감정을 타당화하거나 논리적으로 정리하는 기회로 활용할 수 있다.

5. 내담자가 감정을 드러내지 못할 때, 감정을 묻는 질문 후에 감정반영을 한다.

6. 내담자가 여러 가지 복잡한 감정을 표현할 때에는 가장 강렬하게 표출되거나 핵심적으로 판단되는 감정, 여기-지금의 감정, 복잡한 그 자체의 감정에 대해 감정반영을 할 수 있다.

7. 상담자의 감정반영에 대해 내담자가 부정적인 반응을 보이는 경우에는 이를 적절히 다루는 것이 필요하다.

8. 상담자가 감정반영에 대한 내담자의 반응을 살펴보는 것도 상담의 진행에 도움이 된다.

● 상담연습 [I] ●

다음에 제시된 사례를 읽고, 내담자의 이야기에 대한 상담자의 적절한 감정반영 반응을 써 보시오.

1. 반 친구들과 갈등을 겪고 있는 중학교 3학년 여학생

> 내담자: 애들이 지나가면서 저를 쳐다봐요. 아니, 째려봐요. 제가 그 애들한테 잘못한 것도 없는데 저를 무시하는 것 같아요.

상담자: _____

_____

2. 갑자기 성적이 떨어져 힘들어하는 고등학생

> 내담자: 작년까지만 해도 나름 성적이 괜찮았는데, 이번 시험에서 너무 떨어져서 속상해요. 이렇게 못 본 적이 처음이에요. 저는 한다고 했는데, 이렇게 성적이 떨어지다니 믿을 수가 없어요.

상담자: _____

_____

3. 부모님의 불화로 힘들어하는 여학생

> 내담자: 요즘 집에 들어가기가 싫어요. 부모님은 서로 말도 안 하고, 집안 분위기가
>   편하지 않아요. 엄마가 이혼하겠다고 하시는데, 아빠는 아무 말씀이 없으세요.
> 상담자: 부모님이 이혼할까 봐 걱정이 되겠네.
> 내담자: 그렇지는 않아요. 두 분이 알아서 하시겠죠.

상담자: _____

_____

4. 주의집중 문제로 고민하는 여자 중학생

> 내담자: 집중이 안 돼서 책상에 오래 앉아 있을 수가 없어요. 5분만 앉아 있어도 머리가
>   지끈지끈 아파요. 이러다가 시험을 망칠까 봐 걱정이 돼요. 최소한 한 시간만
>   이라도 공부에 집중했으면 좋겠어요.

상담자: _____

_____

5. 성적 때문에 희망하는 학교의 진학이 어려워진 고등학생

> 내담자: 제 실력으로 A학교 가는 것은 포기해야겠어요. 아쉽지만 그냥 B학교에나 가야죠.
>   그냥 속 편하게 생각하기로 했어요.

상담자: _____

_____

6. 진로선택에서 아버지의 반대에 부딪힌 여자 고등학생

내담자: 아빠가 반대하실지 몰랐는데, 그러시니까 어떻게 해야 할지를 모르겠어요. 엄마는 제가 원하면 그렇게 하라고는 하시는데. 그래도 아빠가 반대하시니까 좀 그렇잖아요. 서운하고 속상해요.

상담자: _____

_____

7. 학교폭력 가해학생을 어떻게 지도해야 할지를 고민하는 초등학교 교사

내담자: 피해학생에게 사과하면서 사건이 마무리는 되었지만 그 학생이 또 다른 친구들에게 폭력적인 행동을 할까 걱정이 돼요. 그런 일들이 다시 생기면 안 되잖아요.

상담자: _____

_____

8. 핸드폰 사용과 관련하여 어머니와 갈등이 있는 여자 중학생

> 내담자: 핸드폰은 안 보고 책상 위에 그냥 뒀는데, 엄마는 핸드폰이 방해가 된다고 자꾸
> 치우라고 하세요. 또 지난번처럼 엄마가 던질 것 같아서 짜증 나요.

상담자: _____

_____

9. 스트레스 상황에서 자해행동을 하는 중학생

> 내담자: 스트레스를 받으면 저도 모르게 머리를 벽에 쳐요. 그러면 아무 생각이 안 나
> 거든요.
> 상담자: 그러고 나면 기분이 어떻지?
> 내담자: 제가 제 정신이 아닌 것 같아요. 내가 왜 이렇지? 제가 이상하게 느껴져요.

상담자: _____

_____

10. 친구와의 의사소통에서 어려움을 겪고 있는 여자 고등학생

> 내담자: 제가 하고 싶은 이야기를 하면 친구들이 너무 심각하게 받아들이면 어떻게 하나
> 걱정이 돼서 말을 못해요. 괜히 말해서 친구들이 화를 낼 수도 있으니까요.

상담자: _____

_____

● 상담연습 [Ⅱ] ●

다음은 중삼이와의 상담 축어록이다. 중삼이는 학교에서 있었던 친구 우빈이와의 사건에 대해 이야기하고 있다. 사례를 읽고 밑줄이 쳐진 부분에 감정반영 위주로 적절한 반응을 적어 보자.

상담자 1: 그런데 왜 영어 선생님한테 혼이 난 거지?

내담자 1: 친구랑 싸우다가 걸렸어요.

상담자 2: 무슨 일이 있었는지 자세히 얘기해 줄래?

내담자 2: 쉬는 시간에 화장실 갔다가 교실로 들어오는데, 우빈이가 제 쪽을 보면서 '아이! XXX 거지 같아!'라고 욕을 하는 거예요. 이유도 없이 욕을 하니까 열이 확 받잖아요.

상담자 3: _____

내담자 3: 뭐라고 하려고 했는데 선생님이 들어오는 바람에 일단 수업을 듣고, 쉬는 시간에 왜 욕하냐고 했더니 자기는 욕한 게 아니라는 거예요. 그냥 한 거래요. 기가 막히잖아요. 분명히 나한테 욕한 건데……. 어이가 없었죠.

상담자 4: _____

내담자 4: 그러니까요. 말도 안 된다고 분명히 나를 보고 했다고 했더니 아니라고 막 우기는 거예요. 인정을 안 하니까 더 화가 나더라구요.

상담자 5: _____

내담자 5: 거짓말 말라고, 나한테 한 거 맞다고 했더니 오히려 왜 자기한테 그러냐고. 그래서 저도 '너 같은 XX는 XXX야!'라고 욕을 해 줬죠. 그랬더니 또 막 욕을 하면서 달려들잖아요. 자기가 먼저 잘못을 해 놓고도 그러니까 황당하면서도 짜증 나고 화가 났죠.

상담자 6: _____   _____

내담자 6: 그러다가 지나가는 영어 선생님이 보시고 니들 왜 그러냐고……. 먼저 우빈이가 욕을 했다고 했는데도 선생님은 그렇다고 같이 욕을 하면서 싸우면 어떻게 하냐고. 제가 먼저 잘못한 게 아니잖아요. 너무 억울했어요.

상담자 7: _____

내담자 7: 예, 그리고 분명히 다른 애들도 걔가 저한테 욕하는 거 들었을 거예요. 다른 애들도 있었으니까요. 그런데 제가 욕을 듣고 바보같이 가만히 있으면 친구들이 저를 어떻게 생각하겠어요?

상담자 8: 다른 친구들이 너를 바보같이 생각할까 걱정된다는 거네.

내담자 8: 아니, 그런 건 아닌데요.

상담자 9: _____

내담자 9: 친구들이 제가 욕먹고도 아무 말도 못한다고 생각하면 어떻게 해요? 다른 애들도 저한테 쉽게 막 욕하고 그럴 수도 있잖아요. 애들이 저를 너무 쉽게 생각하는 건 싫어요. 저를 쉽게 보고 막 무시할 수도 있잖아요.

상담자 10: _____

내담자 10: 이게 다 우빈이 때문이에요. 선생님한테 혼나고 다른 애들한테 창피하고요. 우빈이가 욕만 안 하고, 또 욕했다고 인정했으면 그냥 넘어갔을 수도 있었어요.

상담자 11: _____

내담자 11: 그래서 지금 생각해도 화가 나요. 그때부터 친구도 학교도 다 싫고 다 귀찮아졌어요.

상담자 12: _____

┌─────────────────────┐
│ ● **상담연습 [Ⅲ]** ● │
└─────────────────────┘

상담자, 내담자, 관찰자 역할을 정한 후, 내담자는 '최근에 스트레스 받았던 사건이나 인상적인 경험'에 대해 이야기를 하고 상담자는 '감정반영' 반응에 신경을 쓰면서 상담한다. 관찰자는 상담자의 '감정반영' 반응에 집중하여 관찰한다. 연습의 효과를 위해 녹음이나 동영상 촬영을 하는 것이 좋다.

상담 후 '감정반영'에 대해 다음과 같은 내용을 포함하여 상담자의 반응을 함께 논의한다.

• 상담자의 감정반영에 내담자의 감정이 잘 반영되었는가?
• 상담자는 적절한 시점에 감정반영을 사용하였는가?
• 상담자의 감정반영은 적절한 내용으로 제시되었는가?
• 내담자는 상담자의 감정반영을 어떻게 받아들였는가?
• 가장 효과적인 감정반영은 무엇이고 어떤 점에서 효과적인가?
• 가장 비효과적인 감정반영은 무엇이고 어떤 점에서 비효과적인가?

필요시 내담자 역할은 다음과 같은 사례의 내담자로 연습한다.

사례 1

초등학교 4학년인 근식이는 최근 친구들에게 비만 때문에 따돌림을 당하고 있다. 뚱뚱하다고 놀리며 놀아 주지 않는 친구들에 대해 이야기를 한다.

사례 2

피아노 실기시험에서 실수가 많았던 중학교 3학년인 혜선이는 원하던 특목고 진학을 하지 못하게 되었다. 일반 고등학교로 진학을 해서 계속 피아노를 해야 할지에 대한 고민으로 상담을 받고 있다.

● **연습문제의 답안 예시** ●

연습 5-1

엄마가 예체능 쪽 진로를 반대해서 많이 속상했었구나.
(내담자의 감정언어를 그대로 사용하는 경우)
엄마가 예체능 쪽 진로를 반대한 것이 원망스럽다는 거구나.
(유사한 감정단어를 사용하는 경우)

연습 5-2

요즘 네가 무시당하는 것 같다는 거구나.
애들의 태도가 달라져 당황했구나.
친구들의 태도가 왜 달라졌는지 몰라 걱정이 된다는 거네.

연습 5-3

아이가 학교를 그만두겠다고 해서 놀라셨겠네요. (표면 공감)
예상치 못한 일이라 더 당황스러우셨겠네요. (심층 공감)

연습 5-4

학교에 있으면 네 기분은 어때? (질문)
학교에서 네 맘대로 못할 때 기분이 어때? (질문)
학교에서는 답답하고 짜증이 나는구나. (감정반영)
네 맘대로 못 하는 것 때문에 힘들다는 거네. (감정반영)

연습 5-5

잘하고 싶은데 안 되니 그게 더 속상하지.

연습 5-6

✓ 엄마에 대해 질문 받을 때 네가 당황하는구나.

✓ 친구들이 엄마에 대해 물어보면 마음이 복잡해지는구나.

✓ 친구들이 엄마에 대해 물어보면 어떻게 해야 할지 걱정하고 있구나.

연습 5-7

✓ 그렇구나, 그러면 동생 때문에 혼날 때, 네 기분은 어떻지?

✓ 동생 때문에 혼나니 네가 화가 날 것 같아.

✓ 동생 때문에 혼나서 억울하지만 화가 나지는 않는다는 거구나.

연습 5-8

수학 성적이 떨어지니 진로선택까지 불안해진 것이구나.

정말 그런지 선생님은 좀 궁금하다.

⬤ 상담연습의 답안 예시 ⬤

상담연습 [Ⅰ]

1. 반 친구들과 갈등을 겪고 있는 중학교 3학년 여학생

• 친구들이 너를 쳐다보는 것이 무시하는 것처럼 느껴지는구나.

• 이유도 없이 친구들이 무시하는 것 같아 억울하겠구나.

2. 갑자기 성적이 떨어져 힘들어하는 고등학생

• 예상치 못하게 성적이 떨어져 많이 속상하구나.

• 성적이 많이 떨어져서 당황스럽기도 하겠다.

3. 부모님의 불화로 힘들어하는 여학생

• 그렇지만 부모님 때문에 마음이 많이 불편하지.

• 부모님이 이혼할지도 모르는데 걱정은 안 된다는 거네.

4. 주의집중 문제로 고민하는 여자 중학생

• 공부를 하려고 해도 집중이 안 되니 걱정이 많이 된다는 거네.

• 집중이 안 되니 시험을 망칠까 봐 그것 때문에 불안할 것 같구나.

5. 성적 때문에 희망하는 학교의 진학이 어려워진 고등학생

• 원하는 A학교를 가지 못해 많이 아쉬울 것 같구나.

• 편하게 생각하려고 해도 A학교를 가지 못하게 되어 서운할 것 같다.

6. 진로선택에서 아버지의 반대에 부딪힌 여자 고등학생

• 아버지가 반대하시니 속상하다는 거구나.

• 어머니와 달리 아버지는 반대하시니 마음이 더 복잡하겠구나.

7. 학교폭력 가해학생을 어떻게 지도해야 할지를 고민하는 초등학교 교사
- 학급에서 학교폭력이 다시 발생할까 봐 걱정이 되신다는 거군요.
- 다시 폭력사건이 발생할까 봐 불안하신 것 같습니다.

8. 핸드폰 사용과 관련하여 어머니와 갈등이 있는 여자 중학생
- 핸드폰에 대한 잔소리 때문에 엄마한테 짜증이 난다는 거지?
- 엄마가 핸드폰을 던질까 봐 걱정이 되는구나.

9. 스트레스 상황에서 자해행동을 하는 중학생
- 머리에 벽을 치고 나면 내가 이상하게 느껴진다는 거지?
- 나도 모르게 벽에 머리를 치고 나면 자신이 이상하게 느껴지는 것 같구나.

10. 친구와의 의사소통에서 어려움을 겪고 있는 여자 고등학생
- 친구들이 너의 이야기를 어떻게 받아들일지 걱정이 많이 된다는 거네.
- 친구들이 너에게 화를 낼까 신경이 많이 쓰이는 거구나.

상담연습 [Ⅱ]

상담자 1: 그런데 왜 영어 선생님한테 혼이 난 거지?

내담자 1: 친구랑 싸우다가 걸렸어요.

상담자 2: 무슨 일이 있었는지 자세히 얘기해 줄래?

내담자 2: 쉬는 시간에 화장실 갔다가 교실로 들어오는데, 우빈이가 제 쪽을 보면서 '아이! XXX 거지 같아!'라고 욕을 하는 거예요. 이유도 없이 욕을 하니까 열이 확 받잖 아요.

상담자 3: <u>갑자기 이유도 없이 욕을 들었으니 화가 많이 났겠구나.</u>

내담자 3: 뭐라고 하려고 했는데 선생님이 들어오는 바람에 일단 수업을 듣고, 쉬는 시간에

　　　　왜 욕하냐고 했더니 자기는 욕한 게 아니라는 거예요. 그냥 한 거래요. 기가 막히
　　　　잖아요. 분명히 나한테 욕한 건데……. 어이가 없었죠.

상담자 4: <u>너한테 한 것 같은데, 아니라니 황당했겠네.</u>

내담자 4: 그러니까요. 말도 안 된다고 분명히 나를 보고 했다고 했더니 아니라고 막 우기는
　　　　거예요. 인정을 안 하니까 더 화가 나더라구요.

상담자 5: <u>인정을 안 하니까 더 화가 나지.</u>

내담자 5: 거짓말 말라고 나한테 한 거 맞다고 했더니 오히려 왜 자기한테 그러냐고. 그래서
　　　　저도 '너 같은 XX는 XXX야!'라고 욕을 해 줬죠. 그랬더니 막 또 욕을 하면서 달려
　　　　들잖아요. 자기가 먼저 잘못을 해 놓고도 그러니까 황당하면서도 짜증 나고 화가
　　　　났죠.

상담자 6: <u>네가 정말 화가 많이 났나 보네.</u>

내담자 6: 그러다가 지나가는 영어 선생님이 보시고 니들 왜 그러냐고……. 먼저 우빈이가
　　　　욕을 했다고 했는데도 선생님은 그렇다고 같이 욕을 하면서 싸우면 어떻게 하냐
　　　　고. 제가 먼저 잘못한 게 아니잖아요. 너무 억울했어요.

상담자 7: <u>네가 먼저 싸움을 건 게 아니라서 억울했다는 거지?</u>

내담자 7: 예, 그리고 분명히 다른 애들도 걔가 저한테 욕하는 거 들었을 거예요. 다른 애들
　　　　도 있었으니까요. 그런데 제가 욕을 듣고 바보같이 가만히 있으면 친구들이 저를
　　　　어떻게 생각하겠어요?

상담자 8: <u>다른 친구들이 너를 바보같이 생각할까 걱정된다는 거네.</u>

내담자 8: 아니, 그런 건 아닌데요.

상담자 9: <u>친구들이 너를 어떻게 생각할 거라고 생각하는데?</u>

내담자 9: 친구들이 제가 욕먹고도 아무 말도 못한다고 생각하면 어떻게 해요? 다른 애들도
　　　　저한테 쉽게 막 욕하고 그럴 수도 있잖아요. 애들이 저를 너무 쉽게 생각하는 건
　　　　싫어요. 저를 쉽게 보고 막 무시할 수도 있잖아요.

상담자 10: <u>그러니까 이 일 때문에 친구들이 무시할까 봐 걱정이 된다는 거네.</u>

내담자 10: 이게 다 우빈이 때문이에요. 선생님한테 혼나고 다른 애들한테 창피하고요. 우빈
　　　　　 이가 욕만 안 하고, 또 욕했다고 인정했으면 그냥 넘어갔을 수도 있었어요.

상담자 11: <u>여러 가지로 억울한 마음이 드네.</u>

내담자 11: 그래서 지금 생각해도 화가 나요. 그때부터 친구도 학교도 다 싫고 다 귀찮아졌
　　　　　 어요.

상담자 12: <u>이번 일 때문에 친구도 학교도 싫어졌다는 거구나.</u>

6장
자기개방

자기개방은 내담자에게 도움이 되는 차원에서 상담자의 개인정보를 의도적으로 내담자에게 공개하는 것이다. 즉, 상담자가 자신의 생각, 가치, 느낌, 태도 및 여러 가지 개인적인 것을 내담자에게 드러내는 것이다. 자기개방은 내담자의 경험, 생각, 감정 및 행동에 대한 내담자의 이해를 촉진하고 문제해결 및 상담전략을 개발하는 것을 돕기 위해 사용된다. 상담자 자기개방은 내담자의 자기개방을 촉진하고 신뢰를 더할 수 있고, 지지원 없이 혼자라고 느끼는 내담자에게 희망을 줄 수 있다(Evans et al., 2011).

상담에서의 자기개방의 효과에 대한 연구결과는 자기개방이 상담에 효과적이라는 결과와 효과적이지 않다는 결과가 공존하나, 대체적으로 적절하게 사용되는 자기개방은 효과적인 기법인 것으로 나타났다. 적절한 자기개방은 모델링의 효과가 있어 내담자 자기개방에 도움을 주고 상담자와 내담자 간의 친밀한 관계 형성에 효과적이라고 보고 있다. 하지만 적절하게 사용되지 않는다면 오히려 상담과 상담관계를 악화시켜 좋지 않은 결과를 낳을 수도 있다(김강일,

2015; Knox & Hill, 2003).

1. 자기개방의 유형

상담자 자기개방은 여러 가지 유형으로 나타난다. Simons(1976)는 상담 장면에서 상담자가 내담자에게 자신의 인적사항이나 과거사를 개방하는 것은 낮은 수준의 자기개방인 인구학적 자기개방이라고 불렀고, 개인경험을 개방하는 것은 깊은 수준의 자기개방인 개인적 자기개방으로 구분하였다. Knox와 Hill(2003)은 자기개방의 유형을 7가지로 나누었다. 상담 관련 학위나 자격, 상담사례 수와 같은 치료자의 삶과 전문훈련과 관련된 전기적 사실 개방, 치료자의 주관적 경험을 감정적 용어를 사용하여 묘사하는 감정개방, 사례에 적용시킬 수 있는 치료자의 과거 통찰 경험의 개방, 특정 문제를 다루는 데 있어서 상담자에게 효과적이었던 방법이나 전략, 치료적 맥락에서 내담자를 승인하고 정당화할 수 있는 개방, 내담자의 사고과정이나 행동에 대해 도전하는 자기개방, 내담자/치료 관계 및 과정에 대한 즉각적인 사고나 느낌이다. Knox와 Hill(2003)의 분류는 상담 관계 형성과 내담자에 대한 공감, 교육, 직면 혹은 도전, 즉시성 등을 위해 상담자의 정보, 감정, 생각, 경험 등을 개방하는 것임을 알 수 있다.

1) 상담자 개인정보 개방

상담자의 학위, 자격증, 상담경력 및 경험, 훈련 및 이론적 배경 등 상담자의 전문성이나 훈련 수준에 대한 정보를 개방하는 것이다. 주로 상담 초기나 내담자의 요구가 있을 때 필요에 따라 이루어진다.

> ● 예시 6-1 ●
>
> 내담자: 상담자가 되려면 공부를 많이 해야 한다는데, 선생님도 대학원 나왔
> 어요?
> 상담자: 응. 대학원에서 상담심리를 전공했지.
> 내담자: 어느 학교 나오셨는데요?
> 상담자: ○○대학교

상담자가 개인정보를 개방하게 되는 것은 내담자의 요구에 의한 경우가 많은데, 주로 학교, 전공, 자격증, 결혼이나 자녀의 유무, 종교에 대한 정보를 요청하는 경우가 많다. 이러한 상담자의 개인정보 자기개방은 내담자의 질문에 대한 답변으로 이루어지거나 상담실에 놓여 있는 학위증이나 자격증, 가족사진, 상담자의 개인 SNS 등을 통한 노출을 통해서도 이루어질 수 있다. 상담자 윤리적 차원과 효과적인 상담관계를 위해 일부 정보를 내담자와 공유하는 것은 적절하나 어느 정도의 수준에서 상담자의 자기 정보를 개방할 것인지에 대해서는 신중할 필요가 있다. 조심할 것은 내담자들이 상담자에 대해 불필요한 관심을 갖게 하거나 걱정을 하도록 하는 너무 비밀스러운 수준을 유지하거나 혹은 너무 많은 정보를 공개하지 않도록 하는 것이다. 내담자의 필요수준에서 관계있는 정보만이 제공되는 것이 좋다.

> ● 예시 6-2 ●
>
> 상담자의 개인사정으로 1주간 상담을 못하게 된 경우
> 상담자: 다음 주는 휴가 때문에 상담을 못할 것 같아.
> 내담자: 휴가 어니로 가시는데요?
> 상담자: 제주도

> 내담자: 숙소는 어디신데요?
>
> 상담자: 좀 더 생각해 보고 결정하려고. (필요 이상의 자세한 내용을 말할
> 필요는 없음)

　　Barnett(2011)는 상담자들이 개인적으로 안락할 권리를 가지고 있다고 하였다. 내담자의 요청이 과도하게 침범적이거나 부적절하다고 판단될 경우 단지 내담자가 상담자에 대한 정보를 원하기 때문이라고 해서 상담자가 그것을 공유할 의무가 있는 것은 아니라는 것이다.

> ● **연습 6-1** ●
>
> 청소년 내담자의 학부모 상담, 상담자는 미혼
>
> 내담자: 아무래도 결혼하신 분이 경험도 있으시니까 아이를 있는 그대로 이해
> 하실 수 있을 것 같은데, 선생님은 결혼하셨나요?
>
> 상담자: ＿＿＿＿＿＿＿＿＿＿＿＿＿＿＿＿＿＿＿＿＿＿＿＿＿＿＿＿
>
> 내담자: 선생님, 결혼도 안 하셨는데 아이들을 이해하실 수 있을지…….
>
> 상담자: ＿＿＿＿＿＿＿＿＿＿＿＿＿＿＿＿＿＿＿＿＿＿＿＿＿＿＿＿

2) 감정개방

　　감정개방은 내담자와 비슷한 상황에서 상담자가 경험한 감정을 이야기하는 것이다. 감정개방은 내담자와 비슷한 상황에서 상담자가 실제로 느낀 감정을 표현하는 것만이 아니라 내담자와 같은 상황에 처해 있을 때 상담자가 느낄 수 있는 감정을 가정적으로 표현할 수도 있고, 내담자의 이야기를 듣고 느낀 상담자의 감정을 표현할 수도 있다.

● 예시 6-3 ●

내담자: 친구들이 다 보는 앞에서 선생님께 혼나는데 눈앞이 캄캄하더라구요.

상담자: 선생님도 그 상황이었을 때 엄청 창피했었어. (사실)

만약 선생님이 그 상황이었더라면 창피했을 것 같아. (가정)

네 얘기를 들으니 내가 다 스트레스를 받는다. (내담자 반응에 대한 상담자의 느낌)

감정개방의 효과는 내담자로 하여금 내담자가 느낄 수 있는 감정에 대한 모델링이 될 수 있다는 데 있다. 상담자의 감정개방을 듣고 난 이후 내담자는 자신의 감정과 이를 비교할 수 있다. 상담자가 개방한 감정이 내담자의 감정과 일치한다면 내담자는 자신이 이해받고 공감받고 있음을 느끼고, 상담자도 자신과 비슷한 감정을 느낀다는 것을 알게 되어 위로받고 자신을 정상화할 수 있을 것이다. 만일, 상담자의 감정이 자신과 일치하지 않을 경우에는 자신의 감정을 인식하고 이를 표현하게 할 것이다. 이런 점에서 감정개방은 감정반영과 매우 비슷하다고 할 수 있다. 감정개방은 수치심이나 부끄러움과 같은 부정적인 감정을 인식하거나 표현하는 것을 두려워하는 내담자에게 효과적일 수 있다.

효과적인 감정개방을 위해서는 상담자 자신의 필요에 의해 감정개방을 하는 것이 아니라 이것이 내담자의 감정을 인식하고 표현하게 하는 것인지 내담자를 정상화하는 데 도움이 되는 것인지에 대해 주의 깊게 생각해야 한다. 상담자 자신의 감정을 개방한 후에는, 내담자에게 관심을 돌려 내담자의 반응을 살피고 상담에서의 관심이 내담자가 아닌 상담자에게 이동하지 않도록 해야 한다.

● 예시 6-4 ●

내담자: 어제 밤 부모님이 싸우셨어요. 자주 싸우시죠. 제 방에 있어도 싸우는 소리가 다 들려요.

상담자: 나라면 그 상황에서 불안했을 것 같아. 어땠어?

● 연습 6-2 ●

내담자: 저랑 제일 잘 맞는 친구는 수지예요. 평소에 수지, 해리랑 같이 다녀요.
매일 같이 다니죠. 수지랑 해리는 같은 연예인을 좋아해서 얘기가 잘
통해요. 저는 그럴 때 가만히 있는 편이죠.

상담자: _____

_____

3) 과거 상담자의 통찰 및 효과적이었던 방법에 대한 개방

통찰의 개방은 상담자가 어떤 통찰을 획득했던 개인적 경험에 대해 표현하는
것이다. 통찰을 개방하는 것은 내담자의 통찰력을 촉진하고, 내담자가 더 깊은
수준으로 생각하도록 돕기 위해 상담자의 통찰을 공유하는 것이다. 이는 직면
이나 해석보다 부드러운 방법으로 내담자에게 도움이 될 만한 단서를 제공하는
것이다(Hill, 2012).

내담자의 문제와 관련 있는 상담자의 경험 중에서 상담자 자신을 이해하거
나 문제를 해결하는 데에 도움이 되었던 상담자 통찰을 내담자에게 공개하는
것은 내담자로 하여금 자신의 행동이나 감정, 문제에 대한 원인을 생각해 보도
록 하고, 자기이해나 문제해결을 위한 다른 측면을 생각해 볼 수 있게 한다. 이
러한 자기개방은 내담자에게 새롭고 깊은 수준의 통찰을 촉진할 수 있다.

이때 주의할 점은 내담자의 문제나 상황적 맥락과 관련 있는 상담자의 경험
을 개방해야 한다는 것이며, 또한 시시콜콜한 부분을 회상하는 것이 아니라 그
상황에서 상담자가 얻은 통찰에 대해 간결하게 언급하는 것이다. 이때 상담자
에게 과거의 상황이나 문제는 이미 해결되었고, 새로운 시각을 갖는 결과를 낳
았으며, 내담자에게 유용해야 한다. 감정개방과 마찬가지로 통찰을 개방한 이
후에도 그것이 내담자에게 적당한가를 확인하는 질문을 함으로써 초점을 내담
자에게 맞추어야 한다.

● 예시 6-5 ●

아버지와 갈등이 있는 고등학교 1학년 남학생 내담자

내담자: 성적에 대한 이야기를 할 때 아버지가 너무 신경 쓰였어요. 항상 그랬어요. 아버지가 자식 성적에 관심 갖는 것은 당연한데 그 못마땅한 표정…… 이것밖에 안 되느냐는 표정. 너무 싫었어요. 부담스럽고 그럴수록 더 하기 싫어지는 거예요.

상담자: 나도 고등학교 때 아버지와 비슷한 갈등을 경험한 적이 있었어. 그때 아버지에게 인정받지 못할 것이라는 두려움 때문에 학업에 더 집중하지 못하고 있다는 것을 깨달았었지. 너도 그런 것인지 궁금하구나.

● 연습 6-3 ●

모범생으로 알려져 있으며 순응적인 고등학교 2학년 여학생이 우울증으로 상담 중

내담자: 엄마는 아무것도 신경 쓰지 말고 네가 해야 할 일, 공부에만 신경 쓰라고 얘기해요. 어떻게 그래요? 엄마한테 어떻게 그러냐고 말하고 싶을 때도 있어요. 하지만 참는 편이에요. 말하는 것과 말하지 않는 것 중 어느 것이 나은지 생각해 보는데, 얘기해 봤자 엄마는 더 뭐라고 하겠지요.

상담자: _____

_____

 또한 내담자 문제해결과 관련해서 상담자가 경험했던 자신의 문제해결 방법이나 효과적이었던 전략을 개방할 수 있다. 이는 내담자로 하여금 문제해결을 위해 생각해 보지 못했던 방법에 대해 알게 하고 상담자의 경험을 모델링 삼을 수 있게 한다.

● 예시 6-6 ●

진로상담

내담자: 무엇부터 해야 할지 모르겠어요.

상담자: 나도 고3 때 비슷한 상황에 처해 있었는데, 그 상황에서 할 수 있는 한 많은 정보를 모았던 것이 도움이 되었던 것 같아. 어떻게 생각해?

● 연습 6-4 ●

친구관계에서 갈등을 겪고 있는 중학교 3학년 여학생 내담자

내담자: 친구에게 제 마음을 어떻게 표현해야 할지 모르겠어요. 좋은 방법이 있었으면 좋겠어요.

상담자: _____

_____

2. 효과적인 자기개방 방법

Knox와 Hill(2003)은 상담자는 상담 장면에서 내담자에게 자기개방을 적절히 하되, 너무 자주 하지 말아야 한다고 하였다. 내담자의 공감 없이 일어나는 상담자의 자기개방은 오히려 내담자에게 압박감을 주거나 심적인 부담감으로 작용하여 내담자의 자기개방을 감소시키며 상담관계를 악화시킬 수 있기 때문에 자기개방은 상황에 맞게 적절히 해야 한다.

내담자에 대한 상담자의 자기개방은 신중해야 한다. 상담자는 자기개방을 할 때 무엇을 개방할지 적절하게 선택해야 한다. 내담자가 정보를 원하는 것인지, 공감과 정서를 원하는 것인지, 협력을 원하는 것인지 확실히 파악하여 자기개방

을 해야 한다. 내담자에 따라서는 상담자를 시험하기 위한 수단으로 상담자의 자기개방을 유도하기도 하고 상담자의 자기개방 후 상담자가 원했던 내담자의 반응이 나타나지 않을 수도 있고 의도했던 효과를 볼 수 없을 수도 있다는 점을 항상 숙지해야 한다.

1) 내담자에게 부담을 주지 않는 자기개방

내담자가 내담자의 상황과 상담자 상황 사이의 유사성을 부정·부인하거나 내담자가 정보에 불편함을 느낀다면 자기개방의 사용을 삼가는 것이 좋다. 시기적으로 너무 이르거나 과도한 자기개방은 내담자에게 부담을 주어 상담진행에 난관이 될 수 있다.

● 예시 6-7 ●

내담자: 새 학년이 되는 것이 무서워요. 새로운 친구를 사귀는 것은 저에게 너무 어려운 일이에요. 새로운 친구를 사귀는 방법을 알면 도움이 될 것 같아요.

상담자: 내 경험으로는 앞으로 벌어질 일들을 미리 생각해 보고 정리하면 도움이 되었던 것 같아.

내담자: 미리 준비하는 것은 저한테는 도움이 되지 않았어요. 그건 실제가 아니잖아요.

상담자: 미리 준비하는 것이 도움이 되지 않았던 경험이 있었구나.

---

2) 내담자에게 도움이 되는 신중한 자기개방

자기개방은 내담자로 하여금 특정 문제에 분명하고 정확하게 초점을 맞추고, 문제를 풀 수 있도록 돕는 것이어야 한다. 자기개방 시 상담자는 충동적으로 해서는 안 되고 잘 고려해서 해야 한다. 상담자의 자기개방은 내담자에게 유익해야 하며 내담자의 문제, 맥락적 상황과 맞닿아 있어야 한다. 시기적절하고 초점을 잘 맞춘 자기개방을 통해 내담자는 혼란 없이 상담에 참여할 수 있다.

● 예시 6-8 ●

내담자: 지난 시간에는 우리 집안의 문제가 저의 대인관계에 영향을 미친다고 생각했어요. 그런데 지금은 그게 아니라는 생각이 들어요. 저는 내성적이고 사람들이 무섭고 두려운 것 같아요. 정확한 게 뭔지 모르겠어요.

상담자: 내 경험에 의하면 생각이 분명해질 때까지는 문제의 진정한 이유인 것처럼 보이는 것에 초점을 맞추는 경우가 많아. 그것이 무엇이든지 한 가지 문제를 명확히 하게 되면 핵심 문제를 다룰 수 있게 되거든.

● 연습 6-5 ●

내담자: 중 3이 되니까 진로에 대해 생각해야 한다고 하는데, 뭘 어떻게 해야 할지 모르겠어요.

상담자: _____

_____

---

3. 자기개방에 영향을 미치는 요소

Barnett(2011)은 상담자와 내담자 요인을 포함한 맥락적 요인들이 자기개방 사용 시 고려되어야 한다고 했다. 상담자 요인은 이론적 성향과 치료접근법, 개인사, 개인의 선호 등을 포함할 수 있다고 하였고, 내담자 요인들은 문화, 인종, 민족, 성별, 성 정체성 그리고 다른 다양성 요인들, 내담자의 치료욕구 그리고 내담자의 선호와 기대를 포함할 수 있다고 하였다.

상담자의 이론적 성향은 상담자의 자기개방에 영향을 미칠 수 있다. 정신분석 및 정신역동적 이론적 성향을 가지고 있는 상담자들은 자기개방의 범위나 한계에 더 주의를 기울이고 자기개방의 사용에 엄격한 것으로 알려져 있다. 하지만 Stricker(1990)에 의하면 정신역동적 상담자들의 자기개방의 치료적 역할에 대한 태도가 개방적으로 바뀌었다고 한다. 전통적 정신분석 및 정신역동적 상담자들과는 대조적으로 행동주의 및 인본주의적 상담자들은 자기개방을 상담 과정 및 관계의 중요한 측면으로 바라보는 것으로 알려져 있다(Williams, 2009).

1. 자기개방은 내담자에게 도움이 되는 차원에서 상담자의 개인정보를 의도적으로 내담자에게 공개하는 것이다.
2. 상담자의 자기개방 유형은 상담자 개인정보 개방, 감정개방, 통찰 및 효과적인 전략 개방 등이 있다.
3. 상담자의 자기개방은 내담자의 상황과 관련된 정보여야 한다.
4. 자기개방의 효과는 내담자에게 감정이나 통찰 인식을 자극하고 모델링이 될 수 있다는 것이다.
5. 상담자의 자기개방은 과도해서는 안 되고 내담자에게 도움이 되는 것이어야 한다.
6. 상담자의 자기개방 후 상담의 초점이 상담자에게 돌려지지 않고 내담자에게 유지되도록 해야 한다.

• 상담연습 [I] •

다음에 제시된 사례를 읽고 내담자의 이야기에 대한 상담자의 적절한 자기개방 반응을 써 보시오.

1. 진로상담 중인 중학교 내담자

> 내담자: 상담도 재미있을 것 같아요. 선생님은 어떻게 상담 선생님이 되셨어요?

상담자: _____

_____

2. 자녀문제로 내방한 학부모 상담

> 내담자: 선생님은 많은 학생들을 상담하셨을 거 아니에요. 문제 있는 애들 만나서 얘기 듣는 것 힘들지 않으세요?

상담자: _____

_____

3. 자존감 문제로 상담 중인 초등학교 5학년 여학생

> 내담자: 동생과 싸우면 엄마는 저를 더 많이 혼내요. 어제도 핸드폰 때문에 싸웠는데 엄마가 나한테만 뭐라고 했어요. "누나가 잘 하는 짓이다, 동생 앞에서 핸드폰이나 하려고 하고. 그러니 동생이 누나한테서 뭘 배우겠니?"라고 하면서…….

상담자: _____

_____

4. 평소 친구에 대한 섭섭한 감정을 참고 있다는 표현을 하고 난 후 상담 중인 중학교 3학년 여학생

> 내담자: 어제 수지랑 다투고 나서 계속 신경이 쓰였어요. 아마 수지랑 예전처럼 지내기는 어려울 것 같아요. 내가 좀 더 참을 걸 그랬나 하는 생각도 들고. 어제는 저답지 않았던 것 같아요.

상담자: _____

_____

5. 진로상담 중인 고등학교 3학년 남학생

> 내담자: 제가 뭘 좋아하는지 모르겠어요. 잘하는 것도 없고……. 자기 적성을 알려면 이것저것 해 봐야 한다고 하잖아요. 저는 그런 게 없었어요. 다시 돌아갈 수 있다면 과거로 돌아가고 싶어요. 시간이 더 있었으면 좋겠어요.

상담자: _____

_____

6. 외모 콤플렉스와 대인관계 어려움으로 상담 중인 중학교 1학년 여학생

> 내담자: 내가 못생겨서 애들이 좋아하지 않아요. 애들은 예쁜 애들 좋아하잖아요. 내가
> 특이하게 생겨서 애들이 나를 이상하게 보는 것 같아요.

상담자: _____

_____

7. 학업상담 중인 중학교 3학년 여학생

> 내담자: 핸드폰 중독인 것 같아요. 공부할 때도 핸드폰을 한번 시작하면 몇 시간이
> 후딱 지나가요. SNS 확인하고 단톡방에 메시지 뜨면 확인하고, 계속하게 돼요.
> 어떻게 조절해야 할지 모르겠어요.

상담자: _____

_____

8. 대인관계에서의 불편감으로 상담 중인 고등학교 1학년 여학생

> 내담자: 엄마, 아빠는 언니 얘기라면 무조건 믿어요. 제가 얘기하면 잘 듣지도 않다가
> 언니가 얘기하면 금방 수긍해요. 언니는 공부도 잘하고 예쁘니까…… 어렸을
> 때부터 그랬어요.

상담자: _____

_____

● **상담연습 [Ⅱ]** ●

다음은 중삼이와의 상담 축어록이다. 사례를 읽고, 밑줄이 쳐진 부분에 자기개방 위주로 적절한 반응을 적어 보자.

내담자 1: 우빈이랑 싸운 거 아빠가 알아서 분위기 엄청 안 좋았어요. 사고 치지 말라고 했는데 기어이 사고를 쳤냐고 뭐라고 했어요. 왜 그랬냐고 물어보길래 얘기를 했더니 제 얘기는 들어 보지도 않고 다 내가 잘못했다는 거예요. 잘한 거 하나도 없다고…… 그게 싸울 일이냐고……. 누나는 옆에서 깐죽거리는 거예요.

상담자 1: 가족들이 다 나를 이해하지 못했다는 말이구나.

내담자 2: 원래 그래요. 아빠가 그럴 거면 학교 그만두라고 막 뭐라고 하는 거예요. 그래서 그만둘 거라고 제가 그랬어요. 그랬더니 아빠가 더 화를 내고 저를 때리려고 했어요. 학교를 그만두라고 해서 그러겠다고 했을 뿐인데 더 화를 내는 거예요. 어쩌라고…….

상담자 2: _____

_____

내담자 3: 그러다가 엄마가 말리고 하면서 갑자기 엄마랑 아빠가 싸우는 거예요. 그러니까 누나가 너 때문에 도대체 이게 뭐냐고 또 막 뭐라고 하는 거예요. 모든 게 다 나 때문이라는 식이에요.

상담자 3: _____

내담자 4: (씩씩거림) 어이가 없었어요. 다 내가 문제라는 거잖아요. 잘 알지도 못하면서…….

● **상담연습 [Ⅲ]** ●

상담자, 내담자, 관찰자 역할을 정한 후 내담자는 '최근에 스트레스 받았던 사건이나 인상적인 경험'에 대해 이야기를 하고 상담자는 '자기개방' 반응에 신경을 쓰면서 상담한다. 관찰자는 상담자의 '자기개방' 반응에 집중하여 관찰한다. 연습의 효과를 위해 녹음이나 동영상 촬영을 하는 것이 좋다.

상담 후 '자기개방'에 대해 다음과 같은 내용을 포함하여 상담자의 반응을 함께 논의한다.

• 내담자의 상황과 관련된 내용이나 정보를 자기개방하였는가?
• 자기개방의 정도는 적절하였는가?
• 상담자의 자기개방은 내담자에게 도움이 되었는가?
• 상담자는 자기개방 후 내담자에게로 관심을 기울였는가?
• 상담자의 자기개방 중 효과적인 자기개방은 어떤 점에서 효과적이었는가?

필요시 내담자 역할은 다음과 같은 사례의 내담자로 연습한다.

사례 1

미술전공으로 예술고등학교 진학을 준비하고 있는 중학교 3학년 주현이는 최근 미술이 자신의 적성과 맞는 것인지 고민이 되어 상담 중이다. 미술이 좋아서 입시를 시작하기는 했지만 하루 종일 학원에서 그림만 그리는 것이 힘들고 더 이상 즐겁지가 않다. 어릴 때부터 미술을 하는 것이 꿈이었기 때문에 다른 분야를 생각해 본 적이 없고, 공부하는 것은 자신이 없다.

사례 2

과도한 핸드폰 사용에 대해 걱정하며 상담 중인 고등학교 1학년 슬기는 최근 성적 저하로 인해 고민이 많다.

● 연습문제의 답안 예시 ●

연습 6-1

내담자: 아무래도 결혼하신 분이 경험도 있으시니까 아이를 있는 그대로 이해하실 수 있을
것 같은데, 선생님은 결혼하셨나요?

상담자: <u>아니요. 미혼입니다.</u>

내담자: 선생님, 결혼도 안 하셨는데 아이들을 이해하실 수 있을지…….

상담자: <u>제가 결혼도 안 하고 아이가 없으니 자녀분을 이해할 수 있을지 걱정되시는군요. 저
는 심리를 전공했고 상담자로서 전문적 훈련을 받았기 때문에 오히려 아이를 있는
그대로 이해하고 도울 수 있습니다.</u>

연습 6-2

내가 그 상황이라면 소외감을 느꼈을 것 같아. 너는 어땠어?

연습 6-3

나도 비슷한 경험이 있는데, 솔직히 이야기해 봤자 일만 더 커지고 엄마나 나를 모범생으로
알고 있는 다른 사람들을 실망시킬 것이라는 생각들이 나를 우울하게 한다는 것을 깨달은
적이 있어. 너도 그런 것은 아닌지 싶은데 어때?

연습 6-4

나는 그런 상황에서 상대방 친구의 반응을 생각하지 않고 그냥 솔직히 내 이야기를 했더니
효과적이었던 경험이 있어. 어떻게 생각해?

연습 6-5

나도 그 시기에 비슷한 압박을 느낀 경험이 있어. 나는 가장 중요한 문제가 무엇인지부터
찾으려고 노력했었어. 한 번에 모든 것을 해결하는 것은 어려우니까.

● **상담연습의 답안 예시** ●

상담연습 [I]

1. 진로상담 중인 중학교 내담자

• 대학원에서 상담을 전공하고 전문적인 상담훈련을 받았지. 무엇보다 중요한 것은 사람에 대한 관심이 있어야 한다고 생각해.

• 대학 시절 상담을 받을 일이 있었는데 그때 상담을 하고 싶다는 생각을 했어.

2. 자녀문제로 내방한 학부모 상담

• 많은 청소년들을 만났죠. 학생들이 겪고 있는 어려움을 듣고 도움을 주기 위한 전문적인 훈련을 받아 왔습니다.

3. 자존감 문제로 상담 중인 초등학교 5학년 여학생

• 동생 앞에서 그런 얘기를 들으면 선생님은 엄청 자존심 상할 것 같아.

• 선생님도 맏이어서 동생 앞에서 혼나는 게 어떤 마음인지 짐작할 수 있어.

4. 평소 친구에 대한 섭섭한 감정을 참고 있다는 표현을 하고 난 후 상담 중인 중학교 3학년 여학생

• 나도 학창시절에 비슷한 경험을 한 적이 있는데, 그런 상황에서 굉장히 불편했던 적이 있었어. 하지만 솔직하게 말하고 나서 오히려 그 친구랑 잘 지냈던 경험이 생각난다.

• 나도 친구랑 싸우고 말하지 못한 적이 있었는데 솔직하게 이야기하고 더 친해진 경우가 있었어.

5. 진로상담 중인 고등학교 3학년 남학생

• 선생님도 그 당시엔 다시 과거로 돌아갔으면 하는 생각을 많이 했었지. 하지만 후회만 하는 것은 아무런 도움이 되지 않았던 것 같아.

• 나도 그런 생각을 했던 적이 있었어. 누군가를 원망하고 탓하고 싶은 마음이었다는 것을

곧 깨달았지. 너는 어때?

6. 외모 콤플렉스와 대인관계 어려움으로 상담 중인 중학교 1학년 여학생

• 선생님도 그 시절엔 외모에 무척 민감했었어. 못생긴 부분만 더 눈에 들어왔지.

• 나도 예전에 못생겼다고 생각한 적이 있어서 사람들과 마주치고 싶어 하지 않은 적이 있어.

7. 학업상담 중인 중학교 3학년 여학생

• 핸드폰을 하는 시간을 정해 놓고 그 시간에는 마음껏 했던 방법이 도움이 되었던 것 같아.

• 선생님도 그런 적이 있어. 나는 그럴 때 무음으로 하고 공부했었어. 너는 어떤 노력을 해 봤어?

8. 대인관계에서의 불편감으로 상담 중인 고등학교 1학년 여학생

• 선생님도 어렸을 때, 나보다 공부 잘하는 오빠만 신경 쓰는 부모님 때문에 힘들었을 때가 있었어. 많이 억울하고 오빠가 미웠었지. 너는 어때?

• 나도 오빠가 있는데 오빠 말만 믿는 부모님이 이해가 안 되고 화났었어. 너는 어떤 느낌을 받아?

상담연습 [Ⅱ]

내담자 1: 빈이랑 싸운 거 아빠가 알아서 분위기 엄청 안 좋았어요. 사고 치지 말라고 했는데 기어이 사고를 쳤냐고 뭐라고 했어요. 왜 그랬냐고 물어보길래 얘기를 했더니 제 얘기는 들어 보지도 않고 다 내가 잘못했다는 거예요. 잘한 거 하나도 없다고…… 그게 싸울 일이냐고……. 누나는 옆에서 깐죽거리는 거예요.

상담자 1: 가족들이 다 나를 이해하지 못했다는 말이구나.

내담자 2: 원래 그래요. 아빠가 그럴 거면 학교 그만두라고 막 뭐라고 하는 거예요. 그래서 그만 둘 거라고 제가 그랬어요. 그랬더니 아빠가 더 화를 내고 저를 때리려고 했어요. 학교를 그만두라고 해서 그러겠다고 했을 뿐인데 더 화를 내는 거예요. 어쩌라

고⋯⋯.

상담자 2: 나도 학교 다닐 때 부모님이 학교고 공부고 다 그만두라고 했을 때 욱하면서 화가 났던 기억이 난다.

내담자 3: 그러다가 엄마가 말리고 하면서 갑자기 엄마랑 아빠가 싸우는 거예요. 그러니까 누나가 너 때문에 도대체 이게 뭐냐고 또 막 뭐라고 하는 거예요. 모든 게 다 나 때문이라는 식이에요.

상담자 3: 내가 그 상황이었다면 답답하고 억울했을 것 같아. 맞아?

내담자 4: (씩씩거림) 어이가 없었어요. 다 내가 문제라는 거잖아요. 잘 알지도 못하면서⋯⋯.

7장
직면

　사전적인 의미로, 직면은 어떤 상황에 정면으로 맞닥뜨리는 것을 의미한다. 따라서 상담 장면에서 직면은 내담자가 자신의 모습을 스스로 바라보게 하는 것이 된다. 즉, 상담에서 직면은 내담자의 말과 행동, 태도 등에서 모순되거나 비논리적 또는 비일관적인 부분을 알려 주어 내담자가 자신의 모습을 다른 시각으로 볼 수 있도록 하는 기법이다.

　내담자는 상담 중에 무의식적 또는 의식적으로 자신을 방어하기 위해 모순된 모습을 보일 수 있고, 내담자 자신도 혼란스럽거나 불확실한 상태에서 모순된 모습을 보일 수 있다. 직면은 내담자 입장에서는 미처 깨닫지 못한 부분을 지적당하는 것이므로, 위협감을 느낄 수 있는 '도전' 기법으로 불리기도 한다.

1. 직면의 사용

1) 직면 방법

직면을 하기 위해 먼저 상담자는 주의집중과 경청을 해야 한다. 내담자의 모습을 면밀하게 관찰하면서 내담자의 언어적 반응이 관찰내용과 일치하는지를 검토하는 것이 필요하다. 또한 내담자의 말이 이전의 내담자의 경험이나 말과 일관되는지를 연결하여 분석해야 된다. 결국 직면은 상담자에게 상당한 집중력과 분석력을 요구하는 기술이라고 볼 수 있다. 직면은 상담자가 내담자의 모순점을 평가하려는 것이 아니라 내담자에게 미처 자각하지 못하는 측면을 볼 수 있도록 하는 것이기 때문에 사실을 근거로 하는 '기술적(descriptive)' 반영 형태로 하는 것이 좋다. 즉, 비판이나 평가적인 시각이 아닌 모순됨을 있는 그대로 진술하는 것으로 볼 수 있다.

직면은 '~한다고 하지만 ~하다.' '~라고 말하지만 실제로는 ~하다.'와 같은 진술문 형태가 좋다. 또한 추측, 평가나 판단, 해석, 문제해결 제시의 내용보다는 보이는 사실을 진술하되 직면 내용이 강조되도록 해야 한다. 직면은 단정적인 표현보다는 '~한 것 같다.'와 같은 임시적 표현을 사용하여 내담자가 직면을 덜 위협적으로 받아들일 수 있도록 하는 것도 필요하다. 경우에 따라서 직면은 '~(모순 내용)을 생각해 보면 어떨까?'와 같은 질문이나 제안 형태로 제공될 수도 있다.

때로 직면은 유머를 통해 이루어지기도 한다. 예를 들어, 다른 사람들의 성공을 과대평가하는 내담자에게 "남의 떡이 커 보인다."와 같은 속담을 언급할 수 있다. 그러나 유머를 통한 직면은 창피 주기, 비웃기, 비난과 같이 부적절하게 사용되지 않도록 유의한다(Hill, 2012).

2) 직면 내용

직면의 내용은 내담자에게서 보여지는 모순되거나 불일치한 것들이다. 상담자가 주로 직면하게 되는 내용은 다음과 같다. 비언어적 메시지와 관련된 직면을 하기 위해서는 상담자의 감수성이 요구되며, 상담자의 즉시성 반응이 직면이 될 수도 있다.

(1) 언어적 메시지와 비언어적 메시지의 불일치

언어적 메시지와 비언어적 메시지의 불일치는 내담자가 말하는 내용과 보여지는 얼굴 표정, 보디랭귀지, 말투 등이 다를 경우가 해당된다.

● 예시 7-1 ●

내담자: "저는 이제 괜찮아요.(언어적 메시지)"라고 말하면서, 눈물이 고이며 슬픈 표정으로 힘없이 말한다(비언어적 메시지).

상담자: 말로는 괜찮다고 하는데, 눈물이 나는구나.

---

(2) 언어적 내용과 행동의 불일치

언어적 내용(주장)과 행동의 불일치는 내담자가 말하는 내용이나 주장하는 바와 다른 행동 또는 선택을 하는 경우이다. 여기에는 내담자의 가치나 주장과 다른 행동(선택)을 하는 경우도 해당된다.

● 예시 7-2 ●

내담자: "이번 주 내로 독후감 숙제를 꼭 해 올게요."라고 여러 차례 말해 놓고, 숙제를 해 오지 않았다.

상담자: 숙제를 하겠다고 말해 놓고 지금까지 해 오지 않고 있네.

---

(3) 언어적 내용상의 불일치

언어적 내용상 불일치는 내담자의 말이 비논리적인 경우에 해당한다. 두 가지의 언어 메시지가 서로 모순될 때 상담자는 이를 직면한다.

● 예시 7-3 ●

내담자: "저는 현이를 정말 좋아해요. 가장 좋은 친구라고 생각하고 있어요(언어 메시지 1). 하지만 현이가 저를 제일 짜증 나게 해요(언어 메시지 2)."

상담자: 현이를 좋아하고 좋은 친구라고 생각할 때도 많지만, 현이가 짜증 나게 할 때도 많구나.

(4) 비언어적 내용상의 불일치

비언어적 내용상 불일치는 내담자의 행동이 모순된 경우를 말한다. 두 가지의 행동이 모순될 때 상담자는 이를 직면한다.

● 예시 7-4 ●

내담자: 웃고 있으면서(비언어 행동 1), 눈물을 흘린다(비언어 행동 2).

상담자: 지금 동시에 웃고 울고 있네.

(5) 맥락 또는 상황상의 불일치

맥락 또는 상황상의 불일치는 내담자가 처한 상황에서 불일치하거나 부적절한 말이나 행동을 하는 경우이다.

● 예시 7-5 ●

대학수학능력시험을 앞두고 긴장된다는 이야기를 했던 고등학교 3학년 내담자

내담자: 조만간 배낭여행을 가려고 이것저것 알아보고 있어요. 교통편이랑 경비랑 필요한 것들이 많더라고요.

상담자: 수능시험이 일주일 후에 있는데, 여행계획을 짜고 있네.

(6) 내담자의 자원과 능력

직면의 내용은 내담자의 모순, 불일치, 결함뿐만 아니라 내담자가 간과하고 있는 자신의 자원, 잠재능력, 성과 등을 논하는 것도 해당된다.

● 예시 7-6 ●

내담자: 제가 예전에 해 봐서, 하면 잘할 수 있다는 것을 알지만 이번엔 그냥 포기하려고요.

상담자: 잘할 수 있다는 것을 알면서도 포기하려는 거네.

(7) 상담에서의 반응

상담 장면에서 보이는 내담자의 침묵이나 태도, 반응을 내담자가 인지할 수 있도록 하는 것이다. 주로 내담자가 상담에서 보이는 방어적 태도에 대한 직면이 해당된다.

● 예시 7-7 ●

상담자: 지금 눈물이 나는데, 왜 눈물이 날까?

내담자: (멋쩍게 웃으면서, 상담자 손을 바라보며) 선생님 반지가 참 예뻐요.

상담자: 선생님 질문에 너는 다른 답을 하고 있구나.

3) 직면 시기

　직면은 내담자에게는 도전적인 기법이기 때문에 적절한 시기와 수준에서 사용해야 한다. 직면의 내용에는 부정적 측면이 포함될 수 있기 때문에 이를 내담자에게 전하기 위해서는 무엇보다도 내담자와 상담관계의 형성이 필요하다. 내담자와 신뢰관계가 형성되기 전에 직면을 사용하면, 내담자는 상담자의 직면을 공격이나 비판으로 받아들이기 쉽다. 상담관계가 충분히 형성되지 않은 상태에서의 직면은 오히려 상담관계가 깨지거나 내담자의 상담 동기를 약화시키는 역효과를 발생시킨다.

　상담관계가 형성되었더라도 내담자의 상태와 수준에 따라 직면의 사용은 고려되어야 한다. 내담자에게 직면이 필요한지나 내담자에게 직면의 효과가 나타날 수 있는지 등 내담자의 상황을 고려하여 직면을 해야 한다. 직면은 목적 없이 사용되어서는 안 되고 내담자에게 직면할 수 있는 수준인지에 대한 상담자의 판단이 필요하다. 상담자는 목적 없이 모든 것을 직면해서는 안 된다.

　직면은 내담자와 내담자의 문제에 대한 이해를 바탕으로 한다. 직면은 내담자의 문제에 대한 탐색작업과 이해가 충분히 이루어진 후에 제시되어야 효과적이다.

　직면의 사용에서 내담자뿐 아니라 상담자도 직면기술을 사용할 준비가 되어 있는지를 생각해 봐야 한다. 직면은 직면행위 그 자체가 중요한 것이 아니라 직면으로 인해 이루어지는 상담 작업이 더 중요하다. 따라서 상담자가 직면을 적절히 표현하거나 직면 후 내담자와 이를 다룰 준비가 되어 있지 않다면 직면의 사용은 삼가야 한다.

　직면은 직면할 사항이 상담과정에서 나타났을 때 바로 하는 것이 바람직하다. 또한 지금-여기에서 나타난 내용을 다루어야 직면을 통해 내담자와 이야기할 수 있고 그에 따른 효과가 나타날 수 있다. 상담 회기에서 직면은 직면의 내용이 발견되고 이에 대한 상담자의 판단이 내려진 적절한 시점에 제시된다. 그러나 상담 회기에서 직면이 너무 회기 초반에 제시되면 준비되지 않은 내담자는 당황할 수 있다. 또한 회기 후반에 제시되면 직면에 관한 상담 작업을 할 시간이 충분치 않다.

직면을 적절히 사용하면 효과적이나 내담자에게는 감정과 에너지가 많이 드는 작업이 될 수 있으므로 너무 빈번히 사용하는 것은 좋지 않다.

2. 직면의 효과

1) 자기인식

비록 자신의 모순된 모습일지라도 내담자는 직면을 통해 자신의 모습을 바라보게 된다. 상담자가 제시하는 직면을 통해 마치 '거울'처럼 내담자가 스스로를 보게 된다. 이렇게 내담자가 깨닫지 못하고 있던 부분이나 방어적인 태도를 취한 부분 등이 드러남으로써 내담자는 자신의 모습에 대한 자각이 가능해진다.

내담자에게 직면은 대부분 자신은 깨닫지 못한 자신의 부분을 보는 것이기 때문에 새롭게 느껴질 수도 있다. 또한 내담자는 당황하거나 의아하게 생각할 수도 있다. 따라서 상담자는 직면 후의 내담자의 반응에 대해서도 주의 깊게 살필 필요가 있다.

자기인식은 비언어적 측면을 직면할 때 더 분명하게 나타날 수 있다. 다음 예시 7-8은 내담자가 직면을 통해 자기인식을 하는 사례이다. 연습 7-1에서는 가능한 상담자의 직면 반응을 적어 보자.

● 예시 7-8 ●

내담자 이제는 괜찮아졌어요. 상황이 끝났으니까요. (떨리는 목소리로 말한다.)
상담자 괜찮다고 하는데, 목소리가 떨리고 있네.

```
● 연습 7-1 ●

내담자: 그래도 제가 원하던 동아리에 들어가게 되었어요. (힘없이 말하면서
        깊은 한숨을 쉰다.)

상담자: _____
```

2) 통찰

직면에서 가장 중요한 성과는 바로 통찰이다. 직면을 통해 내담자는 상담자와 모순과 불일치 등 직면의 내용에 대해 이야기를 하고, 이를 통해 새로운 이해를 도모하게 된다. 내담자는 자신의 생각, 감정, 태도에 대해 다시 살펴보며 그동안 생각하지 못했던 점을 알게 된다. 따라서 직면은 내담자에게 통찰을 유도하는 것을 목적으로 한다고 해도 과언이 아닐 것이다.

직면은 주로 내담자의 문제해결을 지체되게 하는 방어나 저항, 고정된 사고나 행동패턴 등을 내용으로 하기 때문에 이러한 부분에 대한 통찰은 내담자의 문제를 새로운 시각에서 살피고 문제해결의 전략을 상담자와 도모할 수 있게 한다. 직면에 의한 통찰은 결국 내담자의 변화와 성장을 촉진시키는 것이어야 한다. 직면을 통한 통찰 결과, 내담자는 자신의 문제에 대해 새로운 측면을 발견하기도 하고 이로 인해 문제를 해결하는 실마리를 찾게 되기도 한다.

또한 이러한 직면에 의한 통찰 경험은 내담자에게 학습 경험이 되어, 이후 상담에서도 자신의 모순이나 불일치 등을 찾고 이를 통해 상담 문제에 대한 이해와 해결책을 찾는 데 도움이 될 수도 있다.

다음의 예시 7-9는 내담자가 직면을 통해 통찰을 유도하는 사례이다. 연습 7-2에서는 가능한 상담자의 직면반응을 적어 보자.

● 예시 7-9 ●

여러 차례 담배를 끊겠다는 말을 해 온 내담자

내담자: 담배만큼 스트레스 받을 때 필요한 게 없어요. 담배는 나쁜 점보다는 좋은 점이 더 많다고 생각해요.

상담자: 그동안 담배를 끊겠다고 말은 했지만 사실 끊고자 하는 마음이 크게 없었던 거였네.

● 연습 7-2 ●

이전에 약속을 지키지 못해 친구와 헤어졌던 경험이 여러 차례 있었다는 얘기를 했던 내담자

내담자: 약속을 한 번쯤 못 지킬 수도 있는 거 아니에요? 그런 것 때문에 화를 내는 것은 정말 이해가 안 돼요.

상담자: _____

3) 상담의 환기

직면은 상담과정에서 특정 부분에 초점을 맞춤으로써 상담진행에서 분위기의 전환이 되는 경우가 많다. 직면의 내용은 대부분 내담자가 미처 자각하고 있지 못한 부분이기 때문에 특정 부분에 관심이 모아지고 상담자와 함께 상담의 이슈로 떠오르게 된다. 따라서 상담과정에서는 환기의 시점으로 활용될 수 있다.

직면을 통해 경우에 따라 다룰 필요가 있는 핵심적인 내용을 바로 다룰 수 있게 된다. 즉, 내담자의 관심사를 즉각적으로 직면의 내용에 가도록 하는 효과가 있다.

4) 정서 표출

내담자는 직면으로 인해 놀람, 당황함, 절망 등의 감정적 동요가 나타날 수 있고, 이러한 감정이 표출됨에 따라 숨겨졌던 감정이 나타나고 정화될 수도 있다. 만일 내담자가 직면에 의해 나타내는 감정이 강렬하여 다룰 필요가 있는 경우, 내담자가 자신의 감정을 수용하고 느낄 수 있는 시간을 갖는 것이 좋다.

직면은 일시적으로 내담자에게 긴장과 불안을 야기할 수 있지만 적절히 해소되면 변화의 동기가 강화될 수 있다. 또한 직면에 의해서 내담자가 감정적 반응을 보일 수 있기 때문에 상담자는 이에 대한 대처가 필요하다.

3. 직면의 효과적인 사용

1) 직면 사용 전 상담 작업

직면에 대해 내담자가 수용하고 좀 더 탐색을 하고자 할 수도 있지만 직면의 내용에 대해 부정하는 것과 같이 거부적인 태도를 취할 수도 있다. 내담자가 직면을 잘 받아들이고 그로 인한 성과를 얻으려면 직면이 내담자와 내담자의 문제에 대한 이해를 바탕으로 한 것이어야 한다.

직면은 내담자의 문제에 대한 탐색작업과 이해가 충분히 이루어진 후에 제시되어야 효과적이다. 특히 내담자가 상담과정에서 방어인 태도나 저항이 나타나고 있는 상황이라면 직면의 사용을 신중하게 결정하고 직면에 대한 준비를 좀더 충분히 하는 것이 필요하다. 만일 직면이 이전 상담과정의 내용과 연결된 내용이거나 상황상 불일치, 자원과 한계 등일 때, 상담자는 내담자에게 그 전의 상담내용을 정리하여 요약해 준 후 직면을 제시하여 직면에 대한 내담자의 이해를 도모할 수도 있다. 예를 들어, '그동안 여러 차례 ~에 대해 이야기를 했었어.' '지금까지 ~에 대해 이야기 된 것을 보면 ~하다.'와 같이 직면과 연관된 내용을 요약하여 제시할 수 있다.

2) 직면 사용 후 상담 작업

상담자가 내담자를 직면시킨 후 내담자의 반응을 살피는 것은 중요하다. 직면은 지적으로 끝나는 것이 아니라 내담자가 직면의 내용을 인식하고 이에 대해 상담 작업을 할 수 있어야 효과를 볼 수 있다.

먼저 직면 제시 후 내담자가 직면에 대한 반응을 할 수 있도록 시간을 준다. 이는 내담자가 직면의 내용을 확인하고 생각해 볼 기회가 제공되어야 하기 때문이다. 이때 상담자는 내담자의 반응을 면밀히 관찰하며 내담자가 이를 어떻게 받아들이는지를 살펴야 한다.

'~한 점에 대해 어때?'와 같은 질문을 직면과 함께 제시하여 직면에 대해 이야기를 시작할 수 있다. 직면 직후에 내담자가 자연스럽게 직면에 대해 언급하지 않은 경우 '선생님(상담자)의 말에 대해 어떻게 생각하지?'와 같은 질문으로 직면의 내용을 논의한다. 경우에 따라 직면의 내용을 다시 반복하여 제시할 수도 있다. 직면 후에서는 상담자가 직면의 내용에 대해 좀 더 탐색하는 질문이나 직면의 내용을 설명하는 해석이 뒤따르게 된다. 직면을 한 후 이를 다루지 않으면 내담자 입장에서 지적만 당하는 셈이기 때문에 상담관계에 치명적으로 부정적인 영향을 끼치어 내담자는 더욱 방어적인 태도를 보이거나 상담에 비협조적이 될 수 있다. 직면 제시 후 이에 대해 상담자가 질문을 한 사례인 예시 7-10을 살펴보고, 연습 7-3에는 가능한 직면과 직면에 대한 추가반응을 적어 보자.

● 예시 7-10 ●

내담자: 엄마 아빠가 우리를 낳아 키우셨으니 말을 잘 들어야죠. 동생이 그러는
        것은 나빠요. 왜 말을 안 듣는지 모르겠어요. 엄마는 동생한테 소리
        지르지 말라고 하시는데, 개는 혼나 봐야 해요.

상담자: 동생도 잘못을 했지만 너도 엄마 말씀대로 하지는 않는구나. (직면)

내담자: ……

상담자: 선생님 얘기에 대해 어떻게 생각해? (추가반응)

● 연습 7-3 ●

내담자: 아이에게 스트레스를 받지 않게 하려고 노력해요. 애 아빠하고도 우리
        애가 하고 싶은 대로 하게 하자 그렇게 이야기하고요. 그래서 학원도
        꼭 가야 되는 곳만 보내려고 해요. 아이가 학원은 가기 싫어하지만요.

상담자: _____ (직면)

내담자: 그렇기는 한데…….

상담자: _____ (추가반응)

3) 내담자가 직면에 대해 부정적인 태도를 보이는 경우

상담자의 직면 내용에 대해 내담자가 부정하거나 공격적인 반응을 보일 수
있다. 특히 직면이 내담자에게 감정적 동요를 일으키고 수용하기 어려운 경우,
내담자는 자동적으로 방어적인 태도를 취할 수 있다. 기본적으로 내담자가 부
정적인 태도를 보일 때, 상담자는 당황하지 말고 차분하게 내담자를 대해야 한
다. 상담자는 다시 직면을 반복하거나 '그래?' '정말?'과 같은 간단한 표현으로 내
담자가 직면을 다시 생각해 볼 기회를 줄 수도 있다.

또한 직면의 근거에 대해 좀 더 부연하여 이야기할 수 있다. 경우에 따라 내담자에게 자신의 입장에서 직면에 대해 부인하는 이유를 설명하도록 요청할 수도 있다. 내담자의 부정적인 태도에 대해 필요하다면 '아마도 이 얘기에 당황한 것 같네.'와 같은 공감이나 감정반영을 할 수도 있다.

다음 예시 7-11에서 상담자의 직면 반응을 받아들이지 못하는 내담자의 사례를 살펴보고, 연습 7-4에서는 그런 유형의 내담자에게 직면을 포함한 가능한 반응을 몇 가지 적어 보자.

● 예시 7-11 ●

내담자: 이제는 괜찮아졌어요. (매우 어두운 표정으로 힘없이 말하고 있다.)

상담자: 말은 괜찮다고 하는데, 표정은 전혀 그렇게 보이지가 않네.

내담자: 아니에요. 괜찮아요.

상담자: ✓ 정말?

　　　 ✓ 말과 다르게 표정이 좋아 보이지 않아.

　　　 ✓ 괜찮다면 표정도 그럴 텐데, 표정이 어두워 보이거든.

　　　 ✓ 그럼, 괜찮지만 표정이 어두운 이유가 있니?

● 연습 7-4 ●

내담자: 애가 처음으로 학교에서 상을 받아 왔어요. 교장선생님께 받은 상이래요. 집에 와서 바쁜 아빠한테 전화를 해서 상 받았다고 하면서 귀찮게 하더라고요. 애가 왜 그러는지 이해가 안 돼요.

상담자: 아이가 처음으로 상을 받았지만 만족스럽지 않으신가 봐요.

내담자: 그런 건 아니에요.

상담자: ✓ _____

　　　 ✓ _____

　　　 ✓ _____

요약

1. 직면은 내담자의 말과 행동, 태도 등에서 모순되거나 비논리적 또는 비일관적인 부분을 알려 주어 내담자가 자신의 모습을 다른 시각으로 볼 수 있도록 하는 기법이다.

2. 직면을 하기 위해 먼저 상담자는 주의집중과 경청을 해야 한다.

3. 추측, 평가나 판단, 해석, 문제해결 제시의 내용보다는 모순됨을 있는 그대로 진술하는 것이 좋다.

4. 직면의 내용은 언어적 메시지와 비언어적 메시지의 불일치, 언어적 내용(주장)과 행동의 불일치, 언어적 내용상의 불일치, 비언어적 내용상의 불일치, 맥락 또는 상황상의 불일치, 내담자의 자원과 능력, 상담에서의 반응 등이 될 수 있다.

5. 직면은 내담자에게는 도전적인 기법이기 때문에 적절한 시기와 수준에서 사용해야 한다.

6. 직면을 적절히 사용하면 효과적이나 내담자에게는 감정과 에너지가 많이 드는 작업이 될 수 있으므로 너무 빈번히 사용하는 것은 좋지 않다.

7. 직면을 통해 자신이 깨닫지 못하고 있던 부분이나 방어적인 태도를 취한 부분 등이 드러남으로써 내담자는 자신의 모습에 대한 자각이 가능해진다.

8. 직면을 통해 내담자는 상담자와 모순과 불일치 등 직면의 내용에 대해 이야기를 하고 이를 통해 새로운 이해를 도모하여 통찰에 이르게 된다.

9. 직면으로 상담과정에서 특정 부분에 초점을 맞춤으로써 상담진행에서 분위기의 전환이 되기도 한다.

10. 직면은 내담자의 문제에 대한 탐색작업과 이해가 충분히 이루어진 후에 제시되어야 효과적이다.

11. 상담자가 내담자를 직면시킨 후 내담자의 반응을 살피는 것은 중요하다.

12. 내담자가 직면에 대한 부정적인 태도를 보이는 경우, 부정적 태도에 대해 다룬다.

● 상담연습 [I] ●

다음에 제시된 사례를 읽고 내담자의 이야기에 대한 상담자의 적절한 직면 반응을 써 보시오.

1. 평소 친구관계가 원만하지 않고 친구들에 대한 불만을 표현하는 경우가 많은 학생

> 내담자: 애들은 맨날 나한테만 뭐라고 해요. 왜 나한테 화를 내는지 모르겠어요.

상담자: _____

_____

2. 중간고사를 치른 중학생

> 내담자: 그동안 공부를 정말 열심히 했어요. 가끔 TV도 많이 보고, 게으름도 많이
> 피웠지만요.

상담자: _____

_____

3. 친구와의 갈등을 경험한 여학생

> 내담자: 현빈이가 저한테 와서 미안하다고 얘기했으니까 이제 고민이 다 해결된 거죠.
> 이제 괜찮아요. (힘없는 목소리로 시선을 회피한 채 남의 이야기하는 것처럼
> 건성으로 말한다.)

상담자: _____

_____

4. 진로선택 문제로 고민하는 학생

> 내담자: 어떤 학과에 가야 할지 걱정되고 불안해요. 대학에 어떤 학과가 있는지 알아봐야
> 겠어요. 시간이 별로 없으니까 다음 주까지 무조건 인터넷에 들어가서 찾아볼
> 거예요. (내담자는 일주일 후에 아무것도 하지 않은 채로 다시 상담실에 왔다.)

상담자: _____

_____

5. 친구문제로 고민 중인 초등학교 여학생

> 내담자: 서현이가 저하고만 친하게 지냈으면 좋겠는데, 우리 사이에 태연이가 끼어들려고
> 해서 얄미워요. 태연이는 자기만 서현이랑 놀려고 해요. 왜 그러는지 모르겠어요.

상담자: _____

_____

6. 성적 때문에 오랫동안 희망하던 학교(A)로의 진학이 어려워진 고등학생

> 내담자: A학교가 여러모로 좋아요. 근데 사실 교복은 B학교가 더 예뻐요. 예쁜 교복을 입게 되니까 좋죠.

상담자: _____

_____

7. 새 학기를 맞이하는 초등학생

> 내담자: 누구든 한 명이라도 아는 친구가 같은 반이 되면 좋겠어요. 아무래도 아는 애가 있으면 좋을 것 같아요. 그런데 같은 반이 된 현정이랑 선우는 싫어요.

상담자: _____

_____

8. 학교폭력 가해학생

> 내담자: 제가 잘못한 것은 맞아요. 그런데 재명이도 같이 한 일인데 걔는 그냥 넘어가잖아요. 똑같이 벌을 받아야 된다고 생각해요.
> 상담자: 재명이를 보면서 학교의 처벌에 좀 억울한 것 같구나.
> 내담자: 그건 아니에요.

상담자: _____

_____

9. 부모의 별거로 불안해하는 고등학교 여학생

> 내담자: 아빠가 이제 따로 살 거라고 얘기했어요. 저는 그런가 보다 생각하고 있어요.
> (입술을 깨물며 어두운 표정으로 말한다.)

상담자: _____

_____

10. 학급 임원으로 여러 차례 선출되어 온 중학생

> 내담자: 친구 사귀기가 어려워요. 애들이 저를 별로 좋아하는 것 같지도 않아요. 제가
> 친구로서 별로인 거겠죠?

상담자: _____

_____

● 상담연습 [Ⅱ] ●

다음은 중삼이와의 상담 축어록이다. 중삼이는 우빈이와 화해를 하고 다시 친하게 지내고 있다는 이야기를 하고 있다. 사례를 읽고, 밑줄이 쳐진 부분에 직면 위주로 적절한 반응을 적어 보자.

상담자 1: 요즘 친구들하고는 어때?

내담자 1: 똑같아요. 친구들이랑 별일 없어요. 우빈이도 같이 놀기고 해요.

상담자 2: 우빈이랑 화해한 후 함께 놀기도 한다는 거네. 우빈이와는 어때?

내담자 2: 싸우기 전하고 똑같아요. 예전으로 돌아간 것 같아요. 주말에 다 같이 농구하기로
했어요. 학기 초에는 농구를 자주 했는데, 서로 편먹고 엄청 열심히 했어요.

상담자 3: 친구들하고도 재미있게 지내는 것 같아 좋다.

내담자 3: 그런데 농구를 어디서 몇 시에 모여서 할지 연락을 해야 하는데, 우빈이한테 직접
얘기하질 못하겠어요. 다른 애한테 전하라고 하려고요.

상담자 4: _____

_____

내담자 4: 그런 면이 있을 것 같아요. 예전하고 똑같을 수는 없으니까요.

상담자 5: 우빈이와는 어떻게 지내고 싶은 거지?

내담자 5: 다른 애들이랑 똑같이요.

상담자 6: 다른 애들이랑 똑같이 지낸다는 것은 구체적으로 어떤 것을 말하는 거야?

내담자 6: 그냥 같이 할 거는 하는데, 따로 연락하거나 그런 거는 없는 거요. 친한 친구들한
테는 아무 때나 연락하고 그러잖아요. 농구하는 애들은 다 친한 애들이에요.

상담자 7: _____

_____

내담자 7: 우빈이랑 노는 거는 제가 원하는 것은 아니에요.

상담자 8: 그건 무슨 뜻이지?

내담자 8: 사실 선생님도 그렇고 엄마 아빠도 애들이랑 싸우지 말고 지내라고 자꾸 말하세요. 친하게 지낸다고 하는데도 자꾸 물어봐요. 저는 별로 내키지 않지만 우빈이랑도 놀고 있는데도요.

상담자 9: 그 얘기는 선생님이나 부모님 때문에 우빈이랑 논다는 것처럼 들린다.

내담자 9: 아니, 그런 건 아닌데요.

상담자 10: _____

_____

내담자 10: 솔직히 우빈이랑 놀고 싶지는 않아요. 그래도 우빈이랑 잘 지낼 거예요. (짜증 난 표정과 흥분한 목소리로 이야기한다.)

상담자 11: _____

_____

내담자 11: 우빈이랑 싸운 것 때문에 제가 싸움꾼처럼 보이는 것은 싫어요. 제가 맨날 싸운 것도 아니잖아요.

상담자 12: 그래, 주변 사람들이 싸움꾼으로 취급하는 것으로 생각되면 속상하지.

내담자 12: 예, 이제는 다 잊고 싶어요.

상담자 13: 선생님은 네가 더 이상 생각하고 싶어 하지 않는 것처럼 느껴지는구나.

내담자 13: 다 끝난 일이잖아요. 얼른 중학교도 졸업하고 싶어요.

상담자 14: _____

_____

● **상담연습 [Ⅲ]** ●

상담자, 내담자, 관찰자 역할을 정한 후, 내담자는 '최근에 있었던 스트레스 사건이나 인상적인 경험'에 대해 이야기를 하고 상담자는 '직면' 반응에 신경을 쓰면서 상담한다. 관찰자는 상담자의 '직면' 반응에 집중하여 관찰한다. 연습의 효과를 위해 녹음이나 동영상 촬영을 하는 것이 좋다.

상담 후 '직면'에 대해 다음과 같은 내용을 포함하여 상담자의 반응을 함께 논의한다.

• 상담자는 직면 반응을 사용하기 전에 상담과정은 어떠하였는가?
• 상담자는 적절한 시점에서 직면 반응을 사용하였는가?
• 상담자의 직면 반응은 적절한 내용으로 제시되었는가?
• 내담자는 상담자의 직면 반응을 어떻게 받아들였는가?
• 상담자가 직면 반응을 사용한 후 상담과정은 어떠하였는가?
• 가장 효과적인 직면 반응은 무엇이고 어떤 점에서 효과적인가?
• 가장 비효과적인 직면 반응은 무엇이고 어떤 점에서 비효과적인가?

필요시 내담자 역할은 다음과 같은 사례의 내담자로 연습한다.

사례 1

원하는 학교로 진학을 하지 못한 중학교 3학년인 수지는 실망감과 좌절감을 느끼며 앞으로의 고등학교 생활에 대해 불안감을 가지면서도 진학하게 된 고등학교가 마음에 든다고 이야기를 한다.

사례 2

학교폭력 피해자인 초등학생 찬열이는 가해학생의 사과를 받았음에도 불구하고 학교를 가지 않으려고 한다. 가해학생뿐 아니라 같이 있었던 목격자인 친구들에 대해서 화가 난다고 이야기를 한다.

┌─────────────────────────────────────┐

∙ 연습문제의 답안 예시 ∙

연습 7-1

원하던 동아리에 들어갔는데도 기분이 좋지 않아 보인다.

연습 7-2

그런데 예전 친구들과도 약속을 안 지키는 것 때문에 싸웠다고 했었지.

연습 7-3

아이가 스트레스 받지 않게 하려고 노력하시면서도 학원은 꼭 보내시고 있네요. (직면)

그런 점에 대해 어떻게 생각하시나요? (추가반응)

연습 7-4

✓ 아, 그러신가요?

✓ 아이가 상을 받았지만 기쁜 표정이 아니세요.

✓ 아이가 상을 받아 왔지만 그걸로 아빠를 귀찮게 한 것이 마음에 안 드셨나 봐요.

✓ 아이의 어떤 면이 이해가 안 되셨나요?

● 상담연습의 답안 예시 ●

상담연습 [I]

1. 평소 친구관계가 원만하지 않고 친구들에 대한 불만을 표현하는 경우가 많은 학생

- 애들이 화를 잘 내는 것이 아니라, 네가 친구들에게 화가 나 있는 것은 아닌지 생각해 보면 어떨까?
- 너도 친구들에게 불만이 많지만 친구들도 너에게 불만이 많구나.

2. 중간고사를 치른 중학생

- 공부도 했지만 TV도 많이 봤다는 거네.
- 공부를 열심히 하면서 게으름도 피웠다는 거니?

3. 친구와의 갈등을 경험한 여학생

- 고민이 해결되었다고 하지만 네 모습은 그렇지가 않구나.
- 네 얘기를 남의 이야기처럼 하고 있네.

4. 진로선택 문제로 고민하는 학생

- 지난주에 학과 정보를 찾겠다고 했지만 하지 못했구나.
- 너는 불안하다고 하지만, 그 불안을 해결하려는 노력은 하지 않는 것 같구나.

5. 친구문제로 고민 중인 초등학교 여학생

- 너와 서현이 사이에 태연이가 끼어들면 얄밉다고 하면서 너도 서현이가 너하고만 놀기를 바라는구나.
- 누구와도 친하게 지낸다면 태연이랑도 친하게 지내야 되는 거지.

6. 성적 때문에 희망하던 학교(A)로의 진학이 어려워진 고등학생

- 결국 성적 때문에 B학교를 가게 되는 거네.
- B학교가 교복은 예쁘지만 원하던 학교는 아니었지.

7. 새 학기를 맞이하는 초등학생

- 현정이랑 선우도 아는 친구가 아닌가?
- 아는 친구 모두가 같은 반이 되는 게 좋은 것은 아니네.

8. 학교폭력 가해학생

- 정말 그런가?
- 재명이가 너와 같은 벌을 받지 않아 화가 난 것 같아.

9. 부모의 별거로 불안해하는 고등학교 여학생

- 네 표정은 불안한 것처럼 보인다.
- 부모님이 따로 지내게 되면 너도 마음이 안 편하지.

10. 학급 임원으로 여러 차례 선출되어 온 중학생

- 친구들이 여러 번 임원으로 뽑아 줬는데도 친구들이 너를 좋아하지 않는다고 생각하네.
- 친구들이 좋아하지 않은 너를 임원으로 뽑았을까?

상담연습 [Ⅱ]

상담자 1: 요즘 친구들하고는 어때?

내담자 1: 똑같아요. 친구들이랑 별일 없어요. 우빈이도 같이 놀기고 해요.

상담자 2: 우빈이랑 화해한 후 함께 놀기도 한다는 거네. 우빈이와는 어때?

내담자 2: 싸우기 전하고 똑같아요. 예전으로 돌아간 것 같아요. 주말에 다 같이 농구하기로
했어요. 학기 초에는 농구를 자주 했는데, 서로 편먹고 엄청 열심히 했어요.

상담자 3: 친구들하고도 재미있게 지내는 것 같아 좋다.

내담자 3: 그런데 농구를 어디서 몇 시에 모여서 할지 연락을 해야 하는데, 우빈이한테 직접 얘기하질 못하겠어요. 다른 애한테 전하라고 하려고요.

상담자 4: 우빈이와 예전처럼 지낸다고 했는데, 직접 연락하기는 싫구나.

내담자 4: 그런 면이 있을 것 같아요. 예전하고 똑같을 수는 없으니까요.

상담자 5: 우빈이와는 어떻게 지내고 싶은 거지?

내담자 5: 다른 애들이랑 똑같이요.

상담자 6: 다른 애들이랑 똑같이 지낸다는 것은 구체적으로 어떤 것을 말하는 거야?

내담자 6: 그냥 같이 할 거는 하는데, 따로 연락하거나 그런 거는 없는 거요. 친한 친구들한테는 아무 때나 연락하고 그러잖아요. 농구하는 애들은 다 친한 애들이에요.

상담자 7: 연락하는 친한 친구랑 농구를 하는데, 우빈이만 아니라는 거네.

내담자 7: 우빈이랑 노는 거는 제가 원하는 것은 아니에요.

상담자 8: 그건 무슨 뜻이지?

내담자 8: 사실 선생님도 그렇고 엄마 아빠도 애들이랑 싸우지 말고 지내라고 자꾸 말하세요. 친하게 지낸다고 하는데도 자꾸 물어봐요. 저는 별로 내키지 않지만 우빈이랑도 놀고 있는데도요.

상담자 9: 그 얘기는 선생님이나 부모님 때문에 우빈이랑 논다는 것처럼 들린다.

내담자 9: 아니, 그런 건 아닌데요.

상담자 10: 그런 거는 아니야?

내담자 10: 솔직히 우빈이랑 놀고 싶지는 않아요. 그래도 우빈이랑 잘 지낼 거예요. (짜증 난 표정과 흥분한 목소리로 이야기한다.)

상담자 11: 말로는 우빈이랑 잘 지낼 거라고 하지만 네 마음은 그런 것이 아니네.

내담자 11: 우빈이랑 싸운 것 때문에 제가 싸움꾼처럼 보이는 것은 싫어요. 제가 맨날 싸운 것도 아니잖아요.

상담자 12: 그래, 주변 사람들이 싸움꾼으로 취급하는 것으로 생각되면 속상하지.

내담자 12: 예, 이제는 다 잊고 싶어요.

상담자 13: 선생님은 네가 더 이상 생각하고 싶어 하지 않는 것처럼 느껴지는구나.

내담자 13: 다 끝난 일이잖아요. 얼른 중학교도 졸업하고 싶어요.

상담자 14: <u>너는 신경 쓰고 싶지 않다지만 졸업하기 전까지는 같은 반으로 지내야 되는</u>
<u>거지.</u>

8장
해석

　해석은 내담자의 말과 행동, 태도 등에 대해 의미를 설명하는 기법이다. 단순히 내담자의 이야기를 정리하는 반영이나 요약과 달리, 해석은 내담자가 미처 이해하고 있지 못한 의미를 파악하도록 돕는 것이다. 여러 가지 상담기법 중 상담자의 전문성이 드러날 수 있는 대표적인 기법에 해당한다.

　내담자는 상담에서 많은 이야기를 하면서 오히려 자신의 문제를 조망하거나 파악하기가 어려울 수가 있다. 특히 만성적인 문제인 경우, 문제와 얽혀 있는 다양한 사안으로 인해 자신의 문제가 더 복잡하고 불변할 것처럼 느껴질 수 있다. 내담자가 가지고 있는 문제의 해결은 문제의 파악에서 시작되는 만큼, 해석을 통한 내담자의 상담문제에 대한 이해는 통찰을 얻고 문제해결책을 찾는 시작점이 된다.

　해석은 상담과정에서 내담자가 이야기하는 내용이 내담자의 경험과 상담문제와 어떻게 연결이 되고 어떤 의미를 가지고 영향을 미치고 있는지에 대해, 상담자의 의견을 제시하고 이를 내담자와 논의하는 것이라고 볼 수 있다. 내담자는 해석을 통해 그동안 이해하지 못한 부분을 깨닫게 되고 기존의 시각과 다른 시각이 있음을 지각하기 때문에 직면과 함께 도전적 기법에 해당한다. 그러나 행동이나 감정에 대한 새로운 의미나 이유를 제시하는 것이지 모순이나 불합리한 측면을 지적하지 않는다는 점에서 '직면'과는 다르다(김영혜, 2001).

1. 해석의 사용

1) 해석 방법

해석은 내담자가 보이는 핵심적인 사안에 대한 상담자의 일종의 설명이다. 따라서 무엇보다 상담자의 내담자 문제에 대한 이해를 기본으로 한다. 상담과정에서 내담자가 이야기한 내용에 대한 분석과 평가, 진단이 필요하다. 상담자는 내담자가 이야기한 사건과 경험, 태도, 사고, 감정, 행동 등에 대해 이해해야 하며 연관성을 종합적으로 분석해야 해석을 할 수 있게 된다.

해석은 상담자에게는 이론적 지식과 문제분석력을 요구한다. 그러나 해석을 할 때, 상담자가 선입견을 가지거나 고정된 이론적 틀로 보는 것이 아닌 내담자가 상담과정에서 드러낸 자료를 분석함에 있어서 이론적 지식을 적용하여 해석을 하는 것이 효과적이다. 결국 가장 중요한 해석의 자료는 내담자가 보여 주는 내용이고 이를 처리하는 과정과 방식에서는 내담자의 전문성이 요구된다고 볼 수 있다.

직면과 마찬가지로 해석도 내담자에게 자신의 문제에 대한 새로운 시각을 제공하는 도전적 기법이다. 따라서 해석을 하기 전에 상담자와 내담자의 상담관계 형성이 중요하다. 상담자가 해석을 하더라도 내담자가 이를 받아들이지 못한다면 효과를 보기가 어렵다. 즉, 상담자와 내담자의 상담관계가 잘 형성되지 않은 상태에서 해석은 내담자에게 자칫 비판적으로 전달될 가능성이 있다.

또한 해석은 내담자에게 자신의 상담문제에 대한 전반적 이해와 수용, 새로운 시각을 가지도록 요구하기 때문에 적절한 해석의 시기와 수준에서 사용되어야 한다. 해석은 상담자가 하지만 결국 내담자의 몫이라고 할 수 있다. 따라서 설명은 듣는 이의 이해 수준에 맞춰 제시되어야 한다. 해석은 해석의 근거에 초점을 두고, 내담자의 이해수준이나 준비도를 고려하여 이에 대한 상담자의 분석과 평가 결과를 제시하는 것이 좋다. 해석에 대한 내담자의 이해와 수용을 돕기 위해 해석을 하기 전에 그동안 상담에서 다루었던 내용에 대한 간략한 요약을 하거나 핵심적인 내용에 대해 다시 언급하는 것도 도움이 될 수 있다. 다음 예시 8-1은 해석을 위해 상담에서 다루었던 내용을 요약해 주는 사례이다. 연습 8-1에는 이러한 내용 요약과 함께 해석을 제공하는 상담자의 반응을 적어 보자.

◉ 예시 8-1 ◉

상담자는 내담자가 학생회장 선거에서 당선이 되었지만 친한 친구인 동욱이가 적극적으로 도와주지 않은 것에 실망하고 속상한 상태라고 본다.

내담자: 회장이 되기는 했는데, 어떻게 애들하고 지내야 될지 걱정이 많이 돼요. 괜히 회장이 된 것 같기도 하고 불안해요. 일을 잘 해낼지도 모르겠어요.

상담자: 네가 학생회장 선배들과는 다르게 학생을 위한 일을 많이 하는 학생회장이 되고 싶어서 학생회장 선거에 나갔었지. 선거운동을 하면서 친구들의 도움이 필요했는데, 친한 친구인 동욱이가 다른 일로 바쁘다고 도와주지 않은 것 때문에 많이 속상했어. 어쩌면 동욱이같이 친한 친구도 너를 도와주지 않으니 다른 친구들은 학생회장인 나를 과연 도와줄까 하는 걱정이 들게 된 것처럼 보이는구나.

● 연습 8-1 ●

학교폭력 가해학생으로 상담 중인 중학교 1학년 여학생은 초등학교 때부터 왕따였던 주연이랑 놀면 같이 왕따를 당할 것이라고 생각해 학교폭력에 가담하게 되었다. 이런 이유로 학교폭력 가해로 처벌받게 된 것에 대해 억울해 하고 있는 것으로 보인다.

내담자: 주연이가 초등학교 때 왕따였다는 이야기를 들었어요. 친구들이 예전에 왕따를 당한 애들 얘기를 하면서 왕따를 당하는 애들은 다 찌질하다고 해요. 애들이 주연이랑 놀면 같이 왕따를 시킨다고 했어요.

상담자: ＿＿＿＿＿＿＿＿＿＿＿＿＿＿＿＿＿＿＿＿＿＿＿＿

＿＿＿＿＿＿＿＿＿＿＿＿＿＿＿＿＿＿＿＿＿＿＿＿

상담자의 해석은 상담자가 가지는 일종의 가설로 완벽하지 않을 뿐 아니라 내담자와의 논의를 통해 수정될 가능성이 있기 때문에 단정적인 표현보다는 '~한 것 같다.'와 같은 임시적 표현을 사용하는 것이 좋다. '~볼 수 있을 것 같다.' '어쩌면 ~일 수도 있다.' '~일 것 같은 생각이 든다.' '~할 가능성이 있다.' '~한 것이 아닌가 싶다.' 등이 임시적 표현이 될 수 있다. 이러한 임시적 표현은 내담자가 해석을 받아들이기에 덜 위협적일 수 있다. 또한 임시적 설명을 통해 내담자는 스스로 그 해석을 점검하게 되어 부정적으로 해석을 받아들이게 될 가능성이 줄어들게 된다(Evans et al., 2011). 상담자가 해석의 일부만 먼저 제시하고 이에 대한 내담자의 반응을 보고 추가적인 해석을 하는 것도 유용하다.

또한 해석은 질문 형태로 이루어질 수도 있다. 해석을 질문 형태로 하는 경우 질문에 대한 답을 통해 내담자의 반응을 확인하게 된다. 해석을 하는 과정에서 상담자는 내담자의 반응과 태도를 잘 살펴야 한다. 상담자의 해석을 듣는 내담자의 비언어적 메시지를 잘 파악하는 것이 내담자가 얼마나 상담자의 해석을 이해하고 받아들이는지를 알 수 있는 것이 된다. 해석을 내담자에게 제시한 후, 상담자는 이 해석에 대한 내담자의 입장과 이해를 확인하고 해석의 내용에 대해 논의하며 수정할 수 있는 기회를 가지는 것이 필요하다. '~(해석의 내용)에 대해 어떻게 생각하니?'와 같은 질문을 통해 내담자가 상담자의 해석을 어떻게 받아들이는지를 확인할 수 있다. 예시 8-2는 해석내용과 함께 내담자가 해석에 대해 어떻게 생각하는지를 묻는 질문을 제시한 사례이다. 연습 8-2에서 해석과 질문을 함께 적어 보도록 하자.

● 예시 8-2 ●

내담자는 이전 학교폭력의 피해 경험으로 지나치게 친구들의 눈치를 살피고 자기주장을 못하는 상태이다.

내담자: 친구들과 함께 있는 것이 많이 불편해요. 왠지 애들이 저를 싫어하는 것 같아요. 그래서 애들이랑 있을 때 가만히 그냥 있는데, 그러면 애들이 또 자꾸 말 좀 하라고 하고……

상담자: 아마도 네가 예전처럼 친구관계에 문제가 생길까 너무 걱정하기 때문에 네 생각이 무엇인지를 얘기해도 되는 경우에도 말을 하지 않는 것처럼 보인다. 그러다 보니 친구들은 네가 원하는 것이 무엇인지 알지 못하고 너는 너대로 불만스러운 상태가 되는 것 같아. 이런 면에서 네 생각은 어때?

내담자: 제가 친구들의 눈치를 보는 것은 맞는 것 같아요. 그런데 그래서 불만이 생기는지에 대해서는 생각을 못 해 봤어요.

● 연습 8-2 ●

부모에 대한 불만을 동생에게 표출하는 내담자

내담자: 제가 형이잖아요. 동생은 자기가 좀 잘나간다고 잘난 척을 하더라구요.
그렇지 않아도 엄마한테 혼나고 기분이 나쁜데 까불어서 한 대 때려줬죠.

상담자: _____

_____ (해석)

_____ (질문)

---

2) 해석 내용

해석의 주 내용은 내담자 문제의 진단 및 분석결과, 저항이나 직면 내용, 심리
검사 및 평가 결과 등이 될 수 있다.

(1) 문제의 진단 및 분석결과

해석은 내담자의 문제를 진단하는 내용이 해당될 수 있다. 특히, 상담 초기에
는 내담자의 문제를 탐색하여 진단하고 이에 따라 상담목표를 설정하고 접근방
식이나 전략을 수립하게 된다. 상담을 시작하는 내담자가 호소하는 내용이나
증상 등을 듣고 내담자의 핵심적인 문제가 무엇인지 파악하여 이를 내담자에게
설명해 주게 되는데, 이것도 해석에 해당된다.

또한 상담에서 드러난 내담자의 문제에 대한 상담자의 분석은 주로 인과관계
나 증상의 의미가 해당될 수 있다. 내담자가 언급한 자료를 통해 내담자 문제의
원인이 무엇이고 그로 인해 발생한 문제 상황이 무엇인지에 대한 논리적 연계성
을 제시한다. 또는 내담자가 보이는 문제에 대해 내담자가 미처 깨닫지 못하는
의미를 제시할 수도 있다.

● 예시 8-3

욕을 하는 이유로 여자친구와 자주 다투었던 내담자는 매번 욕을 하지 않겠다고 여자친구에게 이야기하지만 약속을 지키지 못하고 있다.

내담자: 그렇다고 헤어질 것까지는 없잖아요. 욕하지 말라고 하기는 했지만 그것 때문에 헤어지자는 것은 너무한 것 같아요. 이해가 안 돼요.

상담자: 어쩌면 여자친구는 네가 욕을 하는 것도 싫지만 욕을 하지 않겠다는 약속을 매번 지키지 않는 점에서 더 실망하고 헤어지자는 얘기를 했을 수도 있겠다.

내담자가 보이고 있는 문제의 패턴과 의미도 해석의 내용이 될 수 있다. 개별 증상이나 호소를 연결하여 분석한 결과를 내담자에게 제시한다.

● 예시 8-4

시험이나 평가받는 것을 두려워하고 이를 일단 회피하고자 하는 대처를 하는 내담자

내담자: 작년에도 수행평가하는 날 그랬었는데, 어제 시험 보는 날 아침부터 배가 아파서 학교에 늦었어요. 지난 중간고사 때는 늦잠 자서 학교에 늦는 바람에 시험을 못 봤는데, 이번에는 아파서 시험을 제대로 못 봤어요. 시험 때마다 그래요.

상담자: 시험을 볼 때마다 그런 일로 제대로 못 본다는 것은 시험을 앞두고 네가 상당히 긴장을 하거나 시험 보는 것에 대해 매우 예민한 것이 아닐까 하는 생각이 든다.

---

(2) 저항이나 직면 후 해석

저항은 침묵이나 지각, 결석처럼 내담자가 상담에 적극적으로 참여하지 않으

려는 태도를 의미하는데, 무의식적이든 의식적이든 이러한 저항은 때로 제대로 다루지 않으면 상담의 진행을 방해하게 된다. 저항을 다루는 방법은 저항의 원인을 찾아 저항의 의미에 대해 내담자에게 설명하는 해석을 제공하는 것이 될 수 있다.

내담자의 언행과 태도 등에 있어서의 모순점을 지적하는 직면 후에도 직면의 의미에 대해 내담자에게 해석하게 된다. 직면과 해석은 함께해야 하는 상담자의 반응으로, 직면만 제시하고 해석을 하지 않으면 직면에 의해 내담자는 도전받거나 지적받은 것에 대해 상처를 받을 수도 있다. 즉, 상담자가 직면 반응을 한 후에는 직면 내용에 대한 논의 후 직면에 대한 상담자의 해석을 내담자에게 제시해야 한다. 다음 예시 8-5에서는 직면에 대한 해석 사례를 보고, 연습 8-3에는 적절한 직면과 해석 반응을 적어 보도록 하자.

● 예시 8-5 ●

상담자: 지금 눈물이 나는데, 왜 눈물이 날까?

내담자: (멋쩍게 웃으면서, 상담자 손을 바라보며) 선생님 반지가 참 예뻐요.

상담자: 선생님 질문에 다른 답을 하고 있네. (직면)

내담자: 저는 그냥…….

상담자: 왜 눈물이 나는지 얘기하기 싫은 것처럼 보이는구나. (해석)

● 연습 8-3 ●

부모에 대한 반항적인 행동으로 의뢰한 내담자는 상담시간에 부모 얘기는 하기 싫다고 하면서 자신의 문제행동에 대해 언급하지 않으려 하고 있다.

내담자: 상담시간이 좋아요. 선생님이랑 말하는 것도 좋구요. 친구들이랑 뭐하고 노는지 얘기하는 것도 재미있어요. 그런데 부모님 얘기는 안 했으면 좋겠어요.

상담자: _____ (직면)

_____ (해석)

(3) 심리검사 및 평가 결과

상담에서 해석을 주로 사용하는 시간이 바로 심리검사나 평가 결과에 대해 내담자에게 설명해 주는 시간이다. 심리검사에 대한 해석을 할 때에는 무엇보다 해당 심리검사에 대한 전문적 지식을 상담자가 보유하고 있어야 한다. 따라서 학교 상담자에게는 다양한 심리검사에 대한 교육 및 훈련이 필요하고, 해석 연습을 할 필요가 있다. 상담자는 심리검사에 대한 기본 지식은 물론 해당 심리검사에 대한 이론과 분석을 기반으로 하여 내담자의 수준에 따라 적절한 내용과 수준으로 해석을 제공한다.

심리검사 및 평가에 대한 해석 후에는 내담자의 이해를 확인하고 결과에 대해 내담자가 어떻게 받아들이는지를 확인하는 것이 필요하다. 또한 결과를 통해 내담자가 학습한 것이 무엇이고 이러한 결과를 계속되는 상담과정에 어떻게 반영할지에 대해서도 내담자와 함께 논의하는 것이 좋다.

● 예시 8-6 ●

부모님은 교사를 원하나 본인은 사회복지사를 원하는 내담자의 직업적 성격검사(Holland 검사)에서 S(사회형)C(관습형)E(기업형) 코드가 나와 직업적 성격 측면에서는 교사와 사회복지가 모두 어느 정도 적합한 것으로 나왔다.

상담자: 선생님과 결과를 살펴봤는데, 결과를 보고 나니 어때?

내담자: 예상과 달리 교사도 제 적성에 맞다고 하니 조금 놀랐어요. 교사는 제 적성에는 안 맞는다고 생각했거든요. 사회복지사 말고는 다른 직업들은 생각해 보지도 않았는데 의외예요.

> 상담자: 아마도 네가 부모님께서 직업적 안정성만 생각하셔서 교사를 하라고
> 한 것으로 생각했는데, 사실 네 직업성격과 맞다고 하니 부모님이
> 그냥 말씀하신 것은 아니라는 생각이 든 것 같다. 그럼, 상담에서
> 직업적 성격 외에 직업을 정하는 데 고려한 요인을 살펴보면서 교사와
> 사회복지사 두 직업이 너에게 맞는 직업인지에 대해 좀 더 살펴보자.

2. 해석의 효과

Hill(1992)은 상담기법에 대한 분석에서 해석이 모든 사례에서 효과적으로 나타난 유일한 상담자의 기법이라고 주장하였다. 해석은 통찰, 상담 점검 및 문제해결방안 탐색, 내담자의 내적 준거 확인, 저항과 방어의 해소의 효과가 있다.

1) 통찰

해석을 통해 내담자는 자신의 모습과 문제에 대해 새로운 이해를 하게 되는 통찰을 획득하게 된다. 해석은 상담에서 내담자가 이야기한 내용과 주제들이 어떻게 연결되는지, 그러한 문제들의 원인이 무엇인지에 대해 알려 주는 것이다(김영혜, 2001). 결국 해석은 내담자 자신의 경험과 상황에 대한 의미부여의 측면에서 새로운 통찰을 유도하는 것으로 볼 수 있다.

이러한 통찰은 한 번의 해석으로도 가능하지만 반복적인 해석에 의해 이루어지기도 한다. 따라서 상담과정에서 해석이 반복될 때 상담자가 이러한 해석의 내용을 다시 정리해 주는 것도 필요하다. 또한 통찰을 유도하는 해석을 할 때, 특히 해석의 내용을 어떻게 받아들이는지를 확인할 필요가 있다. 해석 시 내담자의 언어적 및 비언어적 메시지를 면밀하게 관찰하고 해석의 의해 통찰을 얻는 내담자를 지지해 주거나 공감해 줄 수 있다. 다음 예시 8-7은 통찰의 효과를 유

도하는 해석 사례이다. 연습 8-4에서 통찰을 유도하는 해석을 적어 보자.

● 예시 8-7 ●

자신이 먼저 친구들에게 다가가기보다는 친구들이 먼저 다가오기만을 원하는 내담자

내담자: 정말 이유를 모르겠어요. 얘기를 나눠 봐야 친해질 텐데. 저는 진짜 친구들하고 잘 지내고 싶거든요. 그런데 애들이 저한테 말을 걸지 않아요.

상담자: 친구들과 친해지고 싶은 마음이 있어서 먼저 다가가지 않으면 쉽게 친해지기 어려울 수 있지.

● 연습 8-4 ●

좀처럼 성적이 오르지 않아 고민인 학생으로, 부모의 관심이 오빠와 언니에게만 있다고 생각하는 내담자

내담자: 주말에 집에 있는데, 짜증 나 죽는 줄 알았어요. 엄마 아빠는 대학 간 오빠와 언니 얘기만 해요. 언니가 이번에 장학금을 받았대요. 저한테는 학원만 가라고 하고 정말 너무하세요.

상담자: _____

_____

---

2) 상담 점검 및 문제해결방안 탐색

상담에서 해석은 상담과정에서 드러난 내담자의 경험과 어려움을 정리하여 분석한 것이기 때문에, 그동안의 상담에 대한 일종의 요약과 점검의 역할을 하기도 한다. 내담자에게 해석을 잘 수용하도록 하려면 상담 전반에 대한 정리된

내용을 함께 제시하기도 하는데, 이것이 바로 상담을 요약하는 것이 되며, 이를 상담이 상담목표의 달성을 위해 적절히 진행되고 있는지를 점검하는 기회로 만들 수도 있다.

이러한 상담 요약 및 점검의 해석 반응은 내담자에게 통찰을 일으키는 역할을 할 뿐 아니라 통찰 내용을 응집시키는 것으로 보기도 한다(김영혜, 2001). 즉, 상담의 내용만을 정리하는 것이 아니라 통찰을 한 내용 역시 핵심적인 부분으로 요약될 수 있다. 또한 해석 후의 상담자와 내담자의 해석에 대한 논의는 더 깊은 통찰을 이끌게 된다.

다음 예시 8-8은 상담 요약 및 점검을 하는 해석 사례이고, 예시 8-9는 내담자와의 해석에 대한 추가적인 작업으로 통찰을 명료화하거나 심화시키는 사례이다. 연습 8-5에서는 가능한 상담자의 해석 및 추가반응을 적어 보자.

● 예시 8-8 ●

자신의 학업부진의 원인을 우울함과 무기력 때문이라고만 생각해 온 내담자는 학업부진의 원인이 사실은 기초학습이 이루어지지 않았기 때문이기도 하다는 점을 해석받는다.

내담자: 정말 이렇게 살면 안 되잖아요. 그래서 주말에 공부를 하려고 했는데, 공부가 진짜 잘 안 되더라구요. 이제 공부할 마음이 생겼는데도요.

상담자: 그동안 상담에서 네가 우울하고 무기력해서 아무것도 하기 싫다고 했었지. 아마도 너는 그동안 우울하고 무기력한 마음 때문에 공부를 안 한 거라고 생각한 것 같다. 그런데 공부하려는 마음이 있어도 공부하는 습관이나 방법면에서 준비가 되어 있지 않으면 공부하기가 어려울 수도 있을 것 같아.

● 예시 8-9 ●

자신이 힘든 이유를 친구들 탓으로 돌리는 학생을 상담하고 있다.

내담자: 중학교 때는 친구들이 많았고 공부도 그런대로 했어요. (눈물을 흘리며) 그때가 그리워요. 고등학교 와서는 친구들 때문에 너무 화나는 일도 많고 힘들어졌어요. 왜 이렇게 되었을까 속상하기도 하고요. 이렇게 계속 학교를 다녀 봤자 무슨 소용이 있나 싶은 마음이 들어요.

상담자: 중학교 때는 좋았는데, 지금 네가 힘든 이유를 너는 친구들 때문이라고 생각하는 것 같구나. 그런 건가?

내담자: 그때 친구들이 지금 친구들이랑은 달랐거든요. 진짜 좋은 친구들이 많았어요. 물론 당시에는 제가 공부를 잘하니까 친구들이 저를 인정해 주는 부분도 있었구요. 한 마디로 잘나갔어요 그때는요.

상담자: 네 이야기는 중학교 때 좋은 친구들도 있었지만 네가 공부를 잘한 것도 친구들과 잘 지냈던 이유라는 거네.

내담자: 그러고 보니, 제가 중학교 때가 좋았던 것은 공부를 잘했고 주변에 좋은 친구도 많았기 때문인가 봐요.

● 연습 8-5 ●

심심하기 때문에 게임에 빠지게 되었다고 생각하지만 실제로는 친구들에게 소외당하지 않기 위해서 게임에 몰두하는 내담자이다. 운동과 같은 여가활동으로 여유시간을 보내려고 해 봤으나 여전히 게임에 빠져 시간을 보내고 있다.

내담자: 제가 지난번 상담에서 집에 있으면 심심해서 게임을 하게 된다고 했잖아요. 학교 갔다 오면 게임하게 되니까, 아예 학교 갔다가 와서 바로 학원 가고 다시 집에 와서 동생이랑 농구를 했거든요. 그런데 저녁 먹고 나니까 자꾸 게임 생각이 나는 거예요. 애들은 다 게임 길드에서 만날 텐데,

> 저만 없으면 자기네들끼리 하는 얘기를 제가 잘 모르잖아요. 그래서 게임을 또 하게 되더라구요.
>
> 상담자: _____
>
> _____

이러한 상담에 대한 점검을 통해 때로 내담자는 자신의 문제해결을 위한 방법과 함께 계속될 상담에서 다룰 내용을 찾거나 명료화할 수 있게 된다. 즉, 내담자가 상담자의 해석을 이해하고 수용하는 경우 자신의 문제를 어떻게 해결할지에 대한 실마리를 얻게 된다. 다음 예시 8-10은 해석을 통해 내담자 문제해결의 방향을 정하는 사례이다.

● 예시 8-10 ●

친구들을 잘 사귀지 못하는 이유를 모른다고 호소하는 내담자

내담자: 처음에는 친구들이랑 잘 지내는데, 이상하게 1학기가 지나면 친구가 없어요. 저는 공부를 열심히 하는 친구를 좋아해서 그런 친구가 있으면 제가 막 먼저 다가가는데 이상하게 나중에는 애들이 부담스럽다고 하는 거예요.

상담자: 애들은 너한테 부담스럽다고 했다는데 그게 친구들이랑 잘 지내기 어려운 이유인 것 같아. 그런데 너는 왜 애들이 부담스럽다고 하는지 이해를 못 하는 것 같구나. 애들이 왜 너를 부담스러워할까?

내담자: 왜 부담스럽다고 하지? 그냥 부담스럽다고 하니까 기분이 나쁘고 더 말을 못 한 것 같아요.

> 상담자: 그러니까 너는 부담스럽다고 하면 더 이상 얘기를 안 하게 되고 그러니 왜 친구들이 너랑 어울리지 않는지를 여전히 모르게 된 거네. 그런 말을 들을 때 어떻게 대처해야 할지를 생각해 봐야 될 것 같아.

3) 내담자의 내적 준거 확인

상담자의 해석에 대한 내담자의 수용 여부 및 태도를 살펴보면, 내담자가 자신의 문제에 대해 어떻게 생각하는지에 대한 내적 준거를 확인할 수 있다. 상담자의 해석에서 내담자가 어떤 부분을 어떻게 받아들이는지는 결국 '내담자가 상담자의 해석을 어떻게 해석하는지'를 알 수 있게 한다.

내담자의 내적 준거를 확인하는 의미에서 상담자는 자신의 해석에 대한 내담자의 반응을 면밀하게 살필 필요가 있다. 또한 이러한 과정에서 드러나는 내담자의 내적 준거는 내담자의 증상, 호소문제, 타당성 및 유용성 등의 측면에서 다루어질 필요가 있을 수 있다. 예시 8-11에서 내담자는 해석에 대한 반응을 통해 자신의 인간관계에 대한 내적 준거를 보여준다.

> ● 예시 8-11 ●
>
> 사람들이 반대 의견을 제시하는 것을 자신에게 틀렸다고 말하는 것으로 해석하는 내담자
>
> 상담자: 아마도 너는 너와 다른 의견을 낸 친구의 말이 마치 네 생각이 틀렸다고 한 것으로 받아들였던 것 같아.
>
> 내담자: 제 말이 맞았다면 그 친구가 다른 얘기를 하지 않았을 것 같아요. 저는 제 말에 뭐라 하는 것은 제가 틀렸다고 말하는 것이라고 봐요.

4) 저항과 방어의 해소

정신역동적 접근에서 해석은 전형적으로 내담자의 자유연상, 전이, 저항, 방어 등에 대해 이루어진다. 특히 직면 후 해석은 통찰 제공뿐 아니라 이러한 저항과 방어의 해소인 경우가 빈번하다. 해석은 내담자의 상담에 대한 저항과 방어의 의미를 찾아내고, 이를 설명해 줌으로써 상담을 방해하는 저항과 방어를 해소하는 방법이 된다. 내담자의 저항이나 방어적 태도는 주로 침묵, 지각, 상담시간에 빠짐, 화제전환 등으로 나타난다.

해석은 내담자가 어떤 이유로, 어떤 방식으로 저항이나 방어를 하고 있는지를 보여 주고 이러한 저항이나 방어를 야기하는 내담자의 불안을 완화시킴으로써 상담의 진행을 원활하게 만들 수 있다.

● 예시 8-12 ●

매번 상담시간이 되었음을 알려야지만 상담실로 오는 내담자이다. 내담자는 상담시간에 친구 설현이와 싸운 일 때문에 상담자에게 비난을 들을까 걱정하고 있다.

내담자: 이상하게 상담시간을 자꾸 깜박 잊어버려요.

상담자: 상담시간이 너한테 부담스러운 시간이 되는 것 같아. 네가 상담에 오게 된 이유가 설현이랑 싸운 거니까 혹시 선생님한테 혼날까 봐 그런 건가 하는 생각이 선생님은 든다.

내담자: 설현이랑 안 싸웠으면 여기 안 와도 되잖아요. 설현이는 안 오는데 저만 오고…….

상담자: 그래, 네가 상담 오는 것이 좀 억울하기도 했나 보구나. 그런데 상담은 네가 설현이랑 싸운 일을 혼내려고 하는 것이 아니라 네가 왜 설현이랑 그런 일이 있었는지 그리고 네가 그것 때문에 힘든 부분은 없는지 너의 이야기를 듣고 싶었던 거야. 상담시간은 자유롭게 네가 이야기해도 되는 시간이지 혼내는 시간이 아니란다.

3. 효과적인 해석 방법

1) 적절한 시기와 수준 설정

해석은 도전적 기법이기 때문에 내담자와 라포 형성이 이루어지고 내담자가 자신의 문제에 대한 충분한 탐색과 이해가 되어 해석에 대한 준비가 되었을 때 제시되어야 효과적이다. 또한 해석은 주로 인지적 내용으로 제시되므로 지나치게 빈번한 해석은 상담을 추상적인 주제나 논리에만 빠지게 만들 수도 있다.

해석을 제시하는 시기와 수준은 해석에 대한 내담자의 준비성에 따라 결정된다. 내담자의 준비성이란 해석으로부터 내담자가 적절한 이득을 얻을 수 있는 상태에 있는가를 말한다(장재홍, 1998). 해석의 효과를 극대화하기 위해 상담자는 이러한 내담자의 준비성을 확인할 필요가 있다.

경우에 따라 내담자에게 스스로 상담내용을 정리하고, 이를 통해 새롭게 생각된 것이 있는지 해석해 보도록 할 수도 있다. 이때 상담자는 내담자의 자기해석에 대해 추가적인 해석을 제시하거나 이에 대한 논의를 이어 갈 수 있다. 다음 예시 8-13은 내담자가 해석을 하고 상담자가 이에 대해 반응을 하는 사례이다.

● 예시 8-13 ●

상담자: 그동안 상담을 통해 대인관계의 어려움에 대해 이야기해 봤는데, 너는 너의 친구관계가 힘든 이유가 뭐라고 생각하니?

내담자: 상담을 하면서 제가 알게 된 게 있는데, 제가 제 자신을 좋아하지 않으니까 친구들도 저를 좋아하지 않는다고 생각한 것 같아요. 그래서 친구들이 조금만 뭐라고 해도 역시 친구들은 나를 싫어해, 나는 친구들이 좋아하는 스타일이 아니야 하는 생각이 들고, 그런 생각이 오히려 쉽게 지나칠 일도 심각하게 생각하고 기분 나빠 하는 것 같아요.

> 상담자: 결국 친구들과 친해지기가 어려운 게 네가 네 자신을 좋아하지 않기 때문이라는 생각을 하게 된 거구나. 선생님도 그렇게 생각하기도 해. 그렇다면 네가 자신의 어떤 부분이 마음에 들지 않는 건지 생각을 해 봐야 될 것 같아.

해석 시 상담자가 해석하는 내용의 범위와 표현은 내담자의 수준에 따라 적절하게 이루어져야 한다. 해석에서 사용하는 용어나 표현에서 내담자의 연령이나 인지적 수준에서 어려운 용어, 지나치게 이론적 또는 추상적 단어, 전문 상담 용어, 병리적 증상에 관한 진단적 용어가 사용되지 않도록 유의해야 한다. 특히, 심리검사나 평가의 해석 시 사용되는 용어는 상담자에게는 익숙할지 모르나 내담자들에게는 이해하기 쉽지 않은 용어들이고 진단적 표현들은 자칫 내담자에게 자신의 심리적 문제를 병리적으로 오해할 소지가 있으므로 적절한 표현으로 제시되어야 한다.

2) 해석에 대한 내담자의 반응 탐색

해석은 직면과 같이 도전적인 기법이자 가장 복잡하고 어려운 기법이다. 따라서 해석의 효과적인 사용은 해석 후 내담자의 반응을 살피는 것으로 확인될 수 있다. 해석을 내담자가 어떻게 받아들이는지를 확인하고 해석 내용에 대해 내담자와 논의를 이어 가는 것이 필요하다.

직면과 유사하게 해석한 후 내담자가 해석에 대해 생각할 수 있도록 시간을 주며 상담자는 내담자의 반응을 주의 깊게 살핀다. 해석 직후에 내담자에게 '선생님(상담자)의 말에 대해 어떻게 생각하지?'와 같은 질문으로 해석에 대해 이야기를 시작할 수 있다.

해석 후에서는 탐색의 질문을 통해 해석 내용에 대한 논의를 이어 가고 이러한 과정에서 얻은 정보를 토대로 해석을 반복하거나 추가적인 해석을 제시할 수 있다. 또한 내담자 입장에서 인정하기 어려운 해석을 하는 경우, 이에 대한 감정 반영과 같은 공감 반응을 통해 내담자가 해석을 좀 더 수용할 수 있도록 한다.

해석과 함께 해석에 대한 공감 및 직면 반응을 한 사례인 예시 8-14를 살펴보고, 연습 8-6에는 가능한 해석과 해석에 대한 추가반응을 적어 보자.

● 예시 8-14 ●

첫째 자녀가 진학하지 못한 학교에 둘째 아이인 내담자가 진학할 것을 강요하는 학부모

상담자: 아마도 어머님께서는 아연이 언니가 하지 못했던 것을 아연이가 해 주길 바라시는 것 같습니다. (해석)

내담자: 사실 아연이 언니도 갈 수 있을 거라고 생각했는데, 떨어져서 깜짝 놀랐죠.

상담자: 아연이 언니가 그 학교를 못 가 어머님께는 아직도 속이 많이 상하시군요. (공감)

내담자: 그때만 생각하면 지금도 너무 아쉬워요. 아연이 언니는 능력이 안 되지만 아연이는 잘하고 있으니까요.

상담자: 그런데, 아연이도 원하는 학교인가요? (직면)

내담자: 어……. (당황한 표정) 사실 아직 아연이도 원하는지 안 물어봤어요.

● 연습 8-6 ●

불안, 우울 등과 같은 내재화 문제를 가지고 있어 학생정서행동특성검사에서
우선관리대상으로 나온 내담자이다. 결과를 통해 내담자는 정서상의 어려움을
가질 수 있으며 전문기관에서의 심층적 평가가 필요한 것으로 나왔다.

상담자: _____

_____(해석)

내담자: 제가 기분이 안 좋을 때가 있었어요. 이 검사에서 제가 정신적으로 문제
가 있는 것으로 나왔다는 거죠?

상담자: _____

_____(추가반응)

---

3) 내담자가 무조건 해석을 받아들이는 경우

상담자의 해석을 수용하는 것과 무조건 수용하는 것은 다르다. 상담자의 해
석을 지나치게 순응적으로 받아들이는 경우도 상담자가 유의할 필요가 있다.
내담자가 상담자에게 지나치게 의존적이거나 과도하게 권위적으로 인식할 때
내담자가 상담자의 해석을 무조건 받아들이게 되기가 쉽다. 또한 연령이 낮은
아동의 경우 상담자의 해석을 그대로 받아들이는 경우가 있을 수 있다. 반면, 오
히려 해석을 너무 쉽게 받아들이는 것도 더 이상 해석의 내용에 대해 논의하기
를 꺼려 하는 내담자의 저항이나 방어일 가능성이 있다.

내담자가 무조건 해석을 받아들이는 것으로 판단될 때에는 내담자에게 그러
한 태도를 직면하게 하거나, 내담자에게 해석을 반복하거나 요약을 요구하여 해
석에 대해 생각할 기회를 줄 수 있다. 다음 예시 8-15에서는 해석에 대한 내담
자의 태도를 직면한 사례를 살펴보고, 연습 8-7에는 가능한 해석에 대한 추가
반응을 적어 보자.

● 예시 8-15 ●

상담자: 혹시 친구들이 친해지면 너의 부족한 모습이 보여질까 하는 걱정
때문에 친구들과 더 가까워지지 않는 것이 아닐까 생각돼. (해석)

내담자: 맞아요. 그런데 상담은 언제 끝나요?

상담자: 내 말이 맞다고는 하지만 이 얘기를 더 이상 하고 싶어하지 않아 보이네.
(직면)

● 연습 8-7 ●

상담자: 어쩌면 네가 그런 자해행동을 하는 이유가 자해행동을 하는 동안은
불안한 마음이 잊히는 것처럼 생각되기 때문일 수 있을 것 같아.

내담자: 예, 그래요. (남의 이야기하듯이 말한다.)

상담자: _____ (직면)

_____

_____ (해석)

---

4) 내담자가 해석에 대한 부정적인 태도를 보이는 경우

내담자가 해석에 대한 준비가 미처 이루어지지 않은 경우 상담자의 해석에 대해 내담자가 부정하거나 방어적인 반응을 보일 수 있다. 상담자는 해석이란 내담자가 받아들일 때 의미가 있음을 주지해야 한다. 따라서 상담자는 자신의 해석이 틀릴 가능성을 염두에 두어야 하며 내담자에게 해석의 수용을 강요해서는 안 된다.

내담자가 해석에 대해 부정적인 태도를 보이는 경우, 상담자는 해석의 근거에 대해 좀 더 부연 설명하거나 내담자에게 해석에 대한 내담자의 입장을 요청

할 수 있다. 또한 직면과 마찬가지로 '아마도 이 얘기에 당황한 것 같네.'와 같은 공감이나 감정반영을 할 수도 있고 부정하는 태도를 다룰 수도 있다.

다음 예시 8-16에서는 상담자의 해석을 받아들이지 못하는 내담자의 사례를 살펴보고, 연습 8-8에는 그런 유형의 내담자에게 가능한 반응을 적어 보자.

● 예시 8-16 ●

상담자: 엄마가 언니만 좋아한다고 생각하니, 너에게 잘해 주시는 것은 당연한 거고 잔소리에는 서운한 마음이 드는 것 같아.

내담자: 아니에요. 엄마는 저한테 관심이 없으세요.

상담자: 네가 아프니까 엄마가 하루 종일 네 옆에 있었다고 했고, 네가 말도 안 했는데 공부하기 편하라고 책상과 의자를 바꿔 주셨다면 너에게 관심이 없으신 것은 아닌 것 같아.

● 연습 8-8 ●

자녀에게 선택권을 주지 않은 채, 자녀가 자신의 말을 안 듣고 짜증을 낸다고 하는 학부모를 상담하고 있다.

상담자: 어머님은 아이가 자기 일을 스스로 해결할 수 없다고 보시기 때문에 아이에게 이런저런 요구를 많이 하시게 된 것 같습니다.

내담자: 아니요. 저는 아이가 잘할 거라고 생각해요.

상담자: _____

_____

요 약

1. 해석은 내담자의 말과 행동, 태도 등에 대해 의미를 설명하는 기법이다.

2. 해석은 내담자가 보이는 핵심적인 사안에 대한 일종의 상담자의 설명이다. 효과적인 해석은 내담자의 문제에 대한 이해를 기본으로 한다.

3. 상담자의 해석은 상담자가 가지는 일종의 가설로 완벽하지 않을 뿐 아니라 내담자와의 논의를 통해 수정될 가능성이 있기 때문에 단정적인 표현보다는 임시적 표현을 사용하는 것이 바람직하다.

4. 해석의 주 내용은 내담자 문제의 진단 및 분석결과, 저항이나 직면 내용, 심리검사 및 평가 결과 등이 될 수 있다.

5. 해석은 통찰, 상담 점검 및 문제해결방안 탐색, 내담자의 내적 준거 확인, 저항과 방어의 해소의 효과가 있을 수 있다.

6. 효과적인 해석을 위해 내담자와 라포 형성이 이루어지고 내담자가 자신의 문제에 대한 충분한 탐색과 이해가 되어 해석에 대한 준비가 되었을 때 제시되어야 한다.

7. 해석 후 내담자가 어떻게 받아들이는지를 확인하고 해석 내용에 대해 내담자와 논의를 이어 가는 것이 필요하다.

8. 내담자가 상담자의 해석을 지나치게 순응적으로 받아들이는 경우에 상담자는 이를 다룰 필요가 있다.

9. 해석의 수용을 강요해서는 안 되며 내담자가 해석에 대한 부정적인 태도를 보이는 경우, 상담자는 이를 다룰 필요가 있다.

● **상담연습 [I]** ●

다음에 제시된 사례를 읽고, 내담자의 이야기에 대한 상담자의 적절한 해석 반응을 써 보시오.

1. 시험을 못 본 이유가 자신에게 있기보다는 타인이나 환경 탓으로 돌리고 있는 학생

> 내담자: 아, 어떡해요. 이번 기말고사 또 망쳤어요. 수학 문제가 엄청 어렵게 나온 거 있죠. 어떻게 그럴 수가 있어요? 시험범위가 그렇게 많으면 시험문제도 좀 골고루 나와야 하는 거 아니에요? 이번 시험은 정말 문제가 많은 시험이었어요.

상담자: _____

_____

2. 성적이 떨어져서 진로를 바꾸었으나 자신의 적성과는 안 맞는 학과여서 진로를 바꾼 것이라고 이야기하는 고등학생

> 내담자: 제가 중학교 때부터 약학과를 가겠다고 했기 때문에 친구들이 왜 약학과에서 다른 과로 바꿨냐고 엄청 물어봐요. 화학이나 생물 쪽에 관심은 있지만 그렇다고 꼭 약학과를 가야 되는 건 아닌 것 같아요.

상담자: _____

_____

3. 사과를 여러 차례 요구했으나, 담임선생님의 중재를 통해 친구에게 사과를 받은 여학생

내담자: 현빈이가 저한테 와서 미안하다고 얘기했으니까 이제 고민이 다 해결된 거죠. 이제 괜찮아요. (힘없는 목소리로 시선을 회피한 채, 남의 이야기하는 것처럼 것처럼 건성으로 말한다.)

상담자: 고민이 다 해결되어 괜찮다고 하지만 네 모습은 그렇지가 않구나.

내담자: 뭐 사과를 한 거는 한 거니까……

상담자: _____

_____

4. 전학을 오면서 달라진 자신의 모습에 대한 상담자의 해석을 부인하는 학생

상담자: 선생님이 보기엔, 네가 전학 와서 예전과는 다른 스타일의 친구들을 사귄 것이 도움이 된 것으로 보인다.

내담자: 예전 친구들과는 좀 다른 성격을 가진 친구들을 사귀었지만, 그게 도움이 되었는지는 잘 모르겠는데요.

상담자: _____

_____

5. 어머니의 꾸중을 듣지 않기 위해 억지로 공부를 하는 모습을 보이는 초등학생

> 내담자: 저는 공부를 못해요. 하려고 해도 집중도 안 돼요. 엄마가 자꾸 공부하라고 하면 일단 책상에 앉기는 하는데 공부가 잘 안 돼요. 아무래도 머리가 나쁜 것 같아요.

상담자: _____

_____

6. 부모가 이혼한 이유가 자신 때문이라고 생각하는 학생

> 내담자: 엄마 아빠는 이혼하기 전에 진짜 많이 싸웠어요. 싸울 때 꼭 제 얘기를 해요. 엄마는 제가 아빠 닮아서 말을 안 듣는다고 그러고 아빠는 또 엄마 닮아서 그렇다고 하죠.

상담자: _____

_____

7. 이전 상담 경험을 통해 이번 상담도 별다른 도움이 되지 않을 것이라고 이야기하는 고등학교 1학년 여학생

> 내담자: 선생님은 그냥 들어 주시기만 하고, 좋게만 얘기하시잖아요. 상담선생님들은 다 그런 거 아닌가요?

상담자: _____

_____

8. 자신감 부족으로 진로선택을 전적으로 부모에게 의존하려는 학생

> 내담자: 엄마가 알아보니까 이 전공이 낫대요. 아무래도 어른들이 저보다 더 잘 아시잖아요.
>
> 상담자: 선생님 생각에는 네가 전공을 선택하는 것을 혼자서는 잘할 수 없다고 생각하는 것 같아.
>
> 내담자: 그게 아니라 엄마가 더 잘 아실 것 같다는 거죠.

상담자: _____

_____

9. 우울증검사에서 중도 수준의 점수를 보인 중학생

> 내담자: 지난번 검사결과가 궁금해요. 우울할 때도 있고 아닐 때도 있고, 저도 잘 모르겠거든요.

상담자: _____

_____

10. 자신의 성적 하락이 부모님 탓이라고 생각하는 고등학생

> 내담자: 제가 하고 싶은 공부가 아니니까 의욕이 생기지 않는 것은 당연한 것 아니에요?
>
> 엄마는 저한테 제가 열심히 하지 않는다고 뭐라고 할 자격이 없어요.

상담자: _____

_____

● 상담연습 [Ⅱ] ●

다음은 중삼이와의 상담 축어록이다. 상담에서 중삼이는 우빈이와의 관계문제 해결에 적극적으로 대처하지 않고 회피하려는 성향이 있는 것으로 드러났다. 사례를 읽고 (   ) 안의 내용이 반영된 적절한 해석 반응을 적어 보자.

상담자 1: 그동안 상담에서 우빈이랑 학교에 있었던 일들과 친구관계에 대해 이야기해 왔는데, 너에게 어떤 변화가 있었는지 궁금하다.

내담자 1: 제가 욱하는 바람에 우빈이랑 싸웠지만 화해하고 나서는 그럭저럭 지낼 만해요.

상담자 2: (우빈이와 화해는 했지만 여전히 친구관계에서 만족하지 못하고 있음)

_____

_____

내담자 2: 큰 문제는 없지만 아직은 아쉬운 부분이 있는 것 같아요. 제가 지난번에도 말씀드렸지만 졸업하면 어차피 다시 볼 친구들은 아니니까 그때까지만 참으려고요.

상담자 3: (직접적인 해결이나 변화보다는 중학교 졸업을 기다리고 있음)

_____

_____

내담자 3: 그런 면이 있어요.

상담자 4: 선생님이 보기에는 네가 부모님과의 갈등과 비슷하게 친구들과의 문제도 그저 시간이 지나기만 기다리는 것 같아.

내담자 4: 그런 것 같지는 않은데요.

상담자 5: (갈등이나 불만을 상대에게 말하지 않고 알아주기를 바람)

_____

_____

내담자 5: 그러니까 제가 말하지 않으면 상대방이 제 마음을 알 수가 없다는 얘기인 거죠? 그런데 말하는 게 쉽지가 않아요.

상담자 6: 왜 말하는 것이 어려울까?

내담자 6: 제가 말했을 때 상대방이 제 말을 들어 주지 않을거라고 미리 생각하는 것 같아요.

상담자 7: (거절이나 거부에 대한 두려움으로 자신의 입장을 이야기하지 않음)

_____

_____

내담자 7: 그렇기는 해요.

상담자 8: 그런데 그런 모습이 변화되지 않으면 고등학교에 가서도 비슷한 문제가 생길 수 있어.

내담자 8: 변화가 필요하다는 거네요. 그럼 어떻게 해야 하죠?

상담자 9: 지금이라도 졸업하기 전에 친구들과 잘 지내는 방법을 찾아보는 게 좋겠어.

내담자 9: 앞으로 계속 저에게 비슷한 일이 생기는 것은 막고 싶어요.

상담자 10: 그래, 상담에서 좀 더 이야기를 하도록 하자.

● 상담연습 [Ⅲ] ●

상담자, 내담자, 관찰자 역할을 정한 후, 내담자는 '최근에 스트레스 받았던 사건이나 인상적인 경험'에 대해 이야기를 하고 상담자는 가능한 '해석' 반응을 한다. 관찰자는 상담자의 '해석' 반응에 집중하여 관찰한다. 연습의 효과를 위해 녹음이나 동영상 촬영을 하는 것이 좋다.

상담 후 '해석'에 대해 다음과 같은 내용을 포함하여 상담자의 반응을 함께 논의한다.

- 상담자는 해석 반응을 사용하기 전에 상담과정은 어떠하였는가?
- 상담자는 적절한 시점에서 해석 반응을 사용하였는가?
- 상담자의 해석 반응은 내담자 수준에 적절하게 제시되었는가?
- 내담자는 상담자의 해석 반응을 어떻게 받아들였는가?
- 상담자가 해석 반응을 사용한 후 상담과정은 어떠하였는가?
- 가장 효과적인 해석 반응은 무엇이고 어떤 점에서 효과적인가?
- 가장 비효과적인 해석 반응은 무엇이고 어떤 점에서 비효과적인가?

필요시 내담자 역할은 다음과 같은 사례의 내담자로 연습한다.

사례 1

부모의 강압적인 양육태도로 친구들에게 짜증을 많이 내는 소민이의 어머니와 상담하고 있다. 소민이의 어머니는 소민이가 말을 안 듣기 때문에 더 강하게 이야기해야 한다고 생각하며 반항적인 소민의 모습에 불만을 가지고 있다.

사례 2

비효율적인 학습방법으로 인해 실패감을 느끼고 있는 정혁이는 노력해 봤자 성적을 올릴 수 없다고 이야기한다. 정혁이의 비관적인 태도는 오히려 학업에 집중하기를 어렵게 했고 평가에 대해 매우 불안한 마음을 가지게 되었다.

◉ 연습문제의 답안 예시 ◉

연습 8-1

왕따였던 친구와 어울리면 같이 왕따를 시킨다는 얘기를 들었고 그래서 네가 주연이를 따돌리게 되었다는 거구나. 그 얘기는 네가 왕따를 당하지 않기 위해 주연이를 왕따시켰다는 얘기처럼 들려.

연습 8-2

네 얘기를 들으니 엄마한테 혼난 것을 동생에게 푼 것 같다. 네 생각은 어때?

연습 8-3

상담하는 것은 좋은데 부모님 얘기는 안 했으면 한다는 거네. (직면)
부모님과의 일을 말하는 것이 내키지 않는 것 같구나. (해석)

연습 8-4

부모님이 너에게 관심을 가져 주고 오빠와 언니를 대하듯 대해 주셨으면 하는 것 같구나.

연습 8-5

그러니까 네 얘기는 네가 게임을 하는 이유가 심심해서이기도 하지만 친구들과 어울리기 위해서이기도 하다는 거네.

연습 8-6

검사결과에서는 네가 불안하거나 우울해서 생활하는 데 어려움이 있을 가능성이 있다고 볼 수 있는 점수가 나왔어. (해석)
결과를 듣고 나니 걱정이 되나 보네. 그런데 검사는 정신적으로 문제가 있는지를 알아보는 검사는 아니니, 좀 더 심층적인 검사가 필요한 것 같다. (추가반응)

연습 8-7

자해행동까지 하게 하는 불안한 이야기를 남의 이야기하듯이 말하는 것처럼 보인다. (직면)
더 이야기하는 것이 부담스러운 것 같아. (해석)

연습 8-8

아이가 혼자서 잘할 수 있다고 생각되신다면 뭘 할지를 아이가 선택하도록 하셨을 텐데, 어머님이 원하는 쪽으로 요구하는 것처럼 보입니다.

● 상담연습의 답안 예시 ●

상담연습 [I]

1. 시험을 못 본 이유가 자신에게 있기 보다는 타인이나 환경 탓으로 돌리고 있는 학생
• 시험을 못 본 이유가 시험문제가 잘못 나왔기 때문이라고 생각하는구나.
• 시험을 못 본 이유가 네 탓은 아니라고 생각하는 거네.

2. 성적이 떨어져서 진로를 바꾸었으나 자신의 적성과는 안 맞는 학과여서 진로를 바꾼 것이라고 이
야기하는 고등학생
• 사실 성적이 안 돼서 학과를 바꾼 건데 너는 그걸 이야기하고 싶지 않아 하는 것 같다.
• 친구들이 보기에는 오랫동안 얘기한 학과를 안 간다고 하는 것이 의아하게 보일 수 있지.

3. 사과를 여러 차례 요구했으나 담임선생님의 중재를 통해 친구에게 사과를 받은 여학생
• 선생님이 보기엔 현빈이가 선생님 때문에 억지로 너에게 사과한 것 같아 마음에 안 드는 것
같구나.
• 현빈이가 사과했지만 왠지 여전히 너는 고민이 있는 것으로 보여.

4. 전학을 오면서 달라진 자신의 모습에 대한 상담자의 해석을 부인하는 학생
• 사람들은 보통 다른 환경에서 생활하거나 다른 스타일의 친구를 사귀면서 달라지게
되지.
• 너의 변화 원인이 선생님의 생각과는 다른가 보구나.

5. 어머니의 꾸중을 듣지 않기 위해 억지로 공부를 하는 모습을 보이는 초등학생
• 머리가 나빠서 공부를 못하는 것이 아니라 집중하지 못하기 때문인 것 같다.
• 엄마의 꾸중을 듣지 않기 위해 책상에만 앉아 있으면 공부가 잘 안 될 수 있지.

6. 부모가 이혼한 이유가 자신 때문이라고 생각하는 학생

• 부모님이 이혼한 이유가 너 때문이라고 생각하는 것처럼 보인다.

• 부모님이 이혼하기 전까지 네 얘기를 하면서 싸우셨다면 네 입장에선 부모님이 너를 키우고 싶어 하지 않을 거란 생각을 할 수도 있지.

7. 이전 상담 경험을 통해 이번 상담도 별다른 도움이 되지 않을 것이라고 이야기하는 고등학교 1학년 여학생

• 그 얘기는 나도 이전의 상담선생님처럼 너에게 도움을 주지 못할 거라고 생각한다는 거네.

• 상담에 대한 기대가 별로 없는 상태구나.

8. 자신감 부족으로 진로선택을 전적으로 부모에게 의존하려는 학생

• 전공에 대해서 네가 알아보지 않고 엄마가 알아보셨다니, 네가 진로를 결정하는 것을 어려워하고 있다는 생각이 든다.

• 네 진로를 선택하는 것인데 어른들의 이야기만 따라간다는 것은 네가 자신이 없다는 뜻처럼 들린다.

9. 우울증검사에서 중도 수준의 점수를 보인 중학생

• 이 우울증검사를 통해 네가 우울한 것이 상담이 필요한 정도인지를 알 수 있어.

• 우울 정도를 알아보는 검사에서는 네가 불편함을 느낄 정도의 우울감이 있는 것으로 나왔어.

10. 자신의 성적 하락이 부모님 탓이라고 생각하는 고등학생

• 하고 싶은 공부가 아니라 의욕이 생기지 않고, 그것 때문에 성적이 떨어졌다고 생각하는 거구나.

• 네 말은 성적이 떨어진 이유가 엄마 때문이라는 거네.

상담연습 [Ⅱ]

상담자 1: 그동안 상담에서 우빈이랑 학교에 있었던 일들과 친구관계에 대해 이야기해 왔는
데, 너에게 어떤 변화가 있었는지 궁금하다.

내담자 1: 제가 욱하는 바람에 우빈이랑 싸웠지만 화해하고 나서는 그럭저럭 지낼 만해요.

상담자 2: (우빈이와 화해는 했지만 여전히 친구관계에서 만족하지 못하고 있음)

그래, 우빈이랑도 화해를 하고 다른 친구들과도 문제없이 지내지만 학교생활과
친구관계에서는 여전히 만족하지 못하는 것으로 보인다.

내담자 2: 큰 문제는 없지만 아직은 아쉬운 부분이 있는 것 같아요. 제가 지난번에도 말씀드
렸지만 졸업하면 어차피 다시 볼 친구들은 아니니까 그때까지만 참으려고요.

상담자 3: (직접적인 해결이나 변화보다는 중학교 졸업을 기다리고 있음)

여전히 아쉬움이 있구나. 그런데 그 아쉬움을 해결하기보다는 졸업할 때까지만
참겠다는 거네.

내담자 3: 그런 면이 있어요.

상담자 4: 선생님이 보기에는 네가 부모님과의 갈등과 비슷하게 친구들과의 문제도 그저 시
간이 지나가기만 기다리는 것 같아.

내담자 4: 그런 것 같지는 않은데요.

상담자 5: (갈등이나 불만을 상대에게 말하지 않고 알아주기를 바람)

부모님도 그렇고 친구들에게도 네가 생각하는 것을 말하기보다는 알아주기를
바라고 있는 것 같아.

내담자 5: 그러니까 제가 말하지 않으면 상대방이 제 마음을 알 수가 없다는 얘기인 거죠? 그
런데 말하는 게 쉽지가 않아요.

상담자 6: 왜 말하는 것이 어려울까?

내담자 6: 제가 말했을 때 상대방이 제 말을 들어 주지 않을 거라고 미리 생각하는 것 같
아요.

상담자 7: (거절이나 거부에 대한 두려움으로 자신의 입장을 이야기하지 않음)

그래, 상대방이 너를 믿고 있지 않거나 네 말을 거절할 것이 걱정되어 하고 싶은

말을 하지 못하고 넘어가게 되는 거였네.

내담자 7: 그렇기는 해요.

상담자 8: 그런데 그런 모습이 변화되지 않으면 고등학교에 가서도 비슷한 문제가 생길 수 있어.

내담자 8: 변화가 필요하다는 거네요. 그럼 어떻게 해야 하죠?

상담자 9: 지금이라도 졸업하기 전에 친구들과 잘 지내는 방법을 찾아보는 게 좋겠어.

내담자 9: 앞으로 계속 저에게 비슷한 일이 생기는 것은 막고 싶어요.

상담자 10: 그래, 상담에서 좀 더 이야기를 하도록 하자.

9장
즉시성

즉시성은 상담자가 내담자에 대해서, 내담자와의 관계 안에서 상담자 자신에 대해서 그리고 상담과정 그 자체에 대해 어떻게 느끼고 생각하는지를 내담자에게 개방하고 이것을 내담자와 솔직하게 다루는 것을 의미한다(Hill, 2012). 상담 관계에서 상담자에 대한 내담자의 영향력을 기술하고 상담자가 내담자에 대하여 어떻게 느끼고 있는지 상담자의 인식을 내담자에게 드러내는 것이다. 즉시성은 상담자의 인생 경험에 대한 개인적 사실이나 역사적인 정보를 드러내는 자기개방과 달리 내담자에게서 영향 받은 상담자의 경험과 관련된 것이다.

즉시성은 학자에 따라 다른 용어로도 지칭되는데 상담자가 상담관계에서 경험한 것을 내담자에게 진술하게 표현하는 Rogers의 '진솔성', Kiesler(1988)의 '메타커뮤니케이션', Yalom(2002)의 지금-여기에 대해 '지금-여기에서 이야기하는 것'을 들 수 있다.

Egan(2002)은 즉시성을 세 가지 유형으로 구분하였는데, 상담관계 발달 및 상담관계가 치료과정에 미치는 영향을 언급하는 관계 즉시성, 상담자와 내담자 사이에서 일어나는 즉각적인 상호작용에 관해 언급하고 다루는 지금-여기 즉시성, 내담자 또는 상담관계에 대한 상담자의 느낌을 이야기하는 자기관여적 진술로 분류하였다. 종합해 보면, 즉시성은 상담과정에서 상담자가 내담자에 대해, 내담자와의 관계 속에서 느끼는 상담자 자신에 대해 그리고 상담관계 그 자체에 대해 어떻게 느끼고 생각하는지를 내담자에게 개방하고 이것을 내담자와 솔직하게 다루는 것이라고 정의할 수 있다(서영석 외, 2012).

1. 즉시성의 효과

1) 내담자의 통찰을 도움

즉시성은 내담자가 치료관계에서 통찰을 얻도록 돕는 중요한 기술로, 내담자의 깊은 탐색 및 통찰에 도움이 되는 기법이다. 특히 지금-여기에 초점을 맞추면서 문제가 되는 내담자의 대인관계 패턴을 상담관계 내에서 인식하게 하고 새로운 대인관계 패턴을 학습하도록 하는 데 효과적이다. 상담자는 다른 사람이 내담자에게 어떻게 반응할지를 상담자 자신의 반응을 통해 알 수 있다. 따라서 상담자는 내담자가 불러일으킨 반응을 내담자에게 표현함으로써 내담자로 하여금 다른 사람의 반응을 이해할 수 있고 스스로를 더 잘 이해하도록 도울 수 있다. 상담자에 대한 내담자의 영향력을 '나 메시지'로 전달하는 형식을 취하면 무난하게 즉시성을 표현하는 방식이 된다.

●예시 9-1●

평소 자신을 이해해 주는 친한 친구가 없다며 대인관계에서의 불만족스러움과 우울감을 호소문제로 상담 중인 내담자. 때때로 상담자의 질문에 잘 대답하지 않고 이유를 물어도 명확하게 대답하지 않는 모습이 반복된다.

> 상담자: 지난주에 엄마랑 싸웠다고 했는데 무슨 일로 싸웠던 거야?
> 내담자: (핸드폰을 쳐다보며) 뭐…… 엄마랑 딸이 그렇듯이 그런 거죠 뭐.
> 상담자: 특별한 이유가 있었던 것은 아닌 것처럼 말하는 것처럼 들리네.
> 내담자: 뭐 이유가 없는 건 아니겠죠. 별로 잘 기억나지도 않아요.
> 상담자: 이유를 알려 주지 않고 대답도 잘 하지 않으니까 거리감이 느껴지고 혹시 나에게 뭔가 불만이 있나 하는 생각이 들기도 해.

상담자가 내담자에게서 받는 영향력에 대한 자신의 반응을 잘 표현할 때 내담자는 그들이 다른 사람에게 자신이 어떤 인상을 주고 있는지를 알게 되고, 그들의 문제가 되는 행동을 변화시킬 수 있다. 즉시성을 사용할 때는 내담자로부터 받은 영향력을 잘 파악하고 상담자와 내담자의 상호작용에 대해 직접적으로 이야기한다. 그리고 내담자의 반응을 살피고 내담자의 반응을 탐색한다.

● 예시 9-2 ●

학교폭력의 가해자로 상담 중인 내담자. 사소한 일에도 불같이 화를 내는 면이 있다.

> 내담자: (씩씩거리며) 걔(피해학생)가 찌질한 거라고요. 다른 애들한테도 물어봐요. 다른 애들도 다 싫어하는 애라고요. 다른 애들도 다 놀렸다고요.
> 상담자: 다른 애들도 다 놀렸는데 네 행동만 문제 삼는 것 같아 억울한 것 같구나.
> 내담자: 정말 열 받는다고요. (소리를 지르며, 주먹을 불끈 쥐고) XX 같으니라고. (욕설을 하며) XX 같은 것들은 다 없애 버려야 한다고요.
> 상담자: 네가 화난 것은 알겠는데, 그렇게 화를 내고 욕을 하니까 무섭게 느껴져.

● 연습 9-1 ●

최근 친구와의 갈등으로 내방한 고등학교 1학년인 세희는 5회기가 진행된 상담회기 동안 상담자가 말하는 모든 것에 동의한 적이 없다.

상담자: _____

_____
---

2) 상담관계의 발전을 도움

Egan(2002)은 상담이 정체되어 있거나 상담자와 내담자 사이에 긴장감이 존재할 때, 상담자와 내담자 사이에 신뢰와 관련된 문제가 발생했을 때 그리고 서로에 대해 매력을 느낄 때 즉시성이 유용하다고 하였다. 이때, 상담자는 방어적인 태도를 취하지 않고 상담과정에서 무엇이 일어나고 있는지 차분하게 볼 수 있어야 한다. 내담자의 부정적인 비판에 대해서도 자신의 내면에서 일어나는 반응을 솔직하게 살펴보면서 자신이 책임을 다했는지 무엇이 문제인지를 담담하게 볼 수 있어야 한다.

● 예시 9-3 ●

내담자: 상담이 저한테 도움이 되는 건지 잘 모르겠어요. 차라리 이 시간에 학원에 가는 게 나을 것 같아요.

상담자: 나는 주리와 상담을 잘 진행해 보려고 노력하고 있는데 도움이 되는 건지 모르겠다고 하니 당황스럽구나.

내담자: 아니…… 제 얘기를 하는 건 좋긴 한데, 저는 조언을 듣고 빨리 문제를 해결하고 싶거든요…….

상담자: 조언을 들으면 문제를 빨리 해결할 수 있을 거라고 생각하는구나.

● 연습 9-2 ●

내담자: 지난번 엄마랑 상담하셨을 때 저와의 상담내용을 얘기하신 것 다 알아요.
　　　　이제 선생님한테 얘기하지 않을 거예요.

상담자: _____

　　　　_____

　즉시성은 상담 장면에서 내담자가 보이는 저항이나 침묵에 효과적으로 대처할 수 있는 기법이기도 하다. 내담자의 저항이나 침묵은 그 이유가 다양하므로 내담자의 의도를 파악하여 그에 맞게 반응하는 것이 필요하다. 내담자의 저항이나 침묵은 내담자가 상담자에게 자신의 의도를 직접적으로 드러내지 않고 간접적으로 드러내는 것이다. 즉시성은 이러한 드러나지 않은 내담자의 의도를 파악하게 할 수 있다.

● 예시 9-4 ●

최근 들어 3주째 상담시간에 늦는 내담자

상담자: 요즘 들어 상담시간에 계속 늦고 있어. 상담하는 것에 대해서 어떻게 생각하는지 궁금하구나.

● 예시 9-5 ●

학업문제로 상담에 의뢰된 내담자. 상담이 진행되면서 내담자의 학업과 관련된 지연행동에 직면하게 된다.

상담자: 공부를 잘하고 싶다고 하면서도 공부에 할애하는 시간이 거의 없는 것 같구나.

내담자: 지난주는 정말 중요한 일이 많았어요. 계획대로 하는 것은 불가능했어요. 또 많은 시간을 투자해서 좋은 성적을 받는 것은 별로 의미가 없는 것 같아요.

상담자: 상황을 고려하고 지킬 수 있는 수준이라고 해서 열심히 계획을 세운건데 그것이 의미가 없었던 것 같은 느낌이 드는구나.

내담자: …….

상담자: 지금 어떤 생각을 하고 있는지 궁금한데?

내담자: …… 생각이 잘 안 나요. 어제 늦게 자서 좀 피곤하거든요.

상담자: 내가 계획대로 하지 못한 것에 대해 말하는 것이 너를 불편하게 하는 것 같구나. 어때?

● 연습 9-3 ●

최근 상담에서 별다른 진전이 없이 답습상태인 상담 회기 중 내담자가 종결을 이야기하는 상황

내담자: 선생님, 다음 주부터 학원에 다니게 돼서 상담을 못하게 될 것 같아요. 그동안 상담에서 정말 많은 도움을 받았어요. 남아 있는 문제는 제가 스스로 해결해야 하는 게 맞는 것 같아요.

상담자: _____

_____

2. 즉시성의 유형

즉시성은 내담자에 대한 상담자의 감정이나 생각, 상담자와 내담자의 전반적인 관계, 상담 중에 발생한 특정한 사건 등에 초점을 맞추어 사용할 수 있다

(Egan, 1997). 즉시성은 상담자가 자신의 개인적 감정이나 생각을 개방하고, 내담자 혹은 상담관계에 대하여 내담자가 통찰을 할 수 있도록 돕기 위해 내담자로부터 유발된 상담자의 경험과 반응을 드러내기 때문에 개방화의 한 유형으로도 볼 수 있다. 이러한 측면은 상담에서 나타나는 내담자의 행동문제에 대해서 내담자가 직면하도록 만들기 때문에 도전과도 유사한 면이 있다. 더 나아가 즉시성이 상담자를 대하는 내담자의 행동패턴을 지적하는 데 활용된다면 정보제공의 한 유형이라고도 볼 수 있다(Hill, 2012). 그러나 즉시성은 개방화, 직면, 내담자에 대한 피드백과는 다르다. 즉시성은 내담자에게서 영향을 받은 상담자의 반응을 드러내는 것이기 때문에 상담자와 내담자 모두를 포함하는 기법이라는 점에서 개방화, 직면, 정보제공과는 엄격하게 다른 특징을 갖는다.

1) 내담자에 대한 생각이나 느낌

상담자는 내담자에게서 받은 내담자에 대한 느낌이나 생각을 내담자에게 표현하고 내담자가 어떻게 느끼고 있는지에 대해 질문한다.

> ● 예시 9-6 ●
>
> 평소 감정표현을 잘 하지 않고 방어적인 내담자인데 이번 회기에서 담임선생님에 대한 서운함, 친구들에 대한 불편감을 이야기했고 이러한 변화가 상담자에게 영향을 주었다.
> 상담자: 오늘은 유준이가 감정에 대해서 이야기를 많이 해 줘서 유준이가 예전보다 편해진 것 같은 느낌을 받았어. 유준이는 어땠어?

내담자에 대한 상담자의 느낌이나 생각은 긍정적인 것일 수도 있고 그렇지 않은 것일 수도 있다. 이때 상담자는 자신의 감정, 반응을 잘 살피고 이를 내담자에게 전달하며 내담자의 반응을 탐색해야 한다. 이러한 내담자에 대한 상담

자의 느낌이나 생각을 드러내는 것은 내담자의 통찰을 돕거나 상담진행에 도움
이 되는 것이어야 한다.

● 예시 9-7 ●

상담자: 평소 아버지와는 어때?

내담자: 가족 얘기는 하지 않아도 될 것 같아요.

상담자: 가족 얘기는 하고 싶지 않은가 보구나.

내담자: (차가운 목소리로) 앞으로 저의 진로나 저에 대해서 이야기하면 되지
        않나요? (표정이 어두워지고 입술을 삐죽거림)

상담자: 내가 아버지에 대해서 말을 꺼내니까 화가 나는 것 같아 보여. 어떤
        마음이 들었는지 말해 주겠니?

● 연습 9-4 ●

상담 시 긴장하거나 곤란할 때 멋쩍은 웃음을 자주 보이는 내담자

상담자: 지난 학기 동아리 대표 하면서 힘든 점이 뭐였어?

내담자: 하하하. 뭐, 그런 거죠. 하하하. 워낙 개성이 강한 애들이 모여 있어서요.
        하하……. 애들이 내 의견을 무시할 때가 제일 힘들었죠. 하하.

상담자: 개성이 강한 애들의 의견을 조율하고 의사결정 하는 과정에서 무시
        당하면 많이 힘들었을 것 같아.

내담자: 하하, 이제 다 지났으니까요. 그래도 그때 생각하면……. 하하하.

상담자: _____

        _____

2) 내담자와의 관계 속에서 경험한 상담자 자신에 대한 생각이나 느낌

즉시성의 또다른 유형은 상담자와 내담자 사이에서 일어나는 상호작용에 관해 언급하고 다루는 것이다. 이는 내담자의 대인관계 패턴을 인식하고 새로운 패턴을 학습하게 한다. 이러한 즉시성의 효과는 내담자와의 관계에서 상담자가 인식한 것을 내담자에게 표현하는 것을 통해 이루어진다.

● 예시 9-8 ●

대인관계 문제로 상담에 의뢰된 내담자로 상담 시 말이 많은 편이다. 자신이 대화를 주도하려고 하는 면들이 자신을 드러내고 인정받고자 하는 행동인 것으로 여겨지며, 이러한 면이 친구들에게는 잘난 척하는 것으로 여겨질 수 있다고 상담자는 판단하였다.

상담자: 준영이가 선생님 말을 자주 끊고 슬쩍슬쩍 반말도 섞어 쓸 때에는 선생님을 존중하지 않는 것 같아 불쾌할 때가 있어.

● 연습 9-5 ●

자존감이 낮고 자기주장을 잘 하지 못하는 중학교 2학년인 민지는 상담자에게 많이 의존하며 중요한 결정이 있을 때 항상 상담자의 의견을 따르려고 한다.

상담자: _____

_____

즉시성을 통해 내담자의 행동패턴이나 대인관계의 반응양식이 상담관계 속에서 상담자에게도 적용되어 일어나고 있는지를 확인할 수 있다.

● 예시 9-9 ●

대인관계 문제로 상담에 의뢰된 내담자. 평소 아무도 자신을 이해하지 못한다고 말하고 있다. 겉으로는 자신을 이해하는 척하지만 실제로는 그렇지 못하다고 이야기한다.

내담자: 저를 이해할 수 있는 사람은 없어요. 사람들은 믿을 수 없어요.

상담자: 혹시 선생님도 너를 이해하지 못한다고 생각하는 것은 아닌지 궁금하구나.

● 연습 9-6 ●

품행문제로 내방한 협조적이지 않은 내담자. 상담 중 권위적인 인물에 대한 적개심을 드러낸다.

내담자: 어른들은 다 똑같아요. 모두들 제가 잘못됐다고 제가 바뀌어야 한다고 하죠. 지금까지 모든 선생님들이 다 그랬어요.

상담자: _____

_____

---

3) 상담과정에 대한 인식

상담과정에서 상담자가 인식한 느낌이나 생각을 내담자에게 표현하거나 질문하는 것이다. 이러한 상담관계에서의 즉시성의 발휘는 상담관계가 더 깊어질 수 있도록 한다.

● 예시 9-10 ●

최근 들어 상담에 진전이 없고 이전 상담내용이 반복되고 있다는 느낌을 받고
있다.

상담자: 오늘 이야기한 것 중에서 기억에 남는 것이 있다면 얘기해 줄래?

내담자: 뭐, 특별한 것은 없는 것 같아요.

상담자: 최근 들어 우리의 이야기는 별다른 진전이 없는 것 같아. 어떻게
　　　　생각해?

내담자: 사실 제가 어떤 점에서 도움을 받고 있는지 저도 잘 모르겠다는
　　　　생각이 들긴 했어요.

● 예시 9-11 ●

상담자: 한 주 동안 어떻게 지냈어?

내담자: 잘 지냈어요.

상담자: 지난주에 초등학교 때 부모님이 이혼하신 이야기를 하다가 마무리를
　　　　못했는데…….

내담자: 그게 저한테 크게 문제가 되지는 않는 것 같아요. 시간도 많이 흘러서
　　　　이제 아무렇지 않은 것 같아요. 〈중략〉 (내담자의 호소문제와 관련된
　　　　주제나 이슈에 대한 이야기가 아닌 일상적인 주제를 이어 감)

상담자: 이제 시간이 다 돼서 정리를 해야 할 것 같아.

내담자: 어제 엄마랑 좀 다퉜어요. 대수롭지 않은 걸로 싸우긴 했지만 제가
　　　　예민한 것은 엄마와 관련이 있는 것 같다는 생각이 들기도 해요. 어제도
　　　　저의 안 좋은 점은 아빠를 닮았다고 하는 거예요. 그럴 때마다 화가
　　　　나요.

상담자: 지난 시간에도 비슷한 느낌을 받았는데, 중요한 얘기는 거의 상담이
　　　　끝나 갈 때 나오는 것 같아서 정리가 안 되고 끝나는 느낌이 들어.

● 연습 9-7 ●

내담자 : 제 얘기만 하는 것은 별로인 것 같아요.

상담자: _____

_____

3. 효과적인 즉시성을 위한 주의사항

상담에서 즉시성의 유용함과 효과가 입증되었지만 실제 상담 장면에서 즉시성을 사용하는 것은 생각만큼 쉽지 않다. 즉시성은 상담자의 느낌이나 생각을 내담자에게 즉각적으로 개방하는 것이기 때문에 내담자에게는 매우 직면적이고 도전적으로 인식될 수 있기 때문이다. 따라서 즉시성을 사용할 때에는 내담자에 대한 공감과 이해를 바탕으로 내담자의 자존감을 지지하고 보호하는 차원에서 이루어져야 한다.

즉시성은 상담자에게도 익숙하지 않을 수 있다. 특히 초보상담자의 경우 자신의 느낌이나 생각을 역전이 반응으로 의심하거나 즉시성을 사용할 경우 내담자의 기분을 상하게 하여 상담관계에 부정적인 영향을 미칠 수 있다는 우려를 할 수 있다. 따라서 상담자는 내담자에 대한 자신의 반응, 내담자와의 상호작용에 대한 자신의 경험이 역전이 반응이 아닌 내담자의 영향력에 의해 유발된 반응이라는 확신과 상담과정이나 상담의 효과에 대한 상담자의 불안이나 방어 차원에서 이루어지는 것이 아니라는 것이 분명할 때 즉시성을 사용해야 한다.

이외에도 효과적으로 즉시성을 활용하기 위해서는

첫째, 즉시성이 내담자에게 도전적일지라도 내담자 변화의 동기가 된다는 것에 대한 믿음을 가져야 한다. 내담자를 힘들게 할 수 있다는 두려움 때문에 상담자가 즉시성을 회피해서는 안 된다.

둘째, 상담자가 자신의 감정에 대한 믿음이 있어야 한다. 상담자가 자신의 반응을 불확실하게 느낄수록 자신의 감정을 전달하는 것을 주저하게 된다.

셋째, 상담자가 부적절하게 혹은 무의식적으로 자신의 필요를 해결하기 위해서 즉시성을 사용해서는 안 된다. 이러한 즉시성의 발휘는 내담자에게 부정적인 결과를 가져온다. 상담자는 즉시성의 발휘가 자신을 위한 것인지 내담자를 위한 것인지를 잘 분별해서 상담과정을 방해하지 않도록 해야 한다.

요 약

1. 즉시성은 상담자가 내담자, 내담자와의 관계 안에서 상담자 자신 그리고 상담과정 그 자체에 대해 어떻게 느끼고 생각하는지를 내담자에게 개방하는 것이다.
2. 즉시성의 활용은 내담자의 통찰을 도와 변화를 촉진하고 상담관계의 변화에 영향을 미치는 기법이다.
3. 효과적인 즉시성의 사용을 위해 상담자의 반응을 잘 파악하고 이를 공감적으로 전달하며, 전달 후 내담자의 반응을 살펴야 한다.
4. 자기개방의 효과는 내담자에게 감정이나 통찰 인식을 자극하고 모델링이 될 수 있다는 것이다.
5. 즉시성은 상담자의 필요와 요구에 의해 발휘되는 것이 아니라 내담자에게 도움이 되는 것이어야 한다.

● 상담연습 [I] ●

다음에 제시된 사례를 읽고, 내담자의 이야기에 대한 상담자의 적절한 즉시성 반응을 써 보시오.

1. 진로상담 중인 중학교 내담자

> 내담자: 저는 무조건 돈만 많이 버는 직업이면 돼요. 그러면 대학은 안 가도 상관없어요. 게임방송 같은 데서 별풍선 많이 받으면 억 단위로 벌어요. 그건 놀면서 돈 버는 거예요. 그런 직업이 있는데 왜 바보같이 공부를 해요. 게임만 많이 하면 돼요.

상담자: ＿＿＿＿＿＿＿＿＿＿＿＿＿＿＿＿＿＿＿＿＿＿＿＿＿＿

＿＿＿＿＿＿＿＿＿＿＿＿＿＿＿＿＿＿＿＿＿＿＿＿＿＿

2. 상담자가 말할 기회를 주지 않고 쉴 새 없이 20분 동안 혼자 이야기한 학부모

> 내담자: 말하다 보니 제가 두서없이 너무 많은 말을 한 것 같네요.

상담자: ＿＿＿＿＿＿＿＿＿＿＿＿＿＿＿＿＿＿＿＿＿＿＿＿＿＿

＿＿＿＿＿＿＿＿＿＿＿＿＿＿＿＿＿＿＿＿＿＿＿＿＿＿

3. 최근 들어 계속해서 상담시간에 지각하는 고등학교 1학년 내담자

> 내담자: 늦어서 죄송해요. 오늘 상담을 깜빡하고 있었어요.

상담자: _____

_____

4. 상담시간에 눈 마주침이 안 되고 계속 시선을 피하면서 말하는 내담자

> 내담자: (상담자의 시선을 피하고 작은 목소리로) 이 세상에 저를 이해해 주는 사람은
> 아무도 없어요.

상담자: _____

_____

5. 상담 중에 시계를 자꾸 쳐다보는 중학교 2학년 남학생

> 내담자: (빈번하게 시계를 바라보며) 잘 모르겠어요.

상담자: _____

_____

6. 상담자에게 과도한 친근감과 호감을 표현하는 중학교 2학년 여학생

> 내담자: 선생님은 서 빌고 다른 애들도 상담해 주시잖아요. 저 이외에 다른 애들한테
> 잘해 주시는 것이 싫어요. 저만 상담하셨으면 좋겠어요.

상담자: _____

_____

7. 상담에 비협조적이고 상담자가 질문한 것에만 수동적으로 대답하는 중학교 3학년 남학생

> 상담자: 학교 다니기가 싫다고 했는데, 무엇 때문에 학교 다니기가 싫어?
>
> 내담자: 그냥요.
>
> 상담자: 학교 다니기 싫은 이유가 있을 것 같은데…….
>
> 내담자: 몰라요.
>
> 상담자: 언제부터 학교 다니기가 싫었던 것 같아?
>
> 내담자: 몰라요.

상담자: _____

_____

8. 상담이 별다른 도움이 되지 않을 것이라고 이야기하는 고등학교 1학년 여학생

> 내담자: 선생님은 그냥 들어 주시기만 하잖아요. 좋게만 얘기하시잖아요. 상담선생님
> 들은 다 그런 거 아닌가요?

상담자: _____

_____

● 상담연습 [Ⅱ] ●

다음은 중삼이와의 상담 축어록이다. 중삼이는 지난주 상담에 연락 없이 오지 않았다. 최근 상담이 답보 상태라고 상담자가 생각하고 있던 차에 벌어진 일이다. 상담자가 연락해 보니 상담을 깜빡 잊었다고 했다. 이전 상담에서 중삼이가 갈등상황에서 자신의 속마음을 잘 드러내지 않으며, 대인관계문제에 적극적으로 대처하지 않고 회피하려는 성향에 대해 이야기한 것이 내담자를 불편하게 한 것은 아닐지 짐작해 본다. 사례를 읽고 (   ) 안의 내용을 반영하여 적절한 즉시성 반응을 적어 보자.

상담자 1: 지난주에는 어떻게 된 일이야?

내담자 1: 깜빡했어요. 친구랑 약속도 있었구요.

상담자 2: 그랬구나. 지금까지 중삼이가 상담에 연락 없이 오지 않았던 적이 없었기 때문에 무슨 일인가 궁금했었어.

내담자 2: 그냥 깜빡했어요.

상담자 3: _____

내담자 3: 상담하는 것은 괜찮은데, 오는 게 좀 귀찮아요. 친구들과도 놀아야 하는데…….

상담자 4: (이전 상담 회기 중 갈등상황에서 자신의 마음을 잘 이야기하지 않는 패턴이 있다는 것과 관련지어 생각해 봄) _____

_____

내담자 4: …… 상담을 계속해야 하나 생각이 들기도 했어요.

상담자 5: 음, 그렇게 얘기하니 이해가 돼. 상담을 하는 것에 대해 고민을 했구나.

내담자 5: 이제 잘 지내고 있으니까, 상담에서 할 말도 없고요.

상담자 6: (대인관계문제에 적극적으로 대처하지 않고 회피하려는 성향에 대해서 다루려는 시점에서부터 상담이 답보상태였음을 생각함) _____

_____

내담자 6: 필요하다는 것은 알겠는데 어려운 것 같아요.

상담자 7: 그래, 쉽지 않은 일이지. 그래도 오늘 중삼이가 상담하면서 들었던 마음을 솔직하게 이야기해 준 것 같아서 기뻐. 중삼이는 어때?

내담자 7: 괜찮아요.

● 상담연습 [Ⅲ] ●

상담자, 내담자, 관찰자 역할을 정한 후, 내담자는 '최근에 스트레스 받았던 사건이나 인상적인 경험'에 대해 이야기를 하고 상담자는 '즉시성' 반응에 신경을 쓰면서 상담한다. 관찰자는 상담자의 '즉시성' 반응에 집중하여 관찰한다. 연습의 효과를 위해 녹음이나 동영상 촬영을 하는 것이 좋다.

상담 후 '즉시성'에 대해 다음과 같은 내용을 포함하여 상담자의 반응을 함께 논의한다.
- 내담자의 영향력에 대한 상담자의 생각과 느낌을 표현하였는가?
- 공감을 기반으로 한 즉시성이 이루어졌는가?
- 상담자의 즉시성은 내담자에게 도움이 되었는가?
- 상담자는 즉시성을 적용한 후 내담자의 반응을 탐색하였는가?
- 상담자의 즉시성 중 효과적인 즉시성은 어떤 점에서 효과적이었는가?

필요시 내담자 역할은 다음과 같은 사례의 내담자로 연습한다.

사례 1

품행장애로 상담에 의뢰된 중학교 2학년 내담자는 상담시간에 거만하고 무례한 행동을 보인다. 상담에 비협조적이며 자신은 상담을 받을 필요가 없다는 말을 하고 협조적이지 않은 태도를 보인다.

사례 2

학교에 친한 친구가 없다는 것을 호소문제로 상담 중인 고등학교 1학년 정연이는 상담자에게 의존적이며 상담에 매우 협조적이다. 매번 상담시간마다 선물을 들고 오는 경우가 많다.

• 연습문제의 답안 예시 •

연습 9-1

선생님이 말하는 것에 대해 거의 반대만 하니 내 생각에 관심이 없는 것 같아서 좀 힘이 빠지는 것을 느끼게 돼. 내 얘기를 듣고 어떤 생각이 들어?

연습 9-2

선생님은 너와 합의한 내용만 이야기했는데, 네가 선생님을 믿지 않게 된 것 같아서 당황스럽구나.

연습 9-3

상담이 도움이 된 부분이 있다는 것은 다행인데, 최근 상담에서 별다른 진전이 없어서 답답함을 느끼고 있었어. 네가 스스로 문제를 해결하겠다고 하는 말이, 상담이 더 이상 너에게 도움이 되지 않는다는 것을 에둘러 표현하는 것 같아서 마음이 편하지 않구나.

연습 9-4

힘들었던 점들을 물어보면 많이 웃는 모습을 보이니까 뭔가 곤란하거나 불편해 하는 것 같은 느낌이 들었어? 어때?

연습 9-5

민지가 선생님을 믿고 의지하는 것이 많이 느껴져. 나를 믿어 주는 것은 좋지만 매사에 모든 일의 결정을 나에게 맡기려고 하는 것 같아서 부담스럽기도 해.

연습 9-6

나도 네가 생각하는 어른들과 같은 생각을 할 거라고 생각해서 나를 믿지 않는 것은 아닌지 모르겠구나.

연습 9-7

자신에 대해서 이야기하는 것을 불편해 하는 것 같구나. 어때?

● 상담연습의 답안 예시 ●

상담연습 [I]

1. 진로상담 중인 중학교 내담자

- 진로선택을 위한 다양한 요소들을 고려하지 않고 놀면서 돈 많이 버는 것만 생각하는 것이 답답하고 안타까워. 어떻게 생각해?

2. 상담자가 말할 기회를 주지 않고 쉴 새 없이 20분 동안 혼자 이야기한 학부모

- 어머님이 하고 싶은 말씀이 많으셨던 것 같아요. 하지만 이야기를 듣는데 집중이 잘 되지 않고 혼란스러웠어요. 제 얘기 듣고 어떠신가요?

3. 최근 들어 계속해서 상담시간에 지각하는 고등학교 1학년 내담자

- 몇 주째 계속 상담시간에 늦었네. 너에게 있어서 상담실에 오는 것은 어떤 의미를 가지는지 궁금해.

4. 상담시간에 눈 마주침이 안 되고 계속 시선을 피하면서 말하는 내담자

- 이 세상 누구도 너를 이해하는 사람이 없다고 하는데, 선생님도 너를 이해할 수 없을 거라고 생각하는지 궁금하구나.

5. 상담 중에 시계를 자꾸 쳐다보는 중학교 2학년 남학생

- 계속 시계를 쳐다보는 것이 빨리 상담실에서 벗어나고 싶어 하는 것 같이 느껴져. 어때?

6. 상담자에게 과도한 친근감과 호감을 표현하는 중학교 2학년 여학생

- 너에게만 관심을 사서주기를 바라는 것이 조금은 부담스럽게 느껴진다.

7. 상담에 비협조적이고 상담자가 질문한 것에만 수동적으로 대답하는 중학교 3학년 남학생

• 선생님은 너에 대해서 알고 싶고 이해하고 싶은데, 아직 너는 마음의 문을 열지 않은 것 같아 안타깝구나.

8. 상담이 별다른 도움이 되지 않을 거라고 이야기하는 고등학교 1학년 여학생

• 나의 반응을 믿지 못한다는 것으로 느껴져서 섭섭하네.

상담연습 [Ⅱ]

상담자 1: 지난주에는 어떻게 된 일이야?

내담자 1: 깜빡했어요. 친구랑 약속도 있었고요.

상담자 2: 그랬구나. 지금까지 중삼이가 상담에 연락 없이 오지 않았던 적이 없었기 때문에 무슨 일인가 궁금했었어.

내담자 2: 그냥 깜빡했어요.

상담자 3: 최근 들어 상담에서 진전이 없다고 느끼고 있었는데, 중삼이는 어떻게 생각해?

내담자 3: 상담하는 것은 괜찮은데요, 오는 게 좀 귀찮아요. 친구들하고도 놀아야 하는데…….

상담자 4: (이전 상담 회기 중 갈등상황에서 자신의 마음을 잘 이야기하지 않는 패턴이 있다는 것과 관련지어 생각해 봄) 예전에 중삼이는 불만이 있어도 솔직히 이야기하는 것이 힘들다는 얘기를 했었는데, 지금 상담하면서 혹시 솔직하게 이야기하지 못하는 것은 아닌가 하는 생각이 드는데, 어때?

내담자 4: …… 상담을 계속 해야 하나 생각이 들기도 했어요.

상담자 5: 음, 그렇게 얘기하니 이해가 돼. 상담을 하는 것에 대해 고민을 했구나.

내담자 5: 이제 잘 지내고 있으니까 상담에서 할 말도 없구요.

상담자 6: (대인관계문제에 적극적으로 대처하지 않고 회피하려는 성향에 대해서 다루려는 시점에서부터 상담이 답보 상태였음을 생각함) 상담에서 할 말이 없다는 것이 평

소 사람들과의 관계에서 문제가 있을 때 적극적으로 대처하지 않고 피하려 한다는 것에 대해 이야기할 때 중삼이가 말하는 것을 주저했던 것과 관련이 있는 것 같구나. 어떻게 생각해?

내담자 6: 필요하다는 것은 알겠는데 어려운 것 같아요.

상담자 7: 그래, 쉽지 않은 일이지. 그래도 오늘 중삼이가 상담하면서 들었던 마음을 솔직하게 이야기해 준 것 같아서 기뻐. 중삼이는 어때?

내담자 7: 괜찮아요.

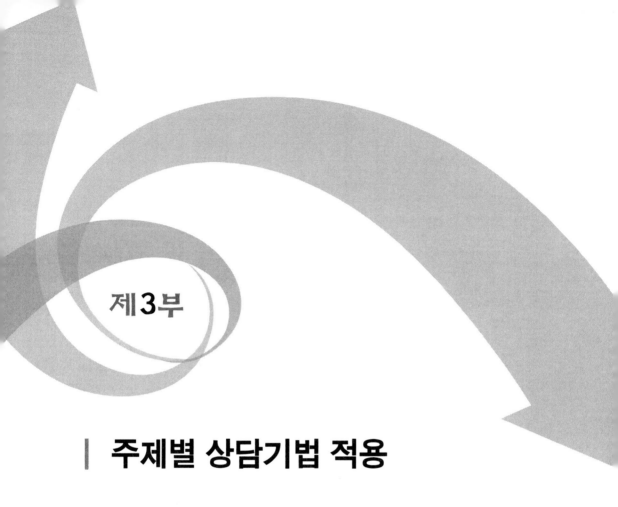

제3부

| 주제별 상담기법 적용

10장
정서문제 상담

학교장면에서 학생들에게 나타나는 정서적 문제는 그 증상의 수준이나 내용이 다양하다. 우울장애나 불안장애와 같은 정서장애로 진단되어 나타나는 심각한 문제에서부터 일시적 혹은 경도의 우울감이나 불안감으로 나타나는 정서적 문제는 학교생활을 포함한 일상생활의 적응에 영향을 준다. 정서문제는 열등감, 사회적 위축, 수줍음, 불안, 공포, 과민, 우울, 자신감의 부족 등으로 학교를 포함한 일상생활이 힘들고 정서, 감정조절에 문제가 있는 것을 의미한다.

아동과 청소년들이 겪는 정서문제는 성인들의 증상과 비슷하지만 성인에 비해 덜 분화되어 있다. 정서문제는 학습부진을 초래하기도 하고, 또래 및 교사와 만족스러운 관계를 형성·유지하기 어렵게 한다. 또한 정서가 불안정하고 충동통제력이 낮으며 자존감이 낮아 정서를 표현하고 감정을 다루는 데에 어려움을 겪기 쉽다. 따라서 정서문제를 갖고 있는 학생들은 자발적으로든 비자발적으로든 상담에 의뢰되는 경우가 많다. 어찌 보면 상담에서 만나게 되는 많은 학생들이 경험하고 있을 정서문제에 대한 이해를 바탕으로 효과적인 상담을 진행하는 것은 중요한 일이다.

1. 정서문제의 유형 및 특징

아동을 비롯한 청소년들이 경험하는 정서문제의 분류는 미국정신의학회 (APA)의 정신장애 분류 체계인 DSM-5(Diagnostic and Statistical Manual of Mental Disorders)를 통해 그 유형과 특징을 이해하는 데 도움을 받을 수 있다. DSM 분류체계의 우울장애, 불안장애, 강박장애, 질병불안장애와 같은 증상들이 아동이나 청소년에게도 나타날 수 있는데, 아동과 청소년의 증상은 성인의 증상과 유사하면서도 차이가 나는 면들이 있다. 따라서 성인과는 다른 아동과 청소년의 정서문제의 특징들을 잘 고려해야 한다.

일반적으로 정서문제를 겪고 있는 학생들의 경우 부적절한 행동이나 감정을 나타내는 등 정서의 표출이나 이해에 어려움을 겪고 정서가 불안정하며, 지적인 면이나 신체적인 면에는 문제가 없는데 학습부진을 겪는 경우가 많다. 또래나 교사와 만족스러운 대인관계를 형성하고 유지하는 데에도 어려움을 겪거나 학교 문제와 관련하여 신체적 증상이나 공포, 두려움을 나타내는 경향도 있을 수 있다. 낮은 자존감으로 인해 자신의 가치감을 인식하지 못하고 실패감, 좌절감을 느끼고 부정적인 생각과 말을 하면서 세상을 비관하고 우울감을 나타낸다.

1) 우울장애

우울과 슬픔을 구분하는 명확한 기준은 없지만, 슬프고 우울한 기분에 덧붙여 비관적이고 부정적인 생각이 동반되는지, 불면, 식욕 감퇴, 피곤함, 의욕 감퇴 등의 생리적 혹은 행동적 변화가 동반되는지 그리고 이 같은 상태가 일시적인 것이지 상당 기간 지속하는지 여부를 고려해야 한다. DSM-5에서는 우울장애의 하위유형을 주요우울장애, 지속성 우울장애, 파괴적 기분조절 곤란장애 등으로 분류한다. 우울장애는 우울기분 또는 흥미나 즐거움의 상실을 주요 특징으로 하며, 아동과 청소년은 슬픔과 공허함과 같은 우울기분이 아닌 신경질, 짜증과 같은 과민한 상태로 나타날 수 있기 때문에 이를 유의해서 살펴야 한다. 아동기 우울장애에서 흔히 관찰되는 증상은 슬픈 모습, 신체적 호소, 정신운동 초조, 분리 불안과 공포감이며 나이가 들수록 절망감, 망상 및 정신운동지체의 증상이 증가하기도 한다. 대인관계의 문제가 생겨 친구들과 자주 싸우거나 위축되어 따돌림을 당하기도 하고, 부모에게 반항하거나 집중력이 떨어지면서 성적이 떨어지기도 하며, 인터넷 사용을 지나치게 많이 하거나 등교 거부 등의 다양한 행동으로 표현된다. 특히, 청소년기의 우울장애의 증상은 공격적이고 과격한 행동, 부주의하고 산만함, 충동적 행동 등으로 나타나기도 해서 이를 가면성 우울장애로 분류하기도 한다.

2) 불안장애

불안장애는 어떤 대상에 대해 일시적으로 불안을 느끼는 것이 아니라 불안의 자극이 사라진 경우에도 극심한 불안이 계속되거나 일반적으로 불안이 유발되지 않을 상황에서도 불안이 고조되고, 불안 때문에 일상생활에 심한 지장을 받는 것이다. 아동과 청소년의 불안장애는 등교 거부, 또래 기피, 특정 대상이나 상황에 대한 공포 등의 부적응으로 나타나고, 이는 학업수행, 대인관계 등 여러 가지 발달 영역에 걸쳐 영향을 미칠 수 있으며 다른 공존 질병과 함께 수반되어 나타나기도 한다. DSM-5에서 분류한 불안장애의 하위유형 중 아동기에 많이 나타나는 분리불안장애나 선택적 무언증은 물론, 범불안장애, 사회공포증, 공황장애, 특정공포증, 외상 후 스트레스 장애 등을 아동 및 청소년기에도 적용하여 진단 내리도록 하고 있다.

표 10-1 불안장애의 하위유형 및 핵심증상

하위유형	핵심증상
범불안장애	미래에 발생할지 모르는 다양한 위험에 대한 과도한 불안과 걱정
특정공포증	특정한 대상이나 상황에 대한 공포
광장공포증	다양한 장소에 대한 공포
사회불안장애	다른 사람으로부터 평가받은 사회적 상황에 대한 불안과 공포
공황장애	갑작스럽게 엄습하는 죽을 것 같은 강렬한 불안과 공포
분리불안장애	중요한 애착 대상과 떨어지는 것에 대한 과도한 불안
선택적 무언증	특수한 사회적 상황에서 지속적으로 말을 하지 않는 행동

출처: 권석만(2014).

불안장애를 갖고 있는 아동 및 청소년은 우유부단하고 꾸물거리거나 지연행동을 보이고, 어른이나 또래의 평가에 매우 예민하며 수동적이고 위축된 행동을 보일 가능성이 높다. 불안과 긴장의 주 원인은 스트레스로 볼 수 있는데 완벽주의적 성향이나 융통성이 결여된 사고, 부모의 높은 기대나 학업 스트레스와 같은 환경조건이 긴장상태를 유발한다. 이러한 스트레스에 대한 적절한 대처에 따라 적응의 정도가 결정되는데, 지나친 긴장과 불안은 학습과 성취를 방해한다. 불안장애의 아동이나 청소년은 어둡고 경직된 모습을 보이는 경우가 많다.

3) 자살

아동 및 청소년들이 보이는 자살 이유와 심리적 기제는 성인과 다른 특징이 있다. 청소년들은 그 시기의 정서적·심리적 특성으로 인해 미래에 대한 비관적 인지보다는 우울한 기분이나 충동성 등 정서적인 요인이 자살 행위에서 더 중요한 역할을 하는 것으로 보고 있다. 성인과는 달리, 학생은 우울증과 같은 정신장애로 자살을 시도하기보다는 스트레스 상황을 회피하기 위한 충동적 욕구,

타인을 조종하려는 의도, 보복심리 등이 자살의 결정요인으로 작용한다고 볼 수 있다(Glaser, 1981). 또한 청소년기 자살 시도의 대다수가 사전에 계획된 것이라기보다는 스트레스, 상실, 좌절 등의 고통스러운 경험에 대한 대처 능력이 성숙하지 못한 상태에서 일어날 가능성을 시사한다. 청소년기의 자살은 사회문화적 영향을 많이 받고, 피암시성이 강해 동반자살이나 모방자살이 많다. 여학생의 경우 우울감이 높고 자살사고와 시도를 더 많이 하지만 자살성공률의 경우는 남학생이 높다는 것은 익히 알려진 사실이다.

학생의 자살 행동에 영향을 미치는 위험요인은 우울 및 절망감, 낮은 자존감, 스트레스, 가정문제, 학교문제를 들 수 있고, 자살에 대한 보호요인으로는 사회적 지지, 가족의 유대와 응집력, 높은 자존감 등을 들 수 있다. 자살을 예방하기 위해서는 자살의 가능성이 높거나 자살사고를 가지고 있는 학생을 발견하는 것이 중요하다. 청소년의 경우 식사와 수면습관의 변화, 친구나 가족 그리고 일상적인 활동을 멀리하는 것, 약물과 알코올 남용, 외모에 대해 평소와 달리 신경을 쓰지 않는 것, 뚜렷한 성격의 변화, 지속적인 권태감, 집중력 저하 또는 학업 성적의 저하, 복통, 두통, 피로 등 정서와 관련되어 자주 나타나는 신체증상, 즐거운 활동에 대한 흥미의 상실 등이 보일 때 자살의 가능성을 고려하여야 한다. 자살의 위험성이 의심되는 학생에게 위험요인에 관해 물어보는 것과 직접적으로 자살 의도에 대해 질문하는 것이 중요하다. '자살에 대해서 생각해 본 적이 있는가?' '자살의 구체적인 방법을 생각해 본 적이 있는가?' '죽는 게 더 낫겠구나 하고 바란 적이 있는가?' '자신이 살 가치가 없다고 생각해 본 적이 있는가?' '자살을 시도해 본 적이 있는가?'와 같은 직접적인 질문을 통해 자살에 대해 물어야 한다.

2. 정서문제 상담의 목적

정서문제를 가진 학생에 대한 상담의 목표는 다양한 부적응을 초래하는 정서를 적응적인 것으로 대체하고, 문제상황에 효과적으로 대처하도록 하는 것이다. 이를 위해서 학생이 겪는 정서문제의 증상을 잘 이해하고 증상별 유형을 분류할 수 있어야 한다. 정서문제를 유발하는 위험요인 및 보호요인을 이해하고 학생의 정서문제를 유발한 요인이 무엇이고 어떻게 나타난 것인지를 개념화할 수 있어야 한다. 무엇보다 중요한 것은 정서문제를 경험하고 있는 학생의 감정을 인정하고 수용해 주는 것이다. 정서문제를 겪는 학생들은 왜곡된 지각, 인지, 감정, 행동을 보일 수 있고 이러한 왜곡된 감정이 변화하려면 현재 경험하고 있는 감정을 인식하고 수용하고 표출함으로써 긴장감을 해소해야 한다.

학교상담에서 이루어지는 정서문제 상담은 생활지도의 차원에서 예방적 차원의 상담과 치료적 차원의 상담으로 나누어 볼 수 있다. 하지만 심각한 수준의 정서적 문제의 치료는 학교상담 장면에서는 여러 가지 측면에서 제약이 있을 수 있다. 이러한 경우 약물치료, 입원 등의 조치가 필요할 수 있고 타 기관으로 의뢰해야 하는 경우가 있을 수도 있다.

3. 정서문제 상담을 위한 상담자의 태도

정서문제를 가진 학생들을 상담하기 위한 상담자의 태도는 기본적으로 모든 상담에서 상담자가 갖추고 있어야 하는 상담자의 태도와 다르지 않다. 상담자는 정서문제의 유형별 특징, 진단 및 분류를 위한 기준에 대한 전문적 이해는 물론, 심각한 수준인 경우(예를 들어, 약물치료나 입원이 필요한 경우)에는 적절한 곳으로 의뢰 시 필요한 절차나 방법까지 알고 있어야 한다. 이를 위해 학교 인근의 병원과 같은 전문기관과의 네트워크를 확립하고 있는 것이 좋고, 전문적인 슈퍼

비전을 통해 상담과정을 점검하는 것이 좋다.

정서문제를 겪고 있는 학생들을 상담할 때 자칫 그들을 진단적으로 분류하고 상담하지 않도록 주의해야 하며, 정서문제를 경험하는 학생들은 가정환경 문제, 부모자녀와의 관계에 있어서의 문제가 원인이 될 수 있는 만큼 부모상담이 병행 되어야 하는 경우가 많다. 따라서 정서문제를 겪고 있는 학생에 대한 이해를 높 이고 문제해결을 위해 효과적인 부모상담을 진행할 수 있어야 한다.

정서문제를 경험하고 있는 학생의 경우, 심리검사를 통해 내담자의 상태를 평 가해 볼 수 있다. 따라서 상담자는 내담자 이해를 위한 심리검사의 선택, 실시, 채점 및 해석에 대해 전문적인 지식을 갖추고 이를 활용할 수 있어야 한다.

4. 정서문제 상담의 과정

1) 상담의 시작

상담기법 중 경청 및 주의집중, 반영과 공감 기법을 활용하는 것이 효과적이 다. 이러한 기법은 상담 초기에 상담관계 형성을 돕는다. 상담관계란 일반적인 인간관계와는 대비되는 것으로 내담자가 스스로 변화하고 성장하겠다고 결심 하고 실제로 변화를 추진해 나갈 수 있도록 하는 의도적이고 체계적인 관계로 정의된다(Kottler & Brown, 1996). 신뢰하고 수용적인 관계를 형성하는 것은 물 론 정서문제를 경험하고 있는 내담자의 문제를 이해하고 평가해야 한다. 이때 내담자를 위한 심리 평가는 심층적인 면담, 심리검사, 부모상담, 교사와의 면담 등을 통해 가능하다.

정서문제를 경험하고 있는 내담자의 경우, 정서문제로 인해 상담에 회의적이 거나 지속적인 상담을 유지하는 것이 어려울 수 있기 때문에 초기의 상담 구조 화가 중요하다. 특히, 비밀보장에 대한 부분과 자신을 해치거나 자살의 위험이 있는 내담자의 경우 자살서약서 등을 작성하는 것이 자살의 위험성을 방지하고 지속적인 상담을 위한 유용한 팁이다.

상담의 목표는 정서문제의 정도와 내담자의 자원과 상황에 따라 다르게 수립될 수 있고 목표 설정은 현실적, 구체적, 측정 가능한 것이어야 한다. 상담목표는 상담의 초기에 수립하는 것이 일반적이나 상담을 진행하면서 수정·보완될 수 있다.

2) 상담의 진행

기본적인 경청 및 주의집중의 태도를 유지하며 내용반영, 감정반영, 공감을 바탕으로 직면과 해석, 즉시성을 활용한다. 내담자의 정서문제의 원인을 파악하고 이를 다른 관점에서 볼 수 있도록 하며, 문제해결을 위한 새로운 시도와 행동계획을 수립하고 실천할 수 있도록 도와주는 상담기법을 활용한다.

3) 상담의 마무리 및 상담 후 활동

상담목표가 달성되었을 때 종결을 준비하게 된다. 상담의 마무리는 내담자와 종결에 대한 생각, 감정을 나누고 앞으로의 계획에 대해 이야기함으로써 내담자가 상담이 끝난 후에도 적응할 수 있도록 준비하는 단계이다. 종결 시 추수상담의 가능성을 안내해 주고, 앞으로 언제든지 상담자에게 도움을 구할 수 있다는 것을 전달하는 것이 중요하다.

요 약

1. 학생들이 경험하는 정서문제는 성인들의 증상과 비슷한 면도 있지만 성인의 경우와는 다른 특징을 보이며 성인에 비해 덜 분화되어 있다.

2. 일반적으로 정서문제를 겪고 있는 학생들의 경우 정서가 불안정하며, 지적인 면이나 신체적인 면에는 문제가 없는데 학습부진을 겪는 경우가 많다.

3. 상담자는 정서문제의 유형별 특징, 진단 및 분류를 위한 기준에 대한 전문적 이해가 필요하다.

4. 심각한 수준인 경우(예를 들어, 약물치료나 입원치료가 필요한 경우)에는 적절한 곳으로 의뢰하고, 의뢰 시 필요한 절차나 방법까지 알고 있어야 한다.

5. 상담의 전 과정에 모든 상담기법을 적절히 사용하는 것이 중요하다.

6. 효과적인 상담을 위해 부모상담을 병행해야 할 때가 있다.

● 상담연습 [I] ●

다음에 제시된 사례를 읽고 정서문제 상담에서 상담자로서 할 수 있는 적절한 반응을 써 보시오.

1. 심리검사에서 우울증 지표의 점수가 높은 중학교 3학년 여학생의 상담초기

> 내담자: 죽고 싶다기보다는…… 그냥 밤에 잠이 들 때 다음 날 일어나지 않았으면 좋겠
> 다는 생각을 해요.

상담자: _____

_____

2. 대인관계에서 위축되어 있는 중학교 2학년 여학생의 상담초기

> 내담자: 친구들하고 있을 때 무슨 말을 해야 할지 모르겠어요. 머릿속이 하얘지고 말문이
> 막혀요. 바보 같죠……. (고개를 떨군다.)

상담자: _____

_____

3. 발표불안으로 상담 중인 고등학교 1학년 남학생의 상담초기

> 내담자: 발표할 때 너무 떨려요. 떨리지 않았으면 좋겠어요. 내가 떠는 모습을 보면
> 애들은 나를 형편없는 애로 생각할 거예요.

상담자: _____

_____

4. 부모님의 이혼을 앞두고 불안해하는 중학교 1학년 여학생의 상담중기

> 내담자: 엄마는 열심히 공부만 하면 된대요. 저도 그렇게 하려고 하는데, 잘 안 돼요.
> 제가 뭘 해야 할지 모르겠어요.

상담자: _____

_____

5. 최근 같은 반 학생이 자살하는 사건이 발생한 후 상담에 의뢰된 고등학교 2학년 남학생

> 내담자: 믿어지지 않아요. 힘들어한다는 것은 알았지만 그 정도로 힘든지는 몰랐어요.
> (눈물) 제가 더 신경을 썼더라면…….

상담자: _____

_____

6. 우울감과 대인관계의 어려움으로 상담 중인 중학교 2학년 여학생 상담중기

> 내담자: 평상시에는 괜찮은데, 사람들하고 얘기할 때 자꾸 얼굴이 빨개져요. 너무
> 빨개져서 창피해요. 말하면서도 얼굴이 화끈거려서 너무 신경 쓰여요.

상담자: _____

_____

7. 우울감과 자신에 대한 부정적 생각에서 좀처럼 진전이 없는 고등학교 1학년 남학생

> 내담자: 저는 잘하는 것이 하나도 없어요. 왜 태어났는지 모르겠어요. 살 가치가 없어요. 미래에 대한 희망 같은 것은 없어요. 그냥 이렇게 사는 건 아무런 의미가 없어요. 아무도 나를 좋아하지 않죠. 저도 제가 싫은걸요.

상담자: _____

_____

8. 최근 성적 저하로 상담 중인 고등학교 1학년 남학생

> 내담자: 중학교 때까지는 1등을 놓쳐 본 적이 없어요. 고등학교에서도 1학기 때까지는 어느 정도 성적이 나왔는데 이번에는 계속 망했어요. 이게 저의 진짜 실력이 아닐까 하는 생각이 들기도 해요. 지금까지 공부를 잘한다는 생각을 해 본 적은 없어요. 부모님과 사람들이 실망하겠죠. 불안해요.

상담자: _____

_____

9. 남자친구와 6개월 정도 교제한 고등학교 2학년 여학생

> 내담자: 남자친구가 ○○고등학교 전교회장이에요. 학원에서 알게 되었어요. 공부해야 한다고 헤어지자고 해요. 저는 공부도 못하고, 저한테 질린 것은 아닐까요? 전 헤어지고 싶지 않아요. (눈물)

상담자: _____

_____

10. 게임중독, 분노조절 문제로 상담 중인 중학교 2학년 남학생

> 내담자: 엄마가 게임 좀 그만하라고 잔소리를 했는데 욱해서 엄마한테 욕을 했어요. 그렇게 오래 한 것도 아닌데 열 받잖아요. 한번 욱하면 조절이 안 돼요.

상담자: _____

_____

● **상담연습 [Ⅱ]** ●

상담자, 내담자, 관찰자 역할을 정한 후 내담자는 '최근에 겪었던 정서문제나 스트레스 사건 후 반응'에 대해 이야기를 하고 상담자는 이에 대해 다양한 기법을 활용하여 상담한다. 관찰자는 상담자의 상담 반응에 집중하여 관찰한다. 연습의 효과를 위해 녹음이나 동영상 촬영을 하는 것이 좋다.

상담 후 다음과 같은 내용을 포함하여 상담자의 반응을 함께 논의한다.

- 내담자의 문제에 대한 상담자의 기법은 적절했는가?
- 상담자의 기법은 내담자에게 도움이 되었는가?
- 상담자의 반응 중 효과적이었던 기법은 무엇이었으며 어떤 점에서 효과적이었는가?

필요시 내담자 역할은 다음과 같은 사례의 내담자로 연습한다.

사례 1

우울감과 자살사고로 상담에 의뢰된 중학교 2학년 현수는 자기비하가 심하고 부정적 사고가 심하다. 아무도 자기를 이해하지 못하며 자신은 살 가치가 없다고 말하는 경우가 많다.

사례 2

대인관계에서 예민하고 불안감이 많은 고등학교 1학년 세희는 친구들이 자신이 없을 때 자신에 대해 안 좋은 얘기를 할 것이라고 생각한다. 중학교 때 친했던 친구에게 왕따를 당한 경험의 영향이다. 친구들을 믿지 못하며 항상 자신이 따돌림을 받거나 다른 친구들이 싫어하지는 않는지를 신경 쓰느라 힘들어한다.

• 상담연습의 답안 예시 •

상담연습 [I]

1. 심리검사에서 우울증 지표의 점수가 높은 중학교 3학년 여학생의 상담초기

- 누구나 힘들 때 자살이나 죽음에 대해 생각하기도 하지. 죽음이나 자살에 대해 생각해 본 적이 있니? (자살사고에 대한 탐색적 질문)
- 많이 우울한 상태에서는 삶에 대한 의욕이 없어지기도 하지. 절망적인 상황에서는 죽음에 대해 생각해 보기도 하는데 지금 자살이나 죽음에 대해 이야기를 하는 것이 어려운 것처럼 보이는구나.

[해설] 내담자에게서 자살사고, 자살시도의 징후가 있을 때 이를 적극적으로 탐색하고 질문하는 것이 중요하다. 자살이라는 직접적인 언급이 없더라도 심리검사의 우울증 지표의 점수가 높고 무기력한 모습을 보이는 내담자에게 질문을 통해 자살사고에 대해 탐색한다. '죽고 싶다기보다는……'이라는 말을 통해, 자살이나 죽음에 대한 이야기를 꺼려 하는 느낌을 받은 상담자의 상황을 즉시성을 발휘해서 표현하고 더 탐색할 수 있도록 한다.

2. 대인관계에서 위축되어 있는 중학교 2학년 여학생의 상담초기

- (내담자 쪽으로 몸을 기울이며) 친구들과 있을 때 무슨 말을 해야 할지 몰라 말문이 막히는 모습이 바보처럼 느껴지는구나.
- 친구들 앞에서의 모습을 떠올리니 한심하게 느껴지고 위축되는 것 같구나.

[해설] 상담의 초기인 만큼 내담자의 위축된 정서적 모습을 반영해 주는 것이 관계 형성을 위해 도움이 된다. 이때 상담자의 주의집중과 경청으로 상담자가 내담자에게 집중하고 있다는 것을 드러내고 자기탐색을 돕는 것이 중요하다.

3. 발표불안으로 상담 중인 고등학교 1학년 남학생의 상담초기

- 발표할 때 떨리는 너의 모습을 보면 친구들이 너를 형편없는 애로 생각할 것 같구나.
- 발표할 때 떨리지 않았으면 좋겠구나. 무엇 때문에 발표할 때 떨면 친구들이 너를 형편없

는 애로 생각할 것 같은 거지?

[해설] 내용반영을 통해 내담자의 말을 경청하고 있다는 것을 표현·공감하며, 떠는 모습을 친구들이 보면 자신을 형편없는 애로 생각할 거라는 사고가 발표불안과 연결되는 만큼 그 생각을 탐색하는 질문을 해 본다.

4. 부모님의 이혼을 앞두고 불안해하는 중학교 1학년 여학생의 상담중기
• 선생님도 부모님이 이혼 위기에 처했을 때 많이 불안했던 기억이 난다.
• 엄마가 말씀하셔서 너도 공부를 열심히 하려고 하지만 잘 되지 않는구나.

[해설] 부모님의 이혼으로 불안하고, 그 상황에서도 열심히 공부하라는 엄마의 당부에 충실할 수 없는 내담자의 혼란스럽고 불안한 마음을 알아주고, 이를 반영해 주는 것이 중요할 것이다. 이러한 내담자에게 상담자의 경험을 자기개방함으로써 불안한 내담자에게 공감을 표현하고, 내담자의 불안하고 혼란스러운 감정을 정상화할 수 있을 것이다. 자기개방 이외에도 감정반영이나 공감의 기법을 활용할 수 있고 내담자의 상황을 내용반영함으로써 내담자의 자기탐색을 도울 수도 있다.

5. 최근 같은 반 학생이 자살하는 사건이 발생한 후 상담에 의뢰된 고등학교 2학년 남학생
• 네가 얼마나 후회하고 힘들어하는지 그 고통이 느껴지는구나.
• 네가 더 신경 썼더라면 친구의 자살을 막을 수 있지 않았을까 하는 자책감에 괴로워하고 있구나.

[해설] 내담자의 자책, 힘든 면을 충분히 공감해 주는 것이 중요할 것이다. 더불어 친구의 자살을 막지 못했다는 자책의 내용을 반영함으로써 내담자의 죄책감의 원인이 된 내담자의 생각을 내용반영을 통해 내담자로 하여금 자각하게 하고, 이에 대한 탐색을 해 볼 수도 있다.

6. 우울감과 대인관계의 어려움으로 상담 중인 중학교 2학년 여학생 상담중기
• 대화내용에 집중하기보다는 얼굴이 빨개지는 것에 신경을 쓰다 보니 대화를 잘 유지하기

힘들고 자신감이 없어지는 것 같은데, 어떻게 생각해?

• 이야기할 때 얼굴이 빨개지는 것이 나에게는 아무런 영향을 주지 않아.

[해설] 얼굴이 빨개지는 것에 과도하게 신경 쓰는 것으로 인해 대인관계에 영향을 줄 수 있다는 것을 해석하거나, 상담 장면에서 내담자의 얼굴이 빨개지는 것이 상담자에게 아무런 영향을 주지 않는다는 것을 즉시성을 활용하여 내담자에게 표현함으로써 문제에 대한 내담자 관점을 변화시킬 수 있다.

7. 우울감과 자신에 대한 부정적 생각에서 좀처럼 진전이 없는 고등학교 1학년 남학생

• 지난 몇 회기 동안 자신에 대해서 부정적인 이야기가 되풀이되고 있어서 정말 안타까워. 그동안 우리가 함께 노력을 했는데도 진전이 없으니 상담에 대해서 회의적으로 느껴질 수도 있을 것 같은데, 어때?

• 자신의 존재를 계속 부정적으로 생각하고, 아무런 의미가 없다고 여기면 스스로도 자신이 싫어질 것 같아.

• 지금 겪고 있는 어려움 때문에 자살이나 죽음에 대해 생각해 본 적이 있는지 궁금하구나.

[해설] 즉시성을 사용하여 상담에서 좀처럼 진전이 없고 지속적으로 부정적이고 자기비하적인 이야기를 하는 내담자에게서 받은 영향을 표현하여, 내담자의 관점을 변화시킬 수 있다. 자기개방을 통해서는 부정적인 자기인식이 자신에 대한 혐오와 자기비하로 이어질 수 있음을 내담자에게 전달함으로써 내담자 이해와 공감을 드러낼 수 있다. 또 자살사고에 대한 탐색도 잊지 않는다.

8. 최근 성적 저하로 상담 중인 고등학교 1학년 남학생

• 부모님의 기대를 충족시키지 못하면 부모님이나 주변 사람을 실망시킬 것이라는 생각이 너를 불안하게 하는 것 같구나.

• 중학교 때까지 좋은 성적을 거두었음에도 불구하고 자신의 실력에 대해서 믿지 않는구나.

• 중학교 때까지 1등을 놓쳐 본 적이 없을 정도인데 스스로 공부를 잘한다고 생각해 본 적이 없을 정도로 자기 실력에 대한 믿음이 없는 것이 더 불안하게 하는 것은 아닌지 모르

겠구나.

[해설] 내담자가 느끼는 불안을, 해석을 통해 그 원인을 통찰할 수 있도록 도울 수 있다. 즉,
내담자 불안의 원인이 성적 하락 때문이라기보다는 주변 사람들을 실망시킬 수도 있다는
생각과 자기 실력에 대한 믿음의 부족 때문이라는 것을 자각할 수 있게 도울 수 있을 것이
다. 중학교 때까지 좋은 성적을 거두었음에도 불구하고 자신의 실력에 대한 믿음이 없다
는 것에 초점을 맞춰 내용반영을 해 주는 것은 상담을 효과적으로 진행할 수 있는 방법일
것이다.

9. 남자친구와 6개월 정도 교제한 고등학교 2학년 여학생

• 남자친구한테서 헤어지자는 말을 들었구나.

• 남자친구가 전교회장이고 나보다 성적이 좋기 때문에 마음이 변했다고 생각하는구나.

• 남자친구와의 이별을 받아들이기 힘들구나.

[해설] 남자친구에게 이별을 통보받고 자신이 공부를 못하기 때문에 헤어진 것이라고 생각하
며 힘들어하는 내담자를 내용반영 혹은 감정반영을 통해 이해·공감하며 내담자의 탐색
을 촉진한다.

10. 게임중독, 분노조절 문제로 상담 중인 중학교 2학년 남학생

• 엄마한테 욕은 했지만, 욱하는 마음에 조절이 안 돼서 그런 것이라고 후회하는 마음이 있
는 것으로 느껴지는데……. 어때?

[해설] 내담자 입장에서 게임을 그렇게 오래한 것도 아닌데 엄마의 잔소리를 듣는 것이 억울
하기도 했지만, 욱해서 욕을 했고 욱하면 조절이 안 된다고 이야기하는 내담자에게서 후
회하는 마음이 느껴진다. 이를 즉시성을 활용하여 표현함으로써 내담자가 표현하지 않은
부분까지 탐색이 이루어질 수 있도록 촉진하고, 내담자에게 공감을 전할 수 있다. 이외에
도 감정반영, 내용반영의 기법을 활용할 수 있다.

11장
진로상담

　일반적으로 청소년의 고민 중 가장 많은 비중을 차지하는 것은 학습과 진로에 관한 주제이다. 특히 진로문제는 중·고등학생뿐 아니라 대학생도 심각하게 고민하고 있는 주제이다. 이들은 모두 스스로 적절한 진로선택과 결정을 하는데 큰 어려움을 겪고 있다. 일반적으로 청소년들은 입시 위주의 진로지도, 부모 위주의 진로결정, 자신에 대한 이해 부족, 왜곡된 직업관, 일의 세계에 대한 이해 부족 등으로 불합리한 진로결정을 하게 되며, 이로 인해 이후로도 계속되는 부적응과 갈등을 겪는 경우가 많다.

　진로선택과 결정은 개인의 일생에서 가장 중요한 과업 중의 하나로, 현명한 진로결정과 선택은 원만한 직업적응으로 이어지므로 더욱 신중하게 이루어져야 한다. 청소년들은 발달단계상 자아정체감 확립 과정에 놓여 있으므로, 청소년 진로상담에서는 무엇보다 자기이해가 우선되며, 일과 직업에 대한 객관적인 정보와 탐색이 더욱 요구된다. 특히 지식정보화 사회를 살아가는 청소년들에게는 스스로 정보를 탐색하고 활용하는 능력과 더불어 일과 직업에 대한 올바른 가치관과 태도가 요구된다. 직업은 경제적 수단임과 동시에 사회봉사와 자아실현의 수단이 되기 때문이다.

따라서 진로상담은 청소년들이 경험하는 자기이해의 부족, 직업정보에 대한 이해 부족, 직업가치에 대한 갈등, 진로결정 시 부모와의 의견 조정 등 실제로 겪고 있는 어려움에 대한 이해에서 출발해야 하며, 청소년 스스로 충분한 탐색의 기회를 갖도록 조력하는 데 초점을 두어야 한다.

1. 진로상담 이론의 이해

1) 특성-요인 이론

직업심리학자인 Parsons가 제안한 특성-요인 이론은 직업선택을 개인이 가지고 있는 다양한 특성과 직업에서 요구하는 조건들을 연결하는 것으로 본다. 개인들이 가지고 있는 다양한 특징들을 '특성(trait)'이라고 하고, 직업세계에서 직무수행에 요구되는 조건들은 '요인(factor)'이라고 하며, 직업선택은 직업 장면에서의 성공적인 작업수행을 위해 이러한 특성과 요인을 매칭시키는 것이라고 본다.

개인의 특성에는 성격, 능력, 흥미, 적성, 가치관, 신체조건, 가족이나 친구 등의 영향이 포함되며, 직무수행에 요구되는 요인에는 학력, 수입, 작업환경, 고용기회, 자격요건, 훈련기술 등이 포함된다. 기본적으로 개인의 특성과 직업의 요구 간에 매칭이 잘 될수록 성공 가능성은 커진다. 따라서 특성-요인 이론을 적용한 진로상담에서는 학생들이 자신의 특성들을 파악하고 직업세계에 대해 알아보도록 돕는 과정이 필수적이다.

학생 개인의 특성을 알아보기 위해서는 일반적으로 심리검사가 사용된다. 그러나 학생과의 면담을 통해 직접 질문하거나 학생들을 관찰하기도 하고 기존의 자료들을 분석하는 방법들도 학생의 특성을 알아보는 효과적인 방법으로 활용될 수 있다. 교사는 학생의 특성을 파악하기 위해 심리검사, 면담, 관찰, 자료분석 등의 방법을 활용해야 하므로 이에 대한 이해와 숙련이 필요하다. 더불어 학생이나 학부모와 진로상담을 할 때, 교사에게는 필요한 직업세계에 대한 기본지식이 요구된다.

직업세계에 대한 이해는 특정 직업에 대한 정보 습득뿐 아니라 직업분류체계와 전망직업 등에 대한 정보도 필요하다. 교사가 직업분류체계에 대해 알아 두면 학생과 학부모에게 희망직업과 유사한 직종을 대안적 직업으로 알려줄 수 있는 이점이 있다. 우리나라에서 현재 일반적으로 활용되고 있는 직업분류체계는 ① 한국표준산업분류(통계청) ② 한국표준직업분류(통계청) ③ 한국고용직업별분류(노동부) ④ Holland 유형분류 등이 있다.

일반적으로 직업에 대한 학생들의 관심이 다양한 데 비해 교사가 특정 직업이나 전공에 대한 전문적 지식을 가지고 있지 않은 경우, 직접적인 정보를 제공하는 데는 한계가 있으므로 기본적인 정보와 함께 학생들이 직접 정보를 탐색할 수 있는 경로와 자원을 제시하는 것이 보다 효과적일 수 있다. 학생들이 직접 직업정보를 찾아보도록 하는 것은 일종의 학습활동이 되어 이후 스스로 직업정보를 탐색하는 데 도움이 된다. 직업정보 탐색에 활용할 수 있는 유용한 사이트에는 워크넷(www.work.go.kr), 커리어넷(www.career.go.kr), 서울진로진학정보센터(www.jinhak.or.kr), 각 지역교육정보연구원 등이 있다.

특성-요인 이론을 적용하여 진로상담을 할 때, 자신의 적성이나 흥미, 성격 등을 잘 모르고 있는 학생에게는 학생의 자기이해를 촉진시킬 수 있도록 하는 대화가 필요하며, 자신이 원하는 진로방향에 대한 이해는 있으나 구체적인 학과나 직업에서 요구되는 조건과 무엇을 어떻게 준비해야 하는지 모르는 학생의 경우는 구체적으로 직업정보를 찾아볼 수 있도록 조력하는 것이 적절하다(이재창 외, 2014).

2) 생애주기 이론

Super의 생애주기 이론에 따르면 진로발달은 전 생애에 걸쳐 이루어지며, 진로발달단계는 성장기(출생~14세), 탐색기(15~24세), 확립기(25~44세), 유지기(45~65세), 은퇴기(65세 은퇴 후)로 구분된다. 초·중등학생들은 성장기와 탐색기에 해당되며, 하위단계에 대한 설명은 다음과 같다(조붕환, 임경희, 2013).

(1) 성장기

출생에서 14세까지의 시기로서 이 시기에 아동은 가정과 학교에서 중요한 타인에 대해 동일시를 함으로써 자아개념을 발달시킨다. 이 단계의 초기에는 욕구와 환상이 지배적이지만 사회참여와 현실검증력이 발달함에 따라 점차 흥미와 능력을 중시하게 된다. 초등학생에 해당되는 이 단계는 세 하위단계로 구분된다.

- 환상기(4~10세): 아동의 환상과 욕구가 지배적이며 역할수행이 중시된다.
- 흥미기(11~12세): 진로의 목표와 내용을 결정하는 데 있어서 아동의 흥미가 중시된다.
- 능력기(13~14세): 진로선택에서 능력을 중시하며 직업에서의 훈련조건을 중시한다.

(2) 탐색기

15세에서 24세까지의 시기로서 이 시기에 개인은 학교생활, 여가생활, 시간제 일과 같은 활동을 통해 자아를 검증하고 역할을 수행하며 직업탐색을 시도한다. 이 단계는 잠정기, 전환기, 시행기로 구분되며 중·고등학생은 잠정기와 전환기에 해당된다.

- 잠정기(15~17세): 개인은 자신의 욕구, 흥미, 능력, 가치와 취업기회 등을

고려하기 시작한다. 교과, 일, 토론, 여러 경험 등을 통해 잠정적으로 진로
를 선택해 본다.

• **전환기(18~21세):** 개인은 장래 직업세계로 들어갈 때 필요한 교육이나 훈련
을 받으며 자신의 자아개념을 확립하려고 한다. 이 시기에는 현실적 요인
을 중시한다.

생애주기 이론에 따르면 학생의 발달단계에 따라 초점이 되는 진로이슈와 목
표가 다르기 때문에 진로상담 내용 또한 이에 따라 다르게 이루어져야 한다. 초
등학생은 주로 학생 자신에 대한 특성 이해에 대해 이야기를 나누고 직업세계에
대한 인식을 넓히도록 조력하는 것이 주를 이루는 반면, 중학생은 좀 더 구체적
인 진로를 정하고 정해진 진로에 확신을 가질 수 있도록 하며, 고등학생의 진로
상담에서는 현실적인 가능성과 필요한 준비사항에 대해 이야기하는 것이 도움
이 된다.

또한 학생의 발달단계 특성을 고려하여 대화를 하는 것이 효과적이다. 예를
들어, 환상기에 있는 초등학교 저학년은 희망직업이 상상과 공상에 따라 계속
변화할 수 있으며, 흥미기에 있는 초등학교 고학년은 능력을 고려하지 않고 재
미만을 추구하는 선택을 할 수도 있다. 능력기의 학생들은 자신의 흥미를 간과
하고 잘하는 일에만 관심을 둘 수 있으며, 탐색기 학생들은 지나치게 직업에 대
한 현실적 조건만 고려함으로써 진로선택에 소극적인 태도를 취할 수 있다. 이
러한 점들은 발달단계상에서 자연스럽게 나타날 수 있는 특징이므로 이를 고려
하여 학생들을 대하고 학부모에게도 조언을 해 주는 것이 필요하다.

2. 진로문제의 일반적 유형

청소년 진로상담 장면에서 빈번하게 나타나는 진로문제 유형과 이에 적절한
기본적인 대화의 방향은 다음과 같다.

1) 현실과 이상 간의 괴리로 겪게 되는 진로선택에 대한 고민

> • 선생님, 제가 ○○ 고등학교에 가고 싶은데 가능할까요?
>
> • 제 성적으로 ○○ 대학 경영학과를 갈 수 있을까요?
>
> • ○○ 대학의 컴퓨터공학과는 점수가 어떻게 되죠?
>
> • 제가 가고 싶어 하는 ○○ 기업에는 취직하기 어렵죠?

학생들이 가장 많이 하는 질문은 진학의 가능성 여부로, 이때 학생들이 가장 많이 직면하는 문제는 현실과 희망 간의 현저한 차이이다. 희망하는 상급학교와 합격 가능한 상급학교 혹은 진입하고자 하는 직업이 일치하지 않는 경우가 이에 해당된다. 이러한 경우 학생들의 눈높이를 현실적인 높이로 조정하도록 조력하는 한편, 진학 가능성도 중요하지만 자신에게 맞는 전공을 선택하는 것도 중요함을 강조할 필요가 있다.

2) 진로진학에 대한 막연함과 두려움

> • 저는 제가 뭘 좋아하는지 모르겠어요.
>
> • 영문학과가 저에게 맞는 걸까요?
>
> • 전공을 어떻게 정해야 할지 모르겠어요.
>
> • 대학에 합격하지 못하면 어떻게 해요.

진로진학의 선택과 결정은 자아탐색과 자기이해, 자아정체성에 근거를 두어야 하지만 미성숙하고 정체성의 혼란과 역할혼미를 겪고 있는 학생의 경우, 자신에 대한 확신이 부족하기 때문에 진로에 대한 막연한 두려움과 불안을 경험할 수 있다. 이러한 학생과의 대화에서는 먼저 현재의 정서 상태에 대한 위로와 공감을 전달하되, 특성-요인 이론을 적용하여 학생들의 자기이해와 직업세계에 대한 정보탐색을 돕는 대화를 시도하면서 전공이나 직업을 선택하는 과정에 대한 논의를 하는 것이 적절하다.

3) 전공 및 직업에 대한 정보 부족

- 회계사가 뭐하는 직업이에요?
- 유치원선생님이 되려면 어떻게 해야 하나요?
- 산업디자인과를 졸업하면 어떤 직업을 가질 수 있는 건가요?

학생들은 학업 위주의 교육과정으로 인해 직업정보를 접하고 탐색할 기회가 적을 수 있다. 전공이나 직업에 대한 정보가 충분하지 않으면 합리적인 의사결정을 하기 어렵고 만족스러운 선택이 이루어지지 않을 가능성이 높으며, 전공이나 직업에 대한 편견이나 잘못된 정보로 인해 선택의 폭이 좁아지기도 한다. 이러한 경우 학생이 직업에 대한 기본적인 정보(직무내용, 요구조건, 전망 등)에 대해서 숙지하고 있는지를 확인하고 그렇지 않다면 교사가 안내를 해 주거나 관련 정보를 얻을 수 있는 경로와 자료를 제공해 주는 것이 유용하다.

4) 부모와의 이견

- 부모님은 교사가 되라고 하시는데, 저는 저한테 맞는 직업인지 잘 모르겠어요.
- 저는 컴퓨터공학과를 가고 싶은데 부모님이 반대하세요.
- 저는 경영대로 가고 싶은데 부모님은 공대로 진학하라고 하세요.

청소년들은 자신의 진로를 결정하는 데 부모의 영향을 많이 받는다. 따라서 부모와 의견이 다르거나 부모의 지나친 기대로 인해 갈등상황에 놓이는 경우가 많다. 이런 경우, 부모의 의견과 기대에 부합하기 위해 원하지 않는 진로를 선택하기도 하고 부모와 갈등이 해소되지 않아 학생에게 상처로 남기도 한다. 이러한 학생과의 대화에서는 교사가 객관적인 입장을 취할 필요가 있다. 부모의 편을 들어 주거나 무조건 학생의 편을 들어 주는 것은 적절치 않다. 부모의 의견과 학생의 생각에 대해 보다 자세히 논의하면서 부모와의 이견을 어떻게 조정할지를 주제로 이야기를 나누는 것이 필요하다.

5) 진로선택지 사이에서의 갈등

> • 문과로 갈지 이과로 갈지 고민이에요.
> • 경제학과나 회계학과로 가려는데 결정을 못하겠어요.
> • 사회복지사나 교사나 변호사를 생각하고 있는데 뭘 선택해야 할지 모르겠어요.

진로결정에서 여러 가지 대안을 가지고 있지만 결단을 내리지 못하는 학생들은 몇몇의 이유로 인해 갈등하고 있는 것으로 볼 수 있다. 결정을 내리지 못하는 상황이 계속되면 막상 선택이 요구될 때 충동적으로 결정할 가능성이 있으며, 선택지 안에서 무엇을 선택할지에 대한 고민을 하느라 정작 필요한 정보 습득과 준비를 할 시간과 기회를 놓칠 수 있다. 이러한 경우 고려하고 있는 대안들이 모두 학생의 특성에 적합한 것인지를 확인하고, 각 대안이 가지고 있는 장단점과 가능성에 대해 구체적이고 세밀하게 살펴보도록 하는 것이 선택을 하는 데 도움을 준다.

6) 진로의사결정에 대한 회피 및 의존

> • 앞으로 뭘 할지 생각해 보진 않았지만 어떻게든 되겠죠.
>
> • 부모님이 정해 주는 쪽으로 선택하려고 해요.
>
> • 제가 어떤 학과를 가는 게 좋을지 선생님께서 말씀해 주세요.

자신의 미래에 대한 계획과 목표가 세워져 있지 않거나 자신의 진로를 부모와 교사에게 전적으로 의존하는 학생은 진로에 대한 자신의 책임을 회피하는 것으로 볼 수 있다. 이러한 학생 중에는 성격적으로 무기력하거나 우유부단하거나 자신의 삶에 대한 기대와 희망이 없는 경우가 많다. 이러한 경우 먼저 학생의 무기력과 회피, 의존의 원인을 살펴보고, 진로선택은 결국 자신이 최종결정자이며 책임자임을 인식시키는 데 초점을 둔다. 과도한 압박을 주거나 책임감을 부여하기보다는 진로선택과 결정을 시도하고자 하는 동기가 생길 수 있도록 격려하고 진로결정 과정에서 교사가 지지자로서 함께 할 수 있음을 확인시켜 주는 것이 도움이 된다.

3. 진로상담 대화기법의 적용

1) 정보 제공을 위한 대화

정보 제공은 사람, 활동, 행사, 자원, 대안, 결과나 절차에 관한 자료 또는 사실을 말로 전달해 주는 것으로 진로진학과 관련된 대화에서는 학교 및 학과, 직업에 대한 안내와 진학과 관련된 절차와 조건에 대한 내용이 포함된다.

진로진학에 관한 대화에서 제공되는 정보는 정확성과 적절성을 기본으로 한다. 정보는 최신의 것으로 오류가 없이 학생과 학부모에게 최적의 양과 질로 제공되도록 한다. 진로진학 정보가 도움이 되려면 학생의 이해수준에 맞게 제공되는 것이 중요하다. 학생들이 소화할 수 없거나 이해할 수 없는 정보를 한꺼번에 많이 주기보다는 정보를 부분들로 나누어 필요한 시기에 제공하는 것이 효과적이다. 또한 정보 활용을 극대화하기 위해서는 정보를 제공한 다음 학생들이 얼마나 이해하고 받아들였는지, 어떻게 도움이 되었는지, 어떤 추가적인 정보가 더 필요한지 등에 대해 논의를 하는 것이 효과적이다.

정보 제공에 있어서 고려할 점들은 다음과 같다.

- 학생의 요구와 필요성에 부합하는 자료나 사실을 알려 준다.
- 학생이 정보를 잘 받아들이고 있는지 확인한다.
- 정보제공은 직접적이고 명료하며, 구체적이고 간결하며 실질적이어야 한다.
- 정보를 한꺼번에 주기보다는 부분으로 나누어 제공한다.
- 제공된 정보를 어느 정도 이해하고 받아들였는지 확인한다.
- 왜곡되거나 이해가 안 된 부분에 대해 교정하거나 추가적인 정보를 제공한다.

2) 조언 제시를 위한 대화

여러 가지 선택안을 놓고 고민하는 학생이나 상급학교로의 진학 가능성이 불확실해서 고민하는 학생의 경우 적절한 조언을 제시할 필요가 있다. 또 진학문제나 학생지도에 대해 학부모 상담을 할 경우, 교사들은 종종 조언을 구하는 학부모의 요청에 답해야 하는 상황에 처한다. 조언은 내용도 중요하지만 조언의 근거가 설득력 있게 제시되어야 도움이 된다.

조언 제시는 상대방이 나의 의견을 구할 때 이루어지는 반응이다. 일반적으로 누군가 나에게 조언을 구하면 그에 대해 곧바로 자신의 의견을 이야기하는 경우가 많다. 그러나 조언을 구한다고 바로 자신의 의견을 이야기하면 상대방으로부터 '그건 이미 알고 있다.' '이미 그렇게 해 보았는데 효과가 없었다.' '그것은 이런 점에서 어려울 것 같다.' 하는 등의 부정적인 피드백이 오는 경우가 흔하다. 따라서 조언을 줄 때는 다음과 같은 절차에 따라 하는 것이 효과적이다.

① 1단계: 조언을 구한 문제에 대해 학생이나 학부모가 그동안 기울인 노력, 생각 등을 묻고, 칭찬과 격려를 한다.

다른 사람에게 조언을 구하는 경우 대부분의 사람들은 그 문제에 대해 이미 고민을 했으며 깊이 생각해 보거나 한두 가지 실천을 해 보았을 가능성이 높다. 따라서 조언을 주기 전에 학생이 아무리 작은 것이라도 해 보았던 노력이나 생각 등에 대해 이야기할 수 있는 기회를 주고 그에 대해 칭찬과 격려를 해 준다.

② 2단계: 그러한 고민과 노력이 어떤 점에서 효과적이지 않았는지 함께 살펴본다.

학생의 고민이 구체적으로 어떤 것이며 어떤 점에서 효과적이지 못했는지, 생각만 하고 실천해 보지 않았다면 그 이유가 무엇인지 등에 대한 이야기를 나누며 스스로 새로운 방안에 대해 생각해 볼 수 있는 기회를 마련한다.

③ 3단계: 간단히 조언한다.

교사의 생각을 간단히 이야기한다. 만약 2단계에서 스스로 새로운 방안을 찾게 되었다면 칭찬과 격려로 대신한다.

④ 4단계: 교사의 조언에 대한 학생이나 학부모의 생각이나 느낌을 묻는다.

조언을 하고 그대로 끝내면 학생이 이떤 생가음 하는지 알 수 없으므로 조언의 효과에 대해서도 알 길이 없다. 따라서 조언을 하고 난 다음에는 반드시 '내 말을 듣고 어떤 생각이 드니?' '나의 의견에 대해 어떻게 생각하니?' '어떤 마음이 드니?' 등의 질문을 던져 피드백을 받는 것이 필요하다.

⑤ 5단계: 조언을 실행해 본 후 결과를 알려 달라고 이야기한다.

이 단계는 상황에 따라 생략할 수도 있지만 실행을 높이는 데 도움이 된다. 교사의 조언을 꼭 실행하기를 기대한다면, 언제, 어떻게 실행할 것인지에 대해 보다 구체적으로 계획을 세우고 그 결과에 대해서도 언제, 어떤 방식으로 알려 줄 것인지에 대해 구체적으로 약속한다.

진로결정은 학생에게는 일생일대의 중대한 선택이기 때문에 교사가 조언을 제시하기 전에 학생과 부모, 교사가 서로 납득할 때까지 충분히 의논하는 것이 필요하다. 또한 교사의 조언이 절대적이거나 단정적으로 전달되는 것은 바람직하지 않다. 모호하지 않고 간결하게 제시하면서도 강요하거나 명령조로 전달되지 않도록 유의해야 한다.

3) 문제 파악을 위한 대화

진로진학문제로 학생과 대화할 때 교사는 학생들이 고민하는 내용이 정확하게 무엇인지를 파악해야 한다. 문제를 파악하기 위해 교사는 필요한 질문을 하면서 문제를 명료화하고 구체화하며 파악된 문제를 어떻게 해결할지에 대한 계획을 함께 세운다. 문제파악을 위한 대화법으로 명료화와 구체화를 들 수 있다.

명료화는 대화 내용을 분명히 하고 상대방이 표현한 바를 정확히 지각하였는지 확인하는 대화 기술인 반면, 구체화는 학생의 이야기 중에 불분명하고 불확실한 부분, 애매모호해서 혼란을 주는 부분, 자신만의 고유한 지각이 반영되어 선뜻 이해하기 어려운 부분 등을 세밀하게 확인하는 방법이다. 즉, 명료화가 학생의 메시지 중 의미 있는 내용을 분명히 하는 것이라면 구체화는 언급된 메시지의 내용을 자세히 알아보아 확인하는 대화법으로 볼 수 있다.

명료화는 검증되지 않은 가정과 추리에 의해 섣부른 결론에 도달하지 않도록 돕는 역할을 한다. 대화를 하다 보면 불명확한 대명사, 애매모호한 어휘, 다중 의미를 가진 어구, 뒤틀린 문법의 사용 등으로 이해되지 않을 때가 있다. 대화

내용 중 전후 관계가 불명료한 경우 또는 논리의 비약이 심해서 생략된 부분이 많은 경우도 있다. 이럴 때에는 '그것이 정확하게 무엇을 뜻하는 것이지?' '그 얘기를 다시 말해 보겠니?' '그 생각은 좀 불분명하네.' '방금 말한 그 두 가지가 어떻게 연결되는지 잘 모르겠는데?' '내가 듣기에 ~라는 것 같은데 그렇니?' 와 같이 중간중간 사실을 확인해 볼 수 있다. 그러나 명료화를 너무 자주 활용하면 대화의 자연스런 흐름을 막게 되므로 유의한다.

구체화는 학생의 이야기 속에서 중요한 의미가 있을 법한 내용에 대해 그 뜻을 좀 더 자세히 알아보아야 될 때 사용한다. '~이 무슨 뜻인지 조금 더 구체적으로 말해 주겠니?' '방금 말한 내용을 이해하기 쉽게 조금 더 자세히 말해 보렴.' '지금 한 말을 다른 말로 표현한다면 어떤 말이 적당할까?' '혹시 그와 유사한 느낌을 표현하는 다른 낱말들은 어떤 것들일까 궁금하네.' '예를 들어 보겠니?' 등등은 학생과의 대화를 구체화시키는 효율적인 어구들이다. 그러나 구체화 기술도 지나치게 자주 사용하게 되면 학생의 말을 끊고 들어가는 것이 될 수 있다.

4) 문제해결을 위한 대화

진로문제를 해결하는 방법을 찾지 못하거나 당면한 문제를 회피 또는 교사나 부모에게 의존하려는 학생의 진로상담에서는 학생에게 희망이나 자신감을 불어넣어 줌으로써 진로결정을 위한 실마리를 스스로 발견할 수 있게 하고 현실적으로 가능한 문제해결 계획을 세울 수 있도록 동기를 만들어 내는 데 목적을 둘 필요가 있다.

문제해결을 위해서는 이를 위한 지식과 기술이 있어야 하며, 문제해결 방법을 적절하게 사용할 수 있어야 한다. 또한 문제를 해결하여 성과를 도출하고자 하는 의지, 도전의식과 끈기, 문제를 process의 관점에서 체계적으로 접근하는 안목이 필요하다. 즉, 문제를 세분화하여 부분 부분을 파악하고 해결함으로써 전체 문제를 해결하는 방법을 적용할 수 있다.

진로문제를 해결하는 방법을 모색하다 보면 몇 가지 해결방법 중 하나를 선

택하기 위해 이를 분석할 필요가 생긴다. 문제 및 문제해결 방식을 분석하는 데
적용할 수 있는 방법 중 하나가 SWOT이다.

SWOT은 Strength(강점), Weakness(약점), Opportunity(기회), Threat(위협)
의 합성어로 SWOT 분석이란 SWOT을 이용하여 문제를 분석하는 것이다. 이
SWOT 분석은 자신의 문제와 외부환경을 분석하여 자신의 강점과 약점을 발견
하고, 이를 토대로 강점은 살리고 약점은 보완하며, 외부환경의 기회요인은 찾
아서 활용하고, 위험요인은 축소 · 보완함으로써 최적의 해결책을 찾기 위한 방
법이다. SWOT 분석의 구체적인 내용은 다음과 같다(임경희 외, 2014).

표 11-1 진로상담에 적용하는 SWOT 분석

〈내부요인〉 지식, 기술, 경험, 행동성향, 가치관, 사고방식, 동기	강점(Strength)	약점(Weakness)
	자기의 강점 ~를 안다. ~를 할 줄 안다. ~ 하기를 좋아한다.	자기의 약점 ~ 능력이 떨어진다. ~을 싫어한다. ~를 할 줄 모른다.
〈외부요인〉 취업환경	기회(Opportunity)	위협(Threat)
	외부환경의 기회요인 사회 경제 기술 정보	외부환경의 위험요인 사회 경제 기술 정보

문제해결 방법이 결정되면 이를 위한 계획을 세우게 된다. 교사는 학생과 함
께 찾아 의논하며 계획을 세울 수도 있다. 계획을 세울 때는 일주일 내로 실천할
수 있는 작은 것을 선택해 보고, 그것을 실천할 수 있도록 구체화해 주어야 하며
예상되는 어려움에 대해서도 미리 이야기를 나눠 보는 것이 필요하다. 또 실천
과정에서 보인 학생의 사소한 노력과 변화라도 칭찬과 격려를 해 줌으로써 지속
적인 동기를 유발할 수 있게 한다.

진로진학문제에 대한 해결방법을 찾지 못하는 학생에게 당장 결정하라고 압력을 주면 학생은 혼란스러울 수밖에 없다. 따라서 교사는 충분한 시간과 기회를 가지고 문제해결 방법을 찾아보고 이를 적용하여 문제해결을 할 수 있도록 도와주어야 한다.

5) 격려와 공감의 대화

학생들이 진로문제에 대해 갈등을 경험하거나 막연한 두려움과 불안을 느끼는 경우, 교사는 대화를 통해 이들이 처한 상황에 대해 공감하며 격려와 지지를 전해야 한다.

진로진학문제와 관련하여 일반적으로 많이 느끼는 부정적 정서는 무기력과 불안이다. 어떻게 해야 할지 결정하지 못하는 상황에서 선택이나 결정에 대한 압력을 받으면 혼란스러우면서 자신에 대한 불만과 무능력감을 느끼게 된다. 이러한 부정적 정서는 진로선택과 결정과정에서 자연스럽게 발생하는 측면도 있기 때문에 학생과 학부모에게 걱정되는 마음을 받아들이고 대처할 수 있도록 도와야 한다. 또한 결정을 하더라도 잘 결정했는지에 대해 의구심과 초조한 마음이 들 수 있다. 진학 후의 적응문제와 같은 이후 일들에 대해 불필요한 걱정을 하지 않도록 논의할 수도 있다.

위로와 격려가 필요한 대화에서 교사도 자신의 경험을 회고하며 표현하는 자기개방의 방법을 사용할 수 있다. 교사의 자기개방은 가급적 긍정적인 성과를 얻었던 경험을 학생의 수준에 맞게 하는 것이 필요하다. 예를 들어, "선생님도 너 같은 경우가 있었어. 그때 많이 힘들더라. 성적도 생각만큼 안 나오고, 무엇을 해야 할지도 막연하고 힘들었지. 그런데 선생님과 상의하면서 조금씩 안정이 되었어."라고 말할 수 있다.

단순한 위로와 격려보다 더 심층적인 대화인 공감적 대화를 하기 위해서는 교사가 학생의 입장에 서 보려는 자세로 임하는 것이 필요하다. 교사와 다른 시대와 환경, 다른 능력과 흥미, 가치를 지닌 학생의 입장에서 보려고 노력하고 학생의 입장에 서서 반응해 준다면 그것만으로도 학생은 큰 힘과 도움을 얻을 수 있다.

이러한 학생과의 대화에서는 먼저 학생의 현재 마음 상태를 짐작하여 표현하는 반영과 공감 기법을 사용한다. 그리고 스트레스와 부정적 정서를 야기하는 사고를 찾아 비합리적인 사고가 있다면 사고를 수정해 나간다.

4. 고려사항

학생이나 학부모와 진로진학에 관한 대화를 할 때, 교사는 다음 사항을 인식해야 한다.

- 진로지도에서는 청소년들의 자기이해가 가장 우선되어야 한다.
- 일과 직업 종류에 대한 객관적인 정보와 탐색이 필요하다.
- 진로결정은 일생의 중요한 과업 중 하나이다.
- 청소년들이 스스로 정보를 탐색하고 활용하는 능력을 갖추도록 해야 한다.
- 일과 직업에 대한 올바른 가치관과 태도 형성을 통해 직업이 경제적 수단임과 동시에 사회봉사와 자아실현의 수단임을 인식시킨다.

요약

1. Parsons의 특성-요인 이론에서는 직업선택을 개인의 다양한 특성과 직업에서 요구하는 조건들을 연결하는 것으로 본다.

2. Super의 생애주기 이론에서는 진로발달단계를 성장기(출생~14세), 탐색기(15~24세), 확립기(25~44세), 유지기(45~65세), 은퇴기(65세 은퇴 후)로 구분한다.

3. 현실과 이상 간의 괴리로 겪게 되는 진로선택에 대한 고민을 호소하는 경우, 눈높이를 현실적인 높이로 조정할 수 있도록 돕는다.

4. 진로진학에 대한 막연함과 두려움을 호소하는 경우, 현재의 정서 상태에 대한 위로와 공감을 표현하면서 전공이나 직업을 선택하는 과정에 대해 논의한다.

5. 진로결정에서 부모와의 이견이 있는 경우, 부모의 의견과 학생의 생각에 대해 검토하고 부모와의 이견을 어떻게 조정할지에 대해 논의한다.

6. 진로의사결정을 회피하거나 부모나 교사에게 의존하는 경우, 무기력과 회피, 의존의 원인을 파악하고 진로선택과 결정을 시도하려는 동기를 갖도록 격려한다.

7. 문제를 파악하기 위해서는 질문하기와 명료화 및 구체화 대화법을 적용하되 너무 자주 활용하여 대화의 자연스런 흐름을 막지 않도록 유의한다.

8. 문제해결을 위해서는 방법을 모색하고 현실적으로 가능한 문제해결 계획을 세우는 것이 필요하며, SWOT(강점, 약점, 기회, 위협) 분석법을 사용할 수 있다.

9. 진로문제에 대해 갈등을 경험하거나 막연한 두려움과 불안을 느끼는 경우에는 공감과 격려, 지지가 도움이 된다.

┌───┐

● 상담연습 [I] ●

다음에 제시된 진로상담 장면의 예를 읽고 상담자로서 할 수 있는 적절한 반응을 써 보시오.

1. 진로의사결정을 의존하는 학생

> 내담자: 선생님, 저는 어떤 학교를 선택해야 할지 잘 모르겠어요. 부모님도 정보를 잘 모르시고 저도 잘 모르겠어요. 그냥 선생님이 정해 주시면 안 될까요?

상담자: _____

_____

2. 부모와의 이견으로 고민하는 학생

> 내담자: 부모님은 교사가 되라고 하시는데 저는 교사가 저한테 맞는 직업인지 잘 모르겠어요.

상담자: _____

_____

3. 진로선택지 사이에서 갈등하는 학생

> 내담자: 영문학과가 저에게 맞는 걸까 불안한 마음이 들어요. 적성도 맞고 성적도 얼추 될 것 같기는 한데 친구들이 경영학과가 취직이 잘 된다고 해서요.

└───┘

상담자: _____

_____

4. 진학 학과 선택에 막연함을 호소하는 학생

내담자: 선생님, 아무리 생각해도 저는 가고 싶은 학과가 없어요.

상담자: _____

_____

5. 전공 관련 정보가 부족한 학생

내담자: ○○과를 졸업하면 어떤 직업을 가질 수 있는 건가요? 전망은 괜찮을까요?

상담자: _____

_____

6. 진학과 관련하여 불안감을 호소하는 학생

내담자: 선생님, 제가 ○○ 학교에 합격할 수 있을까요? 아무래노 시급 성저오르는 어렵겠지요? 떨어질까 봐 불안해서 공부도 잘 안 돼요.

상담자: _____

_____

7. 진로의사결정을 회피하는 학생

> 내담자: 저는 좋은 학교 가는 건 벌써 포기했어요. 그냥 내버려 두세요. 아무 대학이나
> 제가 갈 곳 하나 없겠어요.

상담자: _____

_____

8. 진로선택지 사이에서 갈등하는 학생

> 내담자: ○○, △△, □□ 학과 모두 필요한 성적도 비슷하고 관심도 가는데 어떤
> 학과로 결정하는 게 좋을지 잘 모르겠어요.

상담자: _____

_____

● 상담연습 [II] ●

'사회복지사나 교사, 변호사를 생각하고 있는데 뭘 선택해야 할지 모르겠어요.'라는 학생과 SWOT 분석법을 통해 진로문제 해결을 위한 대화를 한다면 어떻게 적용할 수 있을지 교사와 학생의 역할을 맡아 다음 내용을 작성하는 연습을 해 보자.

	강점(Strength)	약점(Weakness)
〈내부요인〉 지식, 기술, 경험, 행동성향, 가치관, 사고방식, 동기		
	기회(Opportunity)	위협(Threat)
〈외부요인〉 취업환경		

◦ **상담연습 [Ⅲ]** ◦

상담자, 내담자, 관찰자 역할을 정한 후 '정보와 조언을 제시하는 대화법'에 초점을 두고 진로상담을 진행한다. 관찰자는 상담자의 반응에 집중하여 관찰한다. 연습의 효과를 위해 녹음이나 동영상 촬영을 하는 것이 좋다.

상담 후 다음과 같은 내용을 포함하여 상담자의 반응에 대해 함께 논의한다.

• 내담자의 문제에 대한 상담자의 기법은 적절했는가?
• 상담자의 기법은 내담자에게 도움이 되었는가?
• 상담자의 반응 중 효과적이었던 점은 무엇이었으며, 어떤 점에서 효과적이었는가?

필요시 내담자 역할은 다음과 같은 사례의 내담자로 연습한다.

사례 1

고등학교 1학년인 준희는 학교에 적응하기 어렵다고 하면서, 고등학교를 자퇴하고 검정고시를 준비하든지 취업을 하고 싶다고 하여 진로상담이 이루어지게 되었다.

사례 2

고등학교 2학년인 민상이는 ○○ 대학교 △△ 학과에 진학하고 싶은데, 무엇을 준비해야 하는지, 자신이 그 학교에 진학할 수준이 되는지 모르겠다는 이야기로 말문을 열어 진로상담을 시작하게 되었다.

● 상담연습의 답안 예시 ●

상담연습 [Ⅰ]

1. 진로의사 결정을 의존하는 학생

• 네가 원하는 학교를 정하기가 무척 어렵나 보구나. 부모님께도 도움을 받을 수 없고 말이야. 학과정보도 너무 많고 어떤 선택이 좋은 것인지 확신이 잘 안 생기니 답답하지? 너무 성급하게 염려하지 말고 천천히 찾아보자. 네가 원하는 학과나 직업이 무엇일지 차근차근 생각을 정리할 수 있도록 선생님이 도와줄게. 너에 대해 가장 잘 알 수 있는 사람은 너라고 생각해. 그리고 결국 진학을 해서 공부를 할 사람도 너이고. 학과나 직업정보 등을 찾아보면서 너에게 적합한 학과가 어디일지는 네가 가장 잘 결정할 수 있을 거라고 선생님은 믿는다. 같이 의논해 보자.

[해설] 교사는 학생의 어려움과 그로 인한 감정을 공감해 주면서 학생이 교사에게 진로결정을 미루고 의존하는 원인을 살펴본 다음 결국 최종결정은 내담자가 해야 하고 또 할 수 있음을 확신시킨다. 진로선택을 시도할 수 있도록 격려하면서 교사가 함께 도울 수 있다는 믿음을 준다. 관련된 정보를 제공하면서 일방적인 의견제시보다는 학생과 함께 논의하는 방향으로 진행한다.

2. 부모와의 이견으로 고민하는 학생

• 혹시 너는 어떤 일을 하고 싶은지 생각해 보았니? 네가 하고 싶은 일과 부모님이 교사가 되기를 원하시는 이유에 대해서는 부모님과 어떤 이야기를 나누어 보았니?

[해설] 교사는 학생의 문제가 정확하게 무엇인지를 알아보기 위해 먼저 문제파악을 위한 질문을 할 수 있다. 그런 후 학생이 원하는 일과 부모님이 원하시는 일의 내용과 동기 등을 구체적으로 탐색해 볼 수 있도록 명료화시키는 질문을 통해서 학생의 이야기를 정리하고 핵심 메시지를 언급한다.

3. 진로선택지 사이에서 갈등하는 학생

• 나름 고민하고 내린 결정이지만 막상 원서를 쓰려니 불안한 마음이 들 거야. 전공을 선택할 때, 취업이나 전망도 중요하지. 그렇지만 무엇보다도 네가 관심 있고 적성에 맞는 전공을 선택하는 것이 중요해. 게다가 성적도 얼추 된다고 하니 걱정은 하나 덜었구나. 선생님은 대학에 가서 열심히 하고 여러 방면으로 찾아보면 취업할 기회는 얼마든지 있다고 생각한다. 선생님도 네가 경영학과보다는 영문학과에 진학하면 더 잘 할 수 있지 않을까 싶네.

[해설] 교사는 학생의 이야기에 일단 불안한 마음에 대한 공감을 표현하면서 불안의 원인이 무엇인지를 확인하고, 학생의 말속에 불합리하거나 오류가 있는 내용 또는 사고를 찾아 수정하면서 조언을 제시한다. 조언을 제시하면서 학생의 결정에 대한 격려 메시지를 준다.

4. 진학 학과 선택에 막연함을 호소하는 학생

• 가고 싶은 학과가 없어서 막연하겠구나. 가고 싶은 학과를 급하게 정하려고 애쓰기 전에 먼저 네가 잘하고 재미있어 하는 것부터 알아보면서 시작해 보면 좋겠다.

[해설] 학생은 자기이해가 부족하고 학과에 대한 정보도 충분치 않은 상황으로 볼 수 있다. 따라서 자신의 특성을 알아보고 이에 해당하는 직업이 무엇인지를 이야기 나누며 학생이 현재 느끼고 있는 막연함과 불안감에 대한 공감적인 반응과 함께 진로선택과 결정에 대한 동기가 생길 수 있도록 지지한다.

5. 전공 관련 정보가 부족한 학생

• ○○ 학과는 △△, ☆☆와 같은 것을 배우는 학과인데, 졸업하면 보통은 □□ 같은 직업을 가질 수 있어. 좀 더 자세한 내용을 같이 한번 찾아볼까? 커리어넷이나 워크넷, 직업방송 등에서 제공하는 학과정보나 직업정보를 찾아보면 자세한 내용이 있으니 한번 찾아볼래? 선생님도 자료를 더 찾아보고 좀 더 이야기해 보자.

[해설] 학생이 이해하기 쉽도록 질문한 학과에 대한 설명으로부터 직업정보를 제공한다. 가

능한 한 간결하면서도 부분으로 나누어 제공하고 학생이 이해가 되고 있는지를 확인하면
서 대화를 진행한다. 관련 사이트의 직업정보를 찾아볼 수 있도록 안내하거나 여건이 된
다면 함께 찾아보면서 이야기를 나누는 것도 좋다.

6. 진학과 관련하여 불안감을 호소하는 학생

• 그래. 가고 싶은 학교에 맞는 성적이 안 나오고 있으니 많이 불안할 거야. 떨어질까 봐 계
속 불안해하면 오히려 더 안 좋은 결과가 나올 수도 있어. 마음을 좀 편히 갖고, 꼭 그 학
교에만 집착하기보다는 차선책으로 네가 가고 싶은 학과가 있는 점수가 좀 더 낮은 다른
학교를 찾아 두는 것도 하나의 대안이 될 수 있을 것 같다. 최종 선택을 해야 되는 순간까
지 두 학교 모두 대안으로 놓아 두면 조금이라도 마음 편하게 공부하는 데 도움이 될 것
같네.

[해설] 현실과 이상의 괴리로 어려움을 겪고 있는 사례이다. 진학을 원하는 학교에 성적이 못
미쳐 불안함을 호소하고 있으므로 가능한 한 학생의 눈높이를 현실적인 높이로 조정하도
록 조력함으로써 진학 가능성을 높여 좀 더 학업에 집중할 수 있도록 돕는다. 더불어 진
학가능성에만 초점을 두기보다는 자신에게 맞는 전공을 찾아 학교급을 조정할 수 있도록
안내하는 것이 도움이 된다.

7. 진로의사결정을 회피하는 학생

• 벌써 포기했다는 말이 안타깝게 들리네. 원하는 학교에 떨어질 것 같아서 미리 도전을 포
기했다는 말로 들려. 진학에 실패하는 건 ○○이뿐만 아니라 누구에게나 두려운 일이야.
이왕 시간은 주어져 있는데 그래도 알아? 더 나은 대안이 있는지 찾아보고 끝까지 노력해
보면 좀 더 만족할 학교에 갈 수 있을지. 밑져야 본전 아니겠니? 선생님도 너에게 맞는 학
과의 학교를 함께 찾아보면서 같이 할게. 힘을 내 보자.

[해설] 다소 미성숙하고 자아정체성의 혼란 상태에 있는 학생의 경우 자신에 대한 확신이 없
을 뿐만 아니라 진로선택에서 막연한 두려움과 불안을 경험하는데, 이를 방어기제를 통
해 거부하거나 회피하는 모습을 보일 수 있다. 이런 학생의 경우 먼저 현재 표현하는 거

부감이나 회피하는 마음의 이면에 있는 정서 상태에 대한 이해를 전달하면서 현재 상태에서 학생이 선택할 수 있는 최선의 선택지에 대한 이해를 돕는다. 자기이해와 직업세계에 대한 정보탐색을 돕는 대화를 시도하고 진로선택과정에서 경험하게 될 실패에 대한 두려움을 인정하면서 좀 더 좋은 대안을 찾아 가는 시도를 함께 해 주는 교사의 격려와 노력이 요구된다.

8. 진로선택지 사이에서 갈등하는 학생

• 관심이 가는 학과도 많고 필요한 성적도 어느 정도 갖추고 있으니 어찌 보면 행복한 고민이네. 자, 그러면 ○○이가 생각하는 몇 개 학과와 학교를 어떤 면에서 고민하고 있는지 정리해 볼까. 어떤 점이 매력적이고 어떤 점은 마음에 걸리는지 비교표를 만들어서 순위를 매겨 놓으면 결정하는 데 도움이 될 수 있을 거야. 요즘은 선택할 수 있는 학교가 너무 많아서 정리를 하지 않고 막연하게 생각하고 있으면 더 좋은 결정을 놓칠 수도 있거든.

[해설] 여러 가지 대안을 가지고 있지만 결정을 내리지 못하는 학생들은 어떤 이유로 갈등하고 있는지 정리해 볼 수 있도록 돕는다. 막연하게 결정을 내리지 못하는 상황이 계속되면 최종 선택의 순간에 충동적으로 결정하게 될 수 있으며, 무엇을 선택할지에 대한 고민을 하느라 정작 필요한 준비를 할 기회를 놓칠 수 있으므로 각 대안이 모두 학생에게 적합한 것인지를 확인하고 각 대안의 장단점과 가능성에 대해 구체적으로 정리해 볼 수 있게 한다.

상담연습 [Ⅱ]

작성 예시

	강점(Strength)	약점(Weakness)
〈내부요인〉 **지식, 기술,** **경험, 행동성향,** **가치관, 사고** **방식, 동기**	• 건강하다. • 사람 만나는 것을 좋아하며 아는 사람들이 많다. • 눈치가 빠르다. • 이론보다는 실전에 강하다.	• 집에 돈이 많은 상황이 아니다. • 귀가 얇아 남의 말을 잘 듣는다. • 계획만 잘 세우고, 실천력이 떨어진다.
	기회(Opportunity)	위협(Threat)
〈외부요인〉 **취업환경**	• 예전부터 꾸준히 자원봉사활동을 해 왔다. • 사회복지사는 일자리가 점점 늘어나는 추세이고 교사나 변호사도 여전히 인기가 많은 직업이다. • 친척 중에 이런 직업을 가진 사람이 있다.	• 나와 비슷한 성적수준의 학생이 매우 많다. • 자격증이 필요한 직업들이다. • 요즘 취직이 전반적으로 어렵다.

12장
학교폭력 상담

　학교폭력과 관련된 상담은 학교상담자가 빈번하게 다루는 상담주제이자 처리해야 할 중요한 사안이다. 학교폭력 상담은 일종의 위기상담으로 신속하고 적극적으로 임하며 내담자에 따라 개별적 상담을 진행하는 것이 바람직하다.

　학교폭력 상담에는 학교폭력의 감지와 인지, 예방을 위한 상담과 함께 치료와 상담, 교육 측면이 포함되며 가해학생 및 피해학생, 동조나 목격 학생, 학부모, 교사 등이 대상이 될 수 있다. 이런 면에서 상담자 입장에서 학교폭력 상담은 내담자뿐 아니라 교사, 학부모, 친구 등 주변 인물들을 함께 상담하거나 고려해야 하는 경우도 발생할 수 있다.

　학교폭력 상담은 학교상담자가 다루는 주제 중 사안이 심각하여 신중한 접근이 요청되며 폭력과 관련되어 행징적 처리가 필요한 부분도 있기 때문에 학교폭력 처리에 관한 매뉴얼이나 규정 등에 대해 숙지해야 하며 필요한 경우에는 관련 인사들과의 협의를 할 수 있어야 한다.

1. 학교폭력의 이해

「학교폭력예방 및 대책에 관한 법률」에서 규정한 학교폭력은 '학교 내·외에서 학생을 대상으로 발생한 상해, 폭행, 감금, 협박, 약취·유인, 명예훼손·모욕, 공갈, 강요·강제적인 심부름 및 성폭력, 따돌림, 사이버 따돌림, 정보통신망을 이용한 음란·폭력 정보 등에 의하여 신체·정신 또는 재산상의 피해를 수반하는 행위'이다. 결국, 학교폭력은 학생을 대상으로 한 신체, 정신, 재산 등 일체의 피해를 주는 것으로 볼 수 있다.

학교폭력에 대해서는 주로 피해자 또는 목격자의 보고나 신고로 확인된다. 또한 교사나 상담자가 목격하거나 관찰할 수도 있는데, 학교폭력의 예방과 문제해결을 위해서는 학교폭력에 대한 감지와 인지가 중요하다. 상담자는 학생들에 대한 대화와 관찰을 통해 감지와 인지를 할 수 있다.

여러 가지 상황을 고려할 필요가 있지만 상담 장면에서 상담자가 관심을 둘 필요가 있는 피해학생의 징후는 다음과 같다.

- 산만하거나 불안한 신체적 반응을 보인다.
- 얼굴이나 신체에 상처가 있거나 교복이나 신발 등이 훼손되어 있다.
- 수업시간이나 점심시간에 교실이나 급식실 외 장소에서 혼자 있는 모습이 목격된다.
- 점심을 혼자 먹거나 쉬는 시간 또는 이동 시간에 혼자 다닌다.
- 빈번하게 학교나 교사, 친구들에 대한 불만과 불평을 호소한다.
- 갑자기 학교를 그만두고 싶다고 말한다.
- 상담시간이 아닌 쉬는 시간이나 점심시간 등에 상담실을 방문하는 경우가 많다.
- 특별한 이유 없이 상담시간의 변경이나 추가적인 상담시간을 요구한다.
- 상담에 집중하지 못하고 다른 생각을 하는 것으로 보인다.

- 상담에서 친구들이 놀린다거나 접근을 피한다는 말을 한다.
- 상담실에 오는 것을 주변 사람들에게 알리고 싶어 하지 않는다.
- 우울하거나 불안한 표정을 짓는다.
- 무엇인가 말하고 싶어 보이나 주저한다.
- 힘들다는 식으로 말하지만 구체적인 이유와 문제를 말하지 않는다.

한편, 상담 장면에서 상담자가 관심을 둘 필요가 있는 가해학생의 징후는 다음과 같다.

- 교사나 상담자의 권위에 도전하는 행동을 보인다.
- 얼굴, 손이나 팔 등에 종종 상처가 있다.
- 빈번하게 학교나 교사, 친구들에 대한 불만과 불평을 호소한다.
- 상담자에게 자신에 대한 교사나 친구들의 언급이 있는지 궁금해한다.
- 자신의 문제 행동에 대해서 타인의 탓을 주로 이야기한다.
- 감정기복이 있고 작은 일에도 화를 낸다.
- 과잉된 자의식을 보이며 부적절하게 자존심을 강조한다.
- 교사, 친구들과의 관계나 학교생활에 대해 말하려 하지 않는다.

일반적으로 학교폭력 발생과 관련된 요인에는 위험요인과 보호요인이 있다. 위험요인에는 역사적 영역, 심리·행동적 영역, 맥락적 영역이 있다. 역사적 영역의 위험요인은 과거의 폭력 및 비행, 어린 나이의 조기 폭력, 학교관련 문제(낮은 학업성취, 무단결석, 학교구성원과의 결속력 및 애착 부족 등), 어릴 때 학대나 비판의 희생자, 가족 내 부적응 행동 등이 해당된다. 심리·행동적 영역의 위험요인으로는 알코올, 약물 등의 물질사용, 정신적·행동적 장애, 정신질환, 충동성과 위험 감수행동, 개인의 반사회적 태도나 사회인지적 결함, 왜곡된 자기존중감과 낮은 자기존중감 등이 있다. 또한 부정적인 또래관계, 부모의 통제 및 감시 부족, 맥락적 환경에서의 스트레스와 상실 경험, 사회적 지지의 결핍, 지역사

회의 범죄와 폭력적 환경 등과 같은 맥락적 영역의 위험요인이 있다(한국초등상
담교육학회 편, 2015). 이러한 역사적 영역, 심리·행동적 영역, 맥락적 영역 등의
요인은 결국 학교폭력 발생의 원인들로써 상담에서 다룰 주제가 될 수 있다.

　반면, 학교폭력 발생을 예방하거나 감소시키는 것과 관련된 보호요인으로는
부모의 권위 있는 양육태도, 긍정적 또래관계 및 또래의 사회적 지지, 보호성인
의 존재 및 성인들과의 긍정적 관계, 부모-자녀 간의 원활한 의사소통, 학교환
경에 대한 학생의 긍정적 지각, 건강한 단체 활동의 참여 등이 있다(한국초등상
담교육학회 편, 2015). 이러한 보호요인도 학교폭력 가해·피해학생의 상담에서
다룰 내용이 된다.

2. 학교폭력 상담의 원리 및 과정

　학교폭력 상담은 학교폭력의 발생은 물론 예방, 감지 및 인지, 사안처리과정
에서 진행된다. 학교폭력 상담에서 상담자는 학교폭력 문제를 다룸에 있어서
방법이나 접근방식도 중요하지만 상담자가 내담자에게 중립적인 태도를 취하
는 것도 중요하다.

1) 학교폭력 상담의 목적

　학교폭력 상담은 피해학생에게는 학교폭력에 의한 심리적 상처를 살피고 가
해학생에게는 학교폭력을 행한 원인을 파악하여 교정하는 활동으로 결국 학교
폭력에 대한 치유와 재발 방지가 주목적이 된다. 즉, 학교폭력 상담의 목적은 피
해자와 가해자 모두 학교폭력과 관련된 사안과 연관된 문제를 해결하고 이들의
심리적 측면을 다루어 학교폭력의 상처를 치유하고 이후 학교생활의 적응과 재
발을 예방하는 데 있다.

　일반적으로 학교폭력 사안처리는 학교 내에서 담당하는 부처나 인사가 있으

며 상담자는 학교폭력 사안과정에서 신고나 조사, 처벌 등이 아닌 상담이라는 활동으로 참여하게 된다. 따라서 상담자는 학교폭력 상담에서 지향하는 목적이 무엇인지를 명확하게 인식하고 상담활동에 임해야 한다. 따라서 학교폭력 가해학생의 상담에서 처벌적인 접근이 있어서는 안 된다. 학교폭력 가해학생들은 자칫 상담도 하나의 처벌과정으로 인식하여 상담에 대해 방어적이거나 부정적인 모습을 보이는 경우가 종종 있다. 학교폭력 상담에서 학교폭력의 피해 및 가해 내담자에게 상담을 통해 사안에 대한 비난이나 처벌을 하고자 하는 것이 아니라는 것을 분명하게 이야기하는 것이 필요하다고 볼 수 있다.

그러나 학교폭력 가해학생을 상담할 때, 상담자는 내담자의 상담 경위가 무엇인지를 인식할 필요가 있다. 가해학생인 경우에는 처벌로써의 상담이 진행되어서는 안 되지만 학교폭력 가해에 대한 내담자의 반성과 태도 변화는 필수적으로 다루어야 한다.

2) 학교폭력 상담의 과정

학교폭력 상담은 가능하다면 피해학생을 먼저 만나고 가해학생을 만나는 것이 좋다. 학교폭력 상담의 과정은 다음과 같다.

(1) 상담 시작 및 라포 형성

상담을 시작할 때, 무엇보다 내담자에게 안전감을 느끼도록 하는 것이 중요하다. 또한 학교폭력 상담을 받게 된 경위에 대해 이야기하면서 내담자가 상담을 받을 준비가 되어 있는지를 확인하고 편안함을 느끼며 상담에 임하도록 안내한다. 만일 내담자가 상담에서 극심한 혼란이나 불안을 보인다면 병원과 같은 전문기관으로 연결해 줄 수도 있다.

상담 시작 단계에서는 내담자가 상담을 받게 된 경위를 이야기하도록 하며, 상담자는 내담자에 대해 비난이나 평가 없이 내담자가 처한 상황에 대해 이야기를 듣는 무조건적 긍정적 존중의 태도를 보이면서, 내담자의 현재 상황과 경험에 대해 공감하도록 한다. 상담자는 주의집중을 하는 경청의 태도를 취하며 학교폭력 사건의 경과와 처한 상황에 대해 파악하고 내담자가 보이는 사고와 감정, 행동에 관심을 가진다. 상담자는 내담자가 상담을 받는 것과 상담자에 대해 두려움이나 거부감, 의구심을 갖고 있지는 않은지를 세심하게 살피고 내담자에게 적절한 위로와 지지를 보내 상담자와 내담자 간의 신뢰 관계를 형성하는 데 신경을 쓴다. 특히 내담자에 대한 공감적 이해와 표현을 통해 라포(rapport)를 형성하는 것이 시작 단계에서 상담자가 수행할 중요한 과업이다.

(2) 사안에 관한 정보 수집 및 사실 확인

학교폭력 상담이 학교폭력 조사는 아니다. 그러나 학교폭력의 피해와 가해 상황을 파악하여 상담의 목표와 내용의 방향을 잡기 위해 학교폭력에 관한 정보 수집을 통해 사실에 대한 확인을 하는 작업이 필요하다.

학교폭력이 발생한 정황과 진행상황, 내담자의 입장 등에 대해 상담자는 정확한 사실을 파악한다. 그러나 상담자는 중립적인 입장에서 사실관계에 대해 객관적인 파악을 하는 것이 필요하다. 이러한 과정에서 상담자뿐 아니라 내담자도 학교폭력에 대해 상황을 정리해 보는 기회를 가질 수 있다. 따라서 상담자는 주로 주의집중 및 경청, 감정반영과 내용반영, 질문 등의 기법을 사용하면서 학교폭력 사건에 대한 탐색 작업을 한다.

일반적 상담에서는 내담자를 통해 수집된 정보를 근거로 내담자 욕구에 맞는 상담의 목표를 설정하고 상담의 구조화를 할 수 있다. 학교폭력 상담도 이와 마찬가지로 상담목표를 설정하고 상담 진행방법, 상담에서의 내담자 및 상담자의 역할, 상담에 대한 기대, 상담에서의 한계 등에 대해 이야기를 나누는 상담의 구조화를 진행한다.

(3) 학교폭력 관련 문제해결법 탐색

내담자가 상담에서 도움 받고 싶거나 해결하고자 하는 것이 상담의 목표로 설정되면, 이에 따라 목표 달성을 위한 문제해결의 방식을 찾고 상담을 진행하게 된다. 학교폭력 상담은 치유와 재발 방지가 주목표가 될 수 있는데, 피해자와 가해자 모두에게 폭력과정에서 경험한 상처에 대해 표현하도록 하고 학교폭력의 원인이 무엇인지를 살펴 다시 학교폭력이 발생하지 않도록 변화를 꾀하도록 한다.

학교폭력 피해자와 가해자 모두 대인관계나 정서적 어려움을 가질 수 있기 때문에 자존감, 자기통제력, 공감능력, 의사소통능력 등을 향상시키고 이를 실제 학교생활이나 친구관계에서 연습해 보는 것이 문제해결 과정에서 이루어져야 할 것이다. 실제 연습을 해 보도록 하는 상담과제, 자기주장훈련이나 대화훈련 등이 이러한 과정에서 이루어질 수 있다.

학교폭력 문제해결에 있어서 내담자가 학교폭력과 관련된 원인을 파악하고 문제발생의 패턴을 이해하며, 이를 적절하게 변화시키는 것이 핵심이다. 상담자는 이러한 과정에서 내담자와 함께 문제해결법을 찾아보는 시간을 보내면서 내담자가 변화의 동기와 희망을 가지도록 지지와 긍정적 피드백을 제공하는 것이 중요하다.

(4) 상담 마무리

상담을 마무리하는 단계에서 학교폭력 사건과 상담에서 다룬 내용 등에 대한 정리를 상담자와 내담자가 함께 한다. 또한 상담에서 도움이 된 부분이나 미처 다루지 못한 부분 등에 대해 이야기를 나눔으로써 상담에 대한 평가를 진행할 수도 있다.

학교폭력이 재발되지 않도록 하기 위해서 상담자는 학교폭력 사건에 연루되었지만 내담자가 가지고 있는 장점과 자원들을 강화시켜 줄 필요가 있다. 특히 상담자가 상담에서 발견한 내담자의 긍정적인 측면을 강조하여 내담자가 학교폭력 사건 후 학급이나 또래관계에 적응할 수 있도록 지지를 한다.

상담을 종결하면서 상담 외 치료나 교육, 지원이 필요한 경우에는 가능한 전문기관을 연결해 줄 수 있다. 또한 상담은 끝나지만 사후상담을 약속하거나 가능성을 안내하는 것도 필요하다.

3. 학교폭력 피해학생의 상담

가장 먼저 피해학생의 신체적 · 심리적 상태를 확인하고 피해상황에 관한 이야기를 듣는다. 때때로 학교폭력 피해학생들은 자신의 피해 사실이 노출되는 것을 꺼리며 비밀유지에 대해 민감한 반응을 보이는 경우가 있다. 상담내용에 대한 비밀보장을 내담자에게 확인시켜 줌으로써 내담자와의 신뢰관계를 형성할 필요가 있다.

또한 내담자가 수치심이나 두려움으로 자신의 상태를 적절히 표현하지 못할 가능성도 있기 때문에 상담자는 주의집중하여 세심히 내담자의 이야기를 듣는 것이 필요하다. 학교폭력 피해를 받은 내담자들은 수치심, 두려움, 불안, 소외감, 자책감, 절망감, 화와 분노 등의 정서를 경험할 가능성이 있다. 여러 가지 감정들이 동시에 경험될 수도 있다. 따라서 상담자는 이러한 내담자의 감정에 대해 반영하면서 공감적인 태도를 취해야 한다. 또한 학교폭력의 내용이 실제로 발생하지 않은 사안이거나 또한 크게 심각한 것은 아니더라도 피해학생이 학교폭력으로 인식하고 있다면 폭력의 피해에 대해 위로와 공감을 제시해야 한다. 따라서 내담자의 주관적 고통에 대해 상담자는 민감하게 반응할 수 있어야 한다.

피해학생의 상담에서 다룰 수 있는 내용으로 가해학생을 용서하는 것이 될 수 있다. 가해학생의 사과를 수용하면서 내담자도 스스로 자신의 상처와 후유증, 스트레스에 대처할 수 있는 방법을 찾을 수 있도록 도와야 한다.

학교폭력의 원인을 전적으로 피해학생의 탓으로 돌리는 일이 있어서는 안 되며 동시에 피해학생의 충격과 상처에 대해 상담자가 공감적으로 이해하고 위로를 제공해야 하지만 이것이 동정이나 부적절한 편들기가 되어서는 안 된다.

학교폭력 피해학생의 상담에서 피해의 원인을 탐색하여 다시 피해를 받지 않도록 하는 작업은 필수적이다. 이를 위해 효과적인 의사소통과 자기주장을 할 수 있도록 하며 원활한 대인관계를 맺을 수 있도록 도와야 한다. 또한 상담자는 학교폭력 사건으로 인해 훼손된 자존감이 향상되도록 개입한다. 경우에 따라 지지원이 될 수 있는 주변 인물들과의 관계 향상을 촉진할 수도 있다.

4. 학교폭력 가해학생의 상담

학교폭력 가해학생도 사건과 처벌 등에 대해 상처와 충격을 받는다. 따라서 상담자는 먼저 상담에서 가해학생이 상담에 임할 수 있는 분위기를 조성하는 것이 필요하다. 피해학생과 마찬가지로 상담자는 내담자와의 라포 형성을 하면서 상담을 진행해야 한다.

가해학생의 상담에서 상담자는 내담자에게 비난이나 처벌을 위한 상담이 아님을 확인시켜 주며 중립적인 입장을 취하는 것이 좋다. 또한 학교폭력 사건에 대해 이야기할 때는 심문하는 태도를 취해서는 안 되며, 피해자 편을 들고 있는 인상을 주지 않도록 주의해야 한다.

가해학생의 상담에서 학교폭력 문제가 왜 발생했는지에 대한 원인을 탐색하는 것이 중요하다. 이때, 객관적 사실과 증거를 근거로 다루어야 한다. 폭력을 가하게 된 이유를 검토하고 심리 내·외적 요인을 탐색한다. 이러한 과정에서 드러나는 가해학생의 억울함이나 상처 등에 대해 공감을 해 줄 수도 있다.

상담과정에서 내담자는 처벌에 대한 두려움, 당황, 억울함, 분노, 불안, 수치심, 죄책감, 미안함 등의 정서를 드러낼 수 있는데 상담자는 내담자의 이런 감정에 대해 자세히 살피면서 반영과 공감을 해 주어야 한다. 상담에서 내담자의 이러한 감정을 적절히 처리하여 좀 더 생산적인 사고와 정서를 가질 수 있도록 도와야 한다.

학교폭력 가해 내담자들은 사건에 대해 언급하기를 원하지 않거나 최대한 사건을 축소하거나 책임을 회피하려고 할 수 있다. 내담자에게 학교폭력에 대한 책임을 지게 하는 것은 내담자를 공격적이고 폭력적인 사람임을 인정하거나 낙인찍기 위한 것이 아니다. 가해학생의 상담에서 가장 중요한 것은 폭력에 대한 반성과 책임을 지고 재발하지 않도록 내담자의 변화를 도모하는 것이다. 따라서 내담자가 자신의 폭력행동이 발생한 원인을 찾고 객관적 사실로 수용할 때 자신의 행동에 대한 반성이 이루어질 수 있다. 적절한 시점에서 직면이나 해석을 통해 가해 행동에 대한 재검토 작업을 진행하는 것도 필요하다.

가해학생이 폭력에 대한 반성이 없는 경우 상담자는 현재 처한 상황에 대해 직면시켜 주면서 자신의 행동에 대해 검토하도록 한다. 이때, 학교폭력에 대한 설명과 정보제공을 통해 사소한 폭력행동도 학교폭력에 해당되고 보복행위나 재발되어서는 안 됨을 주지시킨다. 사안처리나 조치, 처벌 등에 대한 설명을 해 주는 것도 필요하다. 또한 피해학생의 충격과 상처를 제시하면서 피해학생의 입장에서 볼 수 있도록 한다.

학교폭력 가해가 다시 발생하지 않고 학교생활을 원만하게 할 수 있도록, 가해학생의 상담에서는 의사소통능력, 갈등해결능력, 대인관계능력, 자기조절능력 등을 길러 주어야 한다. 경우에 따라서는 지속적인 상담이 이루어지도록 안내한다.

5. 학교폭력 피해학생 및 가해학생의 부모상담

학생들과 마찬가지로 부모상담에서도 학교폭력 사안으로 인해 부모가 가질 수 있는 감정을 공감한다. 부모들은 놀라거나 당황하고 걱정되고 불안·분노를 느낄 수 있다. 부모가 정서적 안정을 해야 자녀를 위한 지도와 훈육이 가능하기 때문에 부모가 처한 상황에 대해 이야기를 듣고 그들의 심정을 이해하는 시간을 갖는다.

상담과정에서 자녀의 일로 인해 부모가 비난받거나 책망받는 느낌을 받지 않도록 유의하면서 상담자와 협력할 수 있는 방법을 찾는 것이 필요하다. 특히 부모상담에서 상담자는 피해학생 또는 가해학생의 편을 드는 것으로 보이거나 서로 간의 이야기를 전달하지 않도록 주의해야 한다. 학교 당국이 학교폭력 건을 은폐하거나 축소한다는 오해하지 않도록 주의해야 한다.

부모가 학교폭력 사안을 객관적이고 현실적으로 보고 대처할 수 있도록 도와주는 것은 중요하다. 특히 가해학생의 부모인 경우, 학교폭력 행위에 대해 정확한 사실을 알려 주고 사안처리과정 등에 대해서도 알려 줄 필요가 있다. 이러한 과정에서 부모가 자녀의 학교폭력 사건에 대해 어떻게 인지하고 있으며 대처하고 있는지를 검토해 보는 것도 필요하다. 부모가 현재의 상황을 어떻게 대처할지와 자녀의 양육을 어떤 방향으로 할지는 중요한 주제이다. 부모상담에서는 무엇보다도 학교폭력 피해학생 또는 가해학생을 부모로서 보살피고 다시 학교폭력이 재발되지 않도록 양육하는 것에 대해 논의가 있어야 한다.

또한 부모가 자녀인 피해학생 또는 가해학생이 학교폭력 문제처리 과정에서 느낄 수 있는 감정들에 공감할 수 있도록 해야 한다. 자녀가 피해학생인 경우에는 상처와 후유증에 세심하게 관심을 보이면서 정서적 지지를 제공하고, 가해학생인 경우에는 자녀가 반성하는 과정을 함께해 주며 성장할 수 있도록 돕는 역할을 해야 한다. 따라서 상담자는 부모와 자녀에게 지지와 훈육을 할 수 있는 방법에 대해 논의하고 필요시에는 교육을 하도록 한다.

요 약

1. 학교폭력 상담은 위기상담으로 신속하고 적극적으로 진행하며 개별적 상담을 진행하는 것이 바람직하다.

2. 학교폭력을 상담하는 상담자는 학교폭력 처리에 관한 매뉴얼이나 규정 등에 대해 숙지해야 하며 필요한 경우에는 관련 인사들과의 협의를 할 수 있어야 한다.

3. 학교폭력은 '학교 내·외에서 학생을 대상으로 발생한 상해, 폭행, 감금, 협박, 약취·유인, 명예훼손·모욕, 공갈, 강요·강제적인 심부름 및 성폭력, 따돌림, 사이버 따돌림, 정보통신망을 이용한 음란·폭력 정보 등에 의하여 신체·정신 또는 재산상의 피해를 수반하는 행위'이다.

4. 학교폭력의 예방과 문제해결을 위해서는 학생들과의 대화와 관찰을 통해 감지와 인지가 이루어져야 한다.

5. 학교폭력 상담은 피해학생에게는 학교폭력에 의한 심리적 상처를 살피고, 가해학생에게는 학교폭력을 행한 원인을 파악하여 교정하는 활동으로, 결국 학교폭력에 대한 치유와 재발 방지가 주목적이 된다.

6. 학교폭력 상담의 과정은 상담 시작 및 라포(rapport) 형성, 사안에 관한 정보 수집 및 사실 확인, 학교폭력 관련 문제해결법 탐색, 상담 마무리이다.

7. 학교폭력 피해학생의 상담에서는 내담자들이 수치심, 두려움, 불안, 소외감, 자책감, 절망감, 화와 분노 등의 정서를 경험할 가능성이 있기 때문에 이러한 내담자의 감정에 대해 반영하면서 공감적인 태도를 취해야 한다.

8. 학교폭력 가해학생의 상담에서는 내담자에게 비난이나 처벌을 위한 상담이 아님을 확인시켜 주며 상담자는 중립적인 입장을 취하는 것이 좋다. 가해학생의 상담에서 내담자가 폭력에 대한 반성과 책임을 지고 재발하지 않도록 변화를 도모하는 것이 중요하다.

9. 학교폭력 피해학생 및 가해학생의 부모상담에서는 자녀의 일로 인해 부모가 비난받거나 책망받는 느낌을 받지 않도록 유의하면서 상담자는 부모와 자녀에게 지지와 훈육을 할 수 있는 방법에 대해 논의하고 필요시에는 교육을 하도록 한다.

● 상담연습 [I] ●

다음에 제시된 사례를 읽고 학교폭력문제 상담에서 상담자로서 할 수 있는 적절한 반응을 써 보시오.

1. 학급에서 은밀한 따돌림을 당한다고 호소하는 초등학생

> 내담자: 애들은 저를 따돌리는 것 같아요. 학교에서 애들이 저한테 그러니까 학교도 가기 싫고 그래요.

상담자: _____

_____

2. 1학년 후배를 폭행한 중학교 3학년 가해학생

> 내담자: 제가 잘못한 것도 있지만 억울한 것도 있어요. 저만 벌 받는 것 같아 기분이 나빠요.

상담자: _____

_____

3. 1학년 후배를 폭행한 중학교 3학년 가해학생의 학부모

> 내담자: 평소에 크게 사고를 안 치던 애라서 깜짝 놀랐어요. 이번 일이야 처벌 받고 지나가겠지만 앞으로 애를 어떻게 가르쳐야 될지 모르겠어요.

상담자: _____

_____

4. 학교폭력 피해로 인해 대인관계에서 위축된 학생

> 내담자: 애들이 제가 학교폭력을 당한 것을 다 알잖아요. 저한테 막하지는 않지만 아무래도 저를 좀 멀리하는 것 같아요. 아무도 저에게 말도 걸지 않고요.

상담자: _____

_____

5. 같은 반 학생을 괴롭히면서도 죄책감을 느끼지 않는 중학교 2학년 남학생

> 내담자: 다른 애들이 저한테 뭐라고 해요?
> 상담자: 다른 친구들이 너에 대해 뭐라고 하는지 왜 궁금한 거야?
> 내담자: 그냥……. 그런데 보통 따돌림을 당하는 애들은 다 그럴 만한 이유가 있어요.

상담자: _____

_____

6. 학교폭력 가해 경험이 있는 초등학생

> 내담자: 제가 먼저 싸우지 않으면 애들이 저한테 덤빌까 봐 걱정이 돼요. 저를 우습게 생각하고 저한테 막하기 전에 제가 먼저 애들한테 세게 나가야 돼요. 그래도 제가 먼저 나서면 아마 저를 무시하지 못할 거예요.

상담자: _____

_____

7. 욕설을 SNS상으로 들은 여학생

> 내담자: 애들도 그 욕을 다 같이 봤어요. 어떻게 저한테 그런 말을 할 수 있어요? (울먹임) 지난번에도 저한테 그랬어요.

상담자: _____

_____

8. 자녀의 학교폭력 피해에 관한 담임교사의 태도에 대해 불만을 가진 학부모

> 내담자: 일이 이렇게 되기 전에 담임선생님이 좀 도와주셨으면 좋았겠다는 생각이 많이 들어요. 애들한테 우리 애가 계속 놀림을 당했는데 그걸 담임선생님이 몰랐다는 게 말이 돼요? 가해한 애는 전학을 갔지만 담임선생님은 그대로잖아요.

상담자: _____

_____

9. 학교폭력의 피해를 받은 중학교 여학생

> 내담자: 저를 때린 친구에게도 화가 나지만 제가 맞는데 구경만 한 친구들도 미워요. 제가 억울하게 맞고 있는데, 애들이 가만히 있더라고요. (눈물)

상담자: _____

_____

10. 학교폭력 가해로 의뢰된 중학생

> 내담자: 이번 일로 선생님들이나 다른 친구들에게 저는 찍혔어요. 부모님도 계속 사고 치지 마라. 학교에서는 얌전히 있어라 하시는데, 제가 또 학교폭력을 저지를까 봐 걱정하시나 봐요. 그런데 너무 그러니까 짜증이 나요.

상담자: _____

_____

● 상담연습 [Ⅱ] ●

상담자, 내담자, 관찰자 역할을 정한 후, 내담자는 '학교에서 발생할 수 있는 학교폭력의 피해 또는 가해학생'이 되고 상담자는 이에 대해 적절한 접근과 기법을 활용하여 상담한다. 관찰자는 상담자의 반응에 집중하여 관찰한다. 연습의 효과를 위해 녹음이나 동영상 촬영을 하는 것이 좋다.

상담 후 다음과 같은 내용을 포함하여 상담자의 반응을 함께 논의한다.

• 내담자의 문제에 대한 상담자의 태도는 적절했는가?
• 학교폭력 상담의 접근방법이나 기법이 적절했는가?
• 상담자의 반응 중 효과적이었던 기법은 무엇이었으며 어떤 점에서 효과적이었는가?
• 학교폭력 상담내용이나 과정, 방식은 효과적이었는가?

필요시 내담자 역할은 다음과 같은 사례의 내담자로 연습한다.

사례 1

친구들에게 무시와 따돌림을 당하고 있지만 누구에게도 말하고 싶지 않다고 하는 중학생 혜리는 학교에서 느끼는 화와 우울감 때문에 죽고 싶다고 말한다. 너무 힘들지만 말하고 싶지도 않다고 하면서 눈물을 흘리지만, 동시에 누군가 자신을 이해해 주는 사람이 있으면 좋겠다고 말한다.

사례 2

평소에 친구들의 사소한 장난에도 욱하여 욕을 하는 초등학교 6학년 성훈이는 같은 반 친구를 때리고 욕하여 학교폭력 처벌을 받게 되었다. 친구들이 하는 말에 쉽게 화를 내고, 그러고 나서는 자신의 그런 모습 때문에 친구들이 떠나갈까 봐 불안해한다.

● **상담연습의 답안 예시** ●

상담연습 [Ⅰ]

1. 학급에서 은밀한 따돌림을 당한다고 호소하는 초등학생

• 친구들이 따돌린다면 학교 가기 참 싫어지지.

• 애들이 따돌린 것을 어떻게 알지?

[해설] 먼저 따돌림을 당하고 있다고 인식하는 내담자를 공감하고 실제 따돌림이 있는지 또는 어떠한 따돌림이 있는지 등에 대한 사실을 확인한다. 이때 내담자의 이야기가 다소 주관적이더라도 내담자의 호소에 집중하여 상담한다.

2. 1학년 후배를 폭행한 중학교 3학년 가해학생

• 억울한 마음이 있는 것 같은데, 어떤 부분이 그렇지?

• 학교폭력을 한 것은 반성하지만 억울한 마음도 드는구나.

[해설] 학교폭력 가해 내담자인 경우, 처벌과정에서 여러 가지 감정과 생각이 들 수 있다. 비난하는 투가 아닌 내담자의 입장에서 억울한 심정에 대해 솔직하게 이야기할 기회를 제공하는 것이 필요하다.

3. 1학년 후배를 폭행한 중학교 3학년 가해학생의 학부모

• 부모님께서 보시기에 아이는 어떤 아이였나요?

• 이번 일을 겪으면서 어떤 생각이 드시나요?

• 아마도 부모님 입장에서 놀랄 일이었을 것 같습니다.

[해설] 부모가 자녀의 학교폭력 가해 원인을 파악하여 재발을 방지하는 것은 중요하다. 그동안 부모가 자녀에 대해 어떻게 생각하고 양육해 왔는지를 이야기하면서 원인을 찾아보도록 한다. 지나치게 부모가 자책감에 빠지도록 하기보다는 재발 방지와 이후 자녀 양육에 필요한 것이 무엇인지를 다루는 것이 더 중요하다.

4. 학교폭력 피해로 인해 대인관계에서 위축된 학생

• 무엇을 보고 너를 멀리한다는 생각이 들었지?

• 학교폭력을 당한 것 때문에 친구들이 너를 멀리한다고 생각하는구나.

[해설] 학교폭력 피해학생은 피해의 여파나 상처로 대인관계에서 어려움을 가질 수 있다. 주변 친구들의 시선과 평가를 객관적으로 살펴보고, 이후 어떻게 대처할지에 대해 이야기를 나눌 필요가 있다.

5. 같은 반 학생을 괴롭히면서도 죄책감을 느끼지 않는 중학교 2학년 남학생

• 그렇게 생각하는구나. 그런데 친구들은 너에게 대해서 뭐라고 할까?

• 다른 친구들이 너에게 대해 어떻게 말하는지 궁금하다면서 왜 갑자기 따돌림 당하는 친구 얘기를 하는 거지?

• 따돌림을 당하는 친구들도 그렇게 생각할까?

[해설] 상담자의 질문에 대해 회피적 태도를 취하는 것에 관심을 두고 수용하는 태도가 필요하다. 학교폭력 가해 가능성이 있는 내담자를 상담할 때는 지적이나 비난보다는 스스로 자신의 행동을 돌이켜 보고 상대방의 입장을 생각해 볼 수 있도록 유도하는 것이 좋다.

6. 학교폭력 가해 경험이 있는 초등학생

• 그렇게 생각하는 이유가 뭐지?

• 그러니까 너는 친구들에게 무시받지 않기 위해 친구들에게 싸움을 먼저 거는구나.

• 네가 무시받지 않기 위해 먼저 친구들에게 싸움을 걸면 그다음에는 어떻게 되지?

[해설] 친구들에게 무시받지 않기 위해 부적절한 대처로 학교폭력을 행할 가능성이 있는 내담자이다. 상담에서 대인관계에서의 부적절한 해석이나 방어적 태도를 수정해 줄 필요가 있다.

7. 욕설을 SNS상으로 들은 여학생

• 그걸 봤을 때, 네 마음이 어땠지?

• 애들이 그걸 다 봤으니 네가 많이 속상했겠다.

- 왜 지난번처럼 이런 일이 또 생긴 거지?

[해설] 공개적으로 언어적 폭력을 당한 경우, 내담자는 모멸감과 수치심을 느낄 가능성이 있어 이에 대한 공감이 필요하다. 반복적인 폭력을 당한 경우에는 이전 폭력과 이후 폭력 간의 연관성을 살피고 폭력이 나타나는 상황에 대한 탐색이 필요하다.

8. 자녀의 학교폭력 피해에 관한 담임교사의 태도에 대해 불만을 가진 학부모
- 더 도와주셨으면 좋았겠다고 생각하시면 담임선생님께 아쉬운 마음이 드시겠네요.
- 일단 가해한 학생이 전학을 갔지만 담임선생님께는 어떤 것을 기대하시나요?

[해설] 담임교사에 대한 학부모의 기대와 불만이 무엇인지에 대해 정리하고 학부모의 입장에 대해 가능한 공감을 한다. 또한 담임교사와 자녀의 관계를 위한 학부모의 역할이 무엇인지에 대해 이야기한다.

9. 학교폭력의 피해를 받은 중학교 여학생
- 구경만 하고 도와주지 않은 친구들을 생각하니 눈물이 나는구나.
- 네가 폭력을 당하고 있는데도 도와주지 않은 친구들을 생각하면 속이 많이 상하겠다.
- 도와주지 않아 미운 친구들과는 어떻게 하면 좋을까?

[해설] 학교폭력 상담에서는 가해학생뿐 아니라 방관 또는 동조한 친구들에 대한 내담자의 정서 탐색도 필요하다. 도움을 주지 않은 것에 대한 원망과 화에 대해 공감하며 방관 또는 동조한 친구들의 입장에 대해 생각해 보고, 이러한 친구들과 어떻게 지낼지에 대해 이야기한다.

10. 학교폭력 가해로 의뢰된 중학생
- 주변의 그런 말들이 너한테는 짜증나는 것이구나.
- 왜 사람들이 너에게 그런 말을 할까?

[해설] 학교폭력으로 인한 낙인에 대한 부정적인 입장을 나타내는 내담자로, 학교폭력 재발에 대한 주변의 주의를 긍정적으로 받아들이고 다시 학교폭력을 가하지 않아야겠다는 생각을 공고히 하는 것이 필요하다.

13장
학부모 상담

학생에게 있어서 부모는 가장 중요하고 의미 있는 사람이자 영향력이 매우 큰 사람이다. 따라서 교사가 학생을 효과적으로 가르치고 조력하기 위해서는 학부모와의 긴밀한 동맹과 협력관계가 필수적이다. 학부모는 교사가 자신의 자녀를 어떻게 대하는지에 대해 지대한 관심을 가지고 있으며, 교사 또한 가정에서 학생이 어떻게 양육되고 있는지에 많은 관심이 있다. 이처럼 교사와 학부모는 학생을 두고 서로에게 큰 관심을 가지고 있음에도 불구하고 서로 우호적이거나 협력적인 관계를 형성하지 못해서 어려움을 갖게 되는 경우도 종종 있다. 그러나 교사와 학부모는 결국 학생의 바람직한 성장이라는 공통된 목적을 향해 함께 협력하는 관계에 있다.

많은 교사들이 학부모 상담에 대해 다소 심리적인 부담을 느끼기도 한다. 대부분의 상담관계가 그렇듯이 학부모 상담의 경우도 학생과 학부모에 대한 진정한 관심을 전달하는 것이 가장 선행되어야 한다. 교사의 진정 어린 마음이 느껴질 때 학부모들은 마음을 열고 교사와 더불어 자녀의 삶에 대해 함께 고민하며 협력해 가고자 하는 의지를 갖게 되며, 이를 시작으로 학교와 가정이 함께 학생의 바람직한 변화와 성장을 도울 수 있게 된다.

학부모 상담에서 만나게 되는 학부모들의 특성은 개개 학생의 특성만큼이나 다양하므로 학부모의 특성과 상황을 고려한 적절한 개입이 필요하다. 학부모와 교사의 대화에 걸림돌이 될 수 있는 여러 가지 방해요소를 제거하고, 서로에 대해 보다 깊은 신뢰와 이해를 전달함으로써 교사와 학부모는 동맹관계에서 함께 협력할 수 있다.

1. 학부모 상담의 목적

학부모 상담의 목적은 교사와 부모가 협력하여 학생이 가정과 학교에서 행복하고 바람직하게 생활할 수 있도록 돕는 것이다. 교사와 학부모는 학생의 학업, 정서 및 행동 발달에 관한 정보를 공유함으로써 학생이 겪고 있는 가정과 학교생활에서의 여러 가지 문제와 어려움들을 해결하고 성장 · 발달해 가도록 함께 협력한다.

학부모 상담활동은 크게 교육활동과 상담활동으로 구분할 수 있다. 교육활동은 학생의 변화를 돕기 위해 부모가 알아야 할 교육적 · 심리적 정보와 역할 등을 알려 주는 활동에 초점을 둔다. 상담활동은 학부모 자신이 변화할 수 있도록 도움으로써 이를 통해 자녀와의 관계에 변화를 이끌어 내어 궁극적으로 학생의 변화와 성장을 돕는 활동이다.

교육활동은 자녀의 행동 조절을 주요 목적으로 하며, 자녀의 성장 · 발달을 위한 개입방법, 부모의 자질과 역할에 대한 정보, 의사결정능력을 향상시키기 위한 조언 등을 제공하는 것이 주를 이룬다. 상담활동은 자녀 또는 타인의 변화보다 부모 자신의 변화를 주요 목적으로 하며 자녀와의 상호작용에서 효율적으로 작용할 수 있는 태도상의 문제와 심리적 갈등 문제를 주로 다룬다.

2. 학부모 상담의 필요성

학부모 상담의 필요성을 크게 세 가지로 제시하면 다음과 같다.

첫째, 학생에게 부모는 가장 중요하고 의미 있는 사람이므로 학생의 성장과 발달을 돕기 위해서는 부모의 지지와 협조가 절실히 요구된다. 더욱이 가족의 구조가 해체·변화되면서 가족 간의 심리적 접촉이 점점 더 줄어들고 있는 현실은 학교상담에서 학부모와 교사의 긴밀한 연계를 더욱 필요로 한다.

둘째, 학부모 상담을 통해 부모가 심리적으로 안정되고 편안해지도록 도울 필요가 있다. 모든 부모들이 자녀를 잘 기르고 싶어 하지만 의도하지 않게 부모는 자녀가 가지고 있는 심리적 문제의 소인이 되는 취약성을 제공하거나, 문제를 촉발시키고 유지시키는 환경을 제공하는 역할을 하는 경우도 있기 때문이다.

셋째, 학부모 상담을 통해 부모와 자녀 간의 욕구와 성격의 차이에서 오는 갈등을 깨닫고 부모가 자녀를 충분히 이해함으로써 적절한 부모의 역할을 할 수 있도록 도와줄 필요가 있다.

부모가 자신에 대해 보다 깊이 이해함으로써 자녀를 대하는 태도가 변화되면 자녀는 안정된 심리적 환경에서 성장할 수 있게 된다. 학부모 상담을 통해 부모들이 적절한 부모의 역할을 하고, 자녀를 위한 안정적인 심리적 환경을 제공할 수 있도록 그들의 노력을 지지하고 변화를 격려함으로써 학생의 성장과 변화를 촉진하고 지속시키는 데 기여할 수 있다.

3. 촉진적 관계 형성을 위한 태도

많은 상담자나 교사들이 오랫동안 학생의 잘못된 행동을 고치려고 노력을 기울이다가 결실이 만족스럽지 않을 때 고심 끝에 학부모에게 상담에 임하기를 요청하는 경우가 많다. 이 때문에 상담자나 교사는 학부모를 만났을 때 그동안의 상담 및 지도과정에서 있었던 어려움과 학생이 보인 문제행동들을 성급하게 나열하거나 일방적으로 호소하기도 한다. 이러한 접근은 이후 상담자나 교사와 학부모 간의 협력관계를 해칠 수 있다.

상담자나 교사, 부모 모두 학생의 바람직한 변화와 성장이라는 같은 목적을 향하고 있음에도 불구하고, 상담자나 교사가 학생에 대해 가지고 있는 진정한 애정과 관심이 전달되지 않으면 학부모는 상담자나 교사와 협력관계에 있다는 느낌을 받기 어렵다. 이러한 상태에서 이루어지는 대화는 학부모를 방어적이 되게 하거나 심지어는 공격적으로 만들게 하기도 한다. 학부모와의 촉진적 관계 형성을 위해서는 다음과 같은 태도가 도움이 된다.

1) 우호적이고 편안한 분위기 조성하기

대부분의 학부모들은 다소 긴장감을 가지고 학교를 방문하므로 이를 맞이하는 상담자나 교사는 따뜻하고 우호적인 분위기를 조성하는 것이 좋다. 편안하고 잔잔한 미소와 말투를 유지하면서 너무 무거운 분위기로 이끌기보다는 진지하면서도 편안한 분위기를 조성한다.

2) 진정한 관심과 수용적 태도 보이기

상담자나 교사는 자신이 학생에 대해 깊은 관심과 애정을 가지고 있음을 전달하는 것뿐만 아니라 학부모에 대해서도 진정한 관심과 수용적인 태도를 가지고 있음을 전달하는 것이 중요하다. 학부모가 생각하고 느끼는 바를 충분히 말할 수 있도록 하고 판단적으로 잘라 말하기보다는 긍정적으로 수용하는 태도를 전달하도록 노력한다.

3) 대등한 협력관계 맺기

학생을 중심으로 상담자와 학부모가 대등한 협력관계에 있다는 느낌을 가질 수 있도록 노력한다. 일방적으로 학부모에게 자녀를 다루는 방법을 가르치려고 하는 것보다 함께 정보와 조력을 공유하는 관계라는 느낌이 들도록 하는 것이 효과적이다.

4) 학부모의 이야기를 경청하기

학부모 상담의 기회가 많지 않기 때문에 많은 상담자가 대화를 주도하게 되는 경우가 많다. 그러나 학부모의 이야기를 충분히 듣는 것이 학생의 문제와 해결점을 찾고 협력하는 데 도움이 된다. 대부분의 부모는 이미 자녀의 문제에 대해 알고 있으며 해결방법에 대해서도 오랫동안 고민해 온 사람들이므로 상담자는 자기 말을 줄이고 차분히 들어 주도록 노력한다.

5) 학부모의 욕구를 파악하여 대화하기

학부모는 상담자에 대해 물어보고 싶은 것도 많고 자녀에 대한 걱정거리를 나누고 싶어 하는 경우도 많다. 학부모가 잘 모르는 내용을 물어보거나 자료가 필요한 사안이 있는 경우에는 메모해 두었다가 다음 상담이나 전화 등을 이용해서 대화에 활용하면 지속적인 관계를 유지하는 데 도움이 된다.

6) 학생의 긍정적인 측면에 주목하여 대화하기

대부분의 부모는 자녀의 장단점에 대해 이미 어느 정도 알고 있지만, 상담자로부터 자녀의 문제점에 대해 직접 듣게 되면 충격을 받게 되고 부정적인 태도로 상담에 임하게 되기 쉽다. 그러므로 가급적 학생의 긍정적인 면에 보다 많이 주목하면서 문제가 되는 부분에 대해서는 부모의 도움이 필요함을 전달하는 것이 효과적이다.

4. 학부모 상담의 과정

학부모 상담의 일반적 과정은 다음과 같다(교육과학기술부, 2011).

1) 상담의 시작

상담 초기에는 편안한 분위기를 조성하여 학부모가 편안하고 개방적으로 상담에 임할 수 있도록 돕는다. 교사 쪽에서 먼저 긴장을 풀어 주면서 진행한다. 친근감 있는 인사와 더불어 학생에 대한 진실한 관심을 표현하면서 분위기를 풀어 줄 수 있는 일상적인 내용의 가벼운 대화로 시작한다. 상담의 취지와 목적에 대해 간략히 설명한다.

- 격식을 갖추어 보통 인사로 맞이한다.
- 환한 미소와 반가운 표정, 몸짓 등으로 방문에 대해 인사를 한다.
- 날씨 등과 같은 가벼운 일상대화로 인사를 나눈다. 부정적인 내용보다는 긍정적인 내용을 소재로 이야기를 시작한다.

2) 상담의 진행

최근에 학생이 잘하거나 좋아하는 활동, 학교에서 보이는 학생의 말이나 행동을 포함한 일화를 주제로 이야기를 진행할 수 있다. 학생에 대한 긍정적인 내용을 중심으로 시작하면 학부모들은 마음을 열고 응하게 되기 쉽다. 어느 정도 우호적인 분위기가 형성되면 본격적으로 다루어야 할 내용으로 진행해 간다.

최근 학교생활에서 관찰한 학생의 행동과 성취도, 활동내용 등을 보여 주면서 학생의 현재 상태에 대한 이야기로 풀어 간다. 학생의 문제행동이나 현재 상태에 대해 관심이 공유되면 학생의 문제행동이나 기타 학부모의 협조가 필요한 부분에 대해 논의한다. 상담을 통해 교사와 부모는 학생이 가정과 학교에서 보이는 행동에 차이가 있음을 알게 되기도 하는데, 충분한 논의를 통해 학부모가 자신의 자녀에 대해 보다 깊이 이해하고 수용해 나갈 수 있도록 돕는다. 상담과정을 통해 제안된 방법들을 생활에서 어떻게 적용할 것인지를 논의하고, 학부모의 노력을 격려한다.

- 학부모가 자녀에게 쏟는 관심, 자녀에 대한 칭찬 등으로 학교생활에 대한 이야기를 시작한다.
- 대화 사이에 고개를 끄덕이며 경청하고 있음을 전달한다.
- 대화를 끊지 말고 학부모의 이야기가 끝날 때까지 듣도록 노력한다.
- 학부모가 상담을 요청한 경우 질문을 통해 학부모가 상담에 온 목적을 확인한다. 교사의 요청으로 상담이 이루어지는 경우에는 상담을 요청한 목적과 취지에 대해 최대한 부드럽고 친절하게 설명하되 명확하게 전달한다.
- 상담주제와 관련하여 학부모의 이야기를 충분히 들으면서 교육 및 상담내용을 전달한다.

3) 상담의 마무리 및 상담 후 활동

상담을 통한 학생의 변화에 대한 기대와 가능성을 공유하고, 이후의 협력 및 추후상담에 대한 논의 등을 끝으로 상담을 마친다. 상담을 통해 얻은 자료는 이후 활동계획 및 학생상담 등에 활용한다. 상담 이후 필요하다면 학부모에게 전화를 하든지, 이메일 등을 통해 학생의 변화과정에 대한 정보와 논의를 공유한다.

- 상담을 마치기 전에 학생에 대한 정보를 충분히 공유하고 협력방안에 대한 논의가 충분히 이루어졌는지 논의한 내용들을 알기 쉽게 요약하여 정리하면서 확인한다.
- 상담을 통한 변화 가능성과 기대, 부모의 노력에 대해 격려하고, 추후상담이 이루어질 수 있음을 안내하며 인사로 배웅한다.

5. 효과적인 학부모 상담을 위한 의사소통 기술

의미 있는 의사소통에는 이야기를 효과적으로 전달하는 언어표현력뿐만 아니라 경청기술, 상대방의 비언어적인 의사표현을 인식하는 것, 서로 마음을 나누는 기술 등이 포함된다. 학부모가 무슨 말을 하는지 잘 듣는 것 외에 비언어적 표현을 잘 인식해야 한다. 비언어적 신호는 상대방이 정말 하고자 하는 이야기가 무엇인지 파악할 수 있는 단서를 제공해 준다.

효과적인 의사소통을 위해 고려할 몇 가지 지침을 제시하면 다음과 같다.

- 학부모의 말을 주의 깊게 듣고, 이야기하는 도중에 끊고 말하지 않는다.
- 학부모의 표정이나 행동 등 비언어적인 표현들이 의미하는 현재 감정과 태도, 욕구 등을 고려하면서 면담을 진행한다.
- 진지하면서도 유쾌하고 긴장을 푼 자세로 임한다.
- 학부모의 눈높이에 맞춰 일반적이고 알아듣기 쉬운 말을 사용해서 대화한다.
- 학부모가 집중하지 못하고 말하기를 주저한다면 망설이는 이유를 탐색하면서 다시 대화를 이끌어 간다.
- 가끔 고개를 적절히 끄덕이며 '정말요?' '아, 네.' '그렇습니다.' '감사합니다.' '걱정 많이 되시겠지요.' '저라도 그렇게 했을 겁니다.' 등으로 경청하고 있음을 전달한다.

- 몸을 상대방 쪽으로 약간 기울여 앉는 것이 관심을 표현하는 데 적절하다. 팔짱을 끼거나 의자에 기대어 앉거나 다리를 꼬고 앉는 것은 다소 거부감을 줄 수 있으므로 가급적 하지 않도록 한다. 손동작은 얼굴 아래에서 가슴 정도까지의 범위로 산만하지 않게 움직인다.
- 마주 앉아서 대화를 할 경우 자연스럽게 눈을 맞추면서 대화한다. 지나치게 눈을 맞추는 것은 부담이 될 수 있으므로 얼굴과 어깨 정도에 자연스럽게 시선을 두며 대화한다.
- 상담 중에 기록을 할 수 있다면(학부모에게 기록하는 이유 등을 간단히 안내하고 동의를 구한 후) 중요한 내용을 메모로 남겨 놓았다가 상담을 마칠 때 간략히 요약하면서 정리한다.

6. 상담 상황에 따른 tip

다양한 학부모 상담 장면에서 일어날 수 있는 상황에 따른 대응방법을 살펴보면 다음과 같다(김혜숙, 최동욱, 2013; 유성희, 2011).

1) 학부모가 자녀를 객관적으로 파악하지 못하는 경우

학부모가 교사의 이야기를 긍정적으로 받아들이고 수용할 수 있을 정도로 관계가 형성된 것으로 느껴지면 조금씩 학생의 상황을 인식시켜 가는 것이 좋다. 문제점을 이야기할 때는 반드시 장점을 함께 이야기하는 것이 바람직하다. 교사가 면담하거나 관찰한 내용과 더불어 심리검사나 전문가의 의견 등을 토대로 학생의 문제를 부모가 인식할 수 있도록 돕는다.

2) 학생의 문제행동에 대한 책임을 학교나 교사에게 전가하는 경우

학생의 문제행동에 대한 책임을 두고 학부모와 싸우려 들지 말고, 교사와 부모의 협조가 자녀의 변화에 매우 중요하며 반드시 필요하다는 것을 인식할 수 있도록 돕는다. 책임 소재보다 부모와 교사가 학생에게 미치는 영향과 도움이 될 수 있는 것이 무엇인지를 논의하는 것이 더 중요하다는 점을 설명하고 구체적인 방법을 함께 찾도록 한다.

3) 학생의 상태에 대해 교사가 미처 파악하지 못한 경우

부모는 자녀를 늘 가까이에서 보고 관심을 가지고 있으므로 자녀에 대해 이상한 느낌을 받아 걱정이 되어 교사를 찾아오는 경우가 있다. 이때는 일단 진지하게 듣고 받아들일 필요가 있다. 교사는 많은 학생들을 만나기 때문에 간혹 문제상황을 인식하지 못하고 있는 경우도 있을 수 있으므로 주의 깊게 반응할 필요가 있다.

4) 자녀에 대한 걱정을 토로하는 부모의 경우

학부모가 교사에게 자녀에 대한 걱정을 토로하는 경우, 교사는 가급적 부모의 걱정을 덜어 주려고 노력할 필요가 있다. 학생에 대해 최대한 긍정적인 측면을 찾아 이야기해 줌으로써 학부모에게 심리적 여유와 안정을 갖게 하면서 걱정하고 있는 부분이 현실적으로도 문제가 되는 부분으로 판단되면 함께 문제해결을 위해 노력한다. 교사는 걱정하는 부모에게 마음의 짐을 더 얹어 주기보다 부모와 더불어 지켜보면서 함께 조력하려는 모습을 보이는 것이 바람직하다.

5) 자녀의 잘못을 다른 학생 때문이라고 돌리는 경우

많은 학부모들이 자신의 자녀에게는 문제가 없으며 친구들에게 문제가 있어서 영향을 받은 것이라고 말하곤 한다. 학부모들의 이러한 설명에는 학생들 간의 다툼이나 문제행동의 잘못이 다른 학생에게 있다고 치부하려는 학부모의 의도가 엿보이기 때문에 교사들은 해당 자녀를 포함한 모든 학생에게 문제가 있다는 식으로 바로 말하고 싶어지기도 한다. 그러나 무엇보다도 먼저 학부모의 고민을 듣고 받아들이려는 태도를 전달하고 차차 상황을 정리해 가는 것이 현명하다.

6) 진학상담을 하는 경우

자녀의 진학에 대한 상담을 진행하는 경우, 어떤 학부모들은 교사의 조언에 귀 기울이려고 하지 않거나 성적에 비해 다소 높은 학교에 진학할 수 있다고 믿는다. 이로 인해 교사는 학생과 학부모를 설득해야 하는 입장에 놓이기도 한다. 그러나 진로결정에 있어서 교사는 필요한 자료를 제공하고 최대한 조력하는 조언자일 뿐이며, 최종 결정과 선택은 학생과 학부모의 몫이다. 자녀를 좀 더 좋은 학교에 보내고 싶은 부모의 마음에 상처를 주지 않도록 신중한 자세로 임할 필요가 있다. 특별히 고집하는 학교가 있다면 그 이유에 대해 충분히 탐색하면서 학생의 적성과 희망에 맞는 진로를 선택할 수 있도록 돕는 것이 중요하다.

7) 학생의 문제행동으로 인해 학부모를 만나는 경우

우선 학부모 면담과정에서 학생의 문제를 사실 그대로 설명할 필요가 있다. 많은 경우 부모들은 사실에 기초한 내용일지라도 자녀의 잘못에 대해 이야기를 들으면 반감을 갖게 되므로 이러한 부모의 심정을 충분히 배려해서 신중하게 이야기하는 것이 좋다. 문제점에 대해 장황하게 설명하기보다 압축해서 이야기한다. 그리고 여기에 대해 교사가 할 수 있는 일들을 이야기하고 가정에서 도울 수 있는 일에 대해서도 협력을 구하는 것이 필요하다.

7. 기타 고려사항

학생들과 마찬가지로 학부모들도 매우 다양한 특성을 가지고 있다. 모든 부모들이 합리적이고 객관적으로 현실을 파악하고 있는 것은 아니며, 심지어는 자녀의 문제나 자신들의 문제에 대해 정확하게 인식하지 못하거나, 상담에 반감을 갖는 경우도 있기 때문에 학부모 상담에 임하는 교사들은 상당한 어려움을 느끼는 경우가 많다.

학부모 상담에서 고려해야 할 몇 가지 사항은 다음과 같다.

- 단순히 일방적으로 교육하고 훈계하거나 정보를 제공하지 않는다. 학생에 대한 상담처럼 학부모에 대해서도 상담적으로 접근해야 한다.
- 학부모의 욕구와 감정, 기대 등을 이해하고 존중하며, 자녀로 인해 부모도 힘든 상태에 놓여 있다는 점을 이해하고 있음을 전달하며 지지적인 태도를 보인다.
- 학부모의 연령, 교육 수준 및 상황 이해 능력, 심리적인 건강상태, 자녀 문제에 대한 인식 정도 등 부모의 특성에 맞게 다양한 측면들을 고려해야 한다.
- 부모의 양육행동에 관한 구체적인 방법들을 교육함으로써 자녀의 문제행동과 가족의 건강성이 회복될 수 있다는 기대와 가능성을 확인시킨다.

요약

1. 학부모 상담은 부모로서 알아야 할 교육적 · 심리적 정보와 역할 등을 알려 주는 교육활동과 학부모의 변화를 도와 부모-자녀의 관계 변화를 통해 학생의 변화와 성장을 돕는 상담활동으로 구분할 수 있다.

2. 학부모와 촉진적 관계를 맺기 위해 교사는 우호적이고 편안한 분위기에서 진정한 관심을 가지고 수용적인 태도로 학부모의 욕구를 파악하면서 이야기를 경청한다. 대등한 협력관계 속에서 학생의 긍정적인 측면에 주목하여 대화해 나가는 태도가 필요하다.

3. 학부모 상담 초기에는 학생에 대한 진실한 관심을 표현하면서 분위기를 풀어 줄 수 있는 일상적인 내용의 가벼운 대화로 시작해서 상담의 취지와 목적에 대해 간략히 설명한다.

4. 상담진행 중기에는 학생의 최근 학교생활이나 성취, 활동 등에 대해 이야기를 나누어 가면서 논의의 초점이 되는 학생의 현재 상태에 관심이 공유되면 학생의 문제행동이나 기타 학부모의 협조가 필요한 부분에 대해 논의한다.

5. 상담을 마치기 전에 상담내용을 요약 · 정리하면서 협력방안에 대한 논의가 충분히 이루어졌는지 확인하고, 상담을 통한 변화가능성과 기대, 부모의 노력을 격려한다.

6. 학부모의 말을 주의 깊게 듣고 학부모의 표정이나 행동 등 비언어적인 표현들이 의미하는 현재 감정과 태도, 욕구 등을 고려하면서 면담을 진행한다.

7. 학부모의 눈높이에 맞춰 일반적이고 알아듣기 쉬운 말을 사용해서 대화한다.

8. 학부모에게 단순히 일방적으로 교육하고 훈계하거나 정보를 제공하기보다 학생에 대한 상담처럼 학부모에 대해서도 상담적으로 임한다.

9. 학부모의 연령, 교육 수준 및 상황 이해 능력, 심리적인 건강상태, 자녀 문제에 내린 인식 정도 등 부모의 특성에 맞게 다양한 측면을 고려한다.

● 상담연습 [I] ●

다음에 제시된 사례를 읽고 학부모 상담에서 담임교사 또는 학교상담자로서 할 수 있는 적절한 반응을 써 보시오.

1. 자녀를 의대에 진학시키고 싶어 하는 학부모

> 내담자: 저는 꼭 의대에 진학을 시키고 싶은데, 성훈이는 끝까지 실용음악학교에 진학을 하겠다네요. 선생님이 설득 좀 해 주세요.

상담자: _____

_____

2. 자녀의 성적문제로 고민하는 학부모

> 내담자: 우리 나래는 성적이 도무지 오르질 않아요. 초등학교 때는 잘했었는데 뭐가 문제인 걸까요?

상담자: _____

_____

3. 자녀에 대해 누구보다 잘 안다고 확신하는 학부모

> 내담자: 선생님, 호연이는 제가 잘 알아요. 친구들을 괴롭힐 아이가 아니에요. 호연이가 리더십이 강해서 주도적으로 나서는 건데, 저는 오히려 그런 성격을 길러 주어야 한다고 생각해요.

상담자: _____

_____

4. 다른 교사에 대해 부정적인 얘기를 하는 학부모

> 내담자: 선생님은 더할 나위 없이 좋으신데, 수연이랑 친구들한테 들으니 A선생님은 좀 문제가 있으신 것 같아요. 선생님도 그렇게 생각하지 않으세요?

상담자: _____

_____

5. 자녀에게 무슨 일이 있는 것은 아닌지 걱정인 학부모

> 내담자: 요즘 태호가 좀 이상한 것 같아요. 물어봐도 아무 일도 없다고 하는데 따돌림을 당하고 있는 것이 아닌지 걱정됩니다.

상담자: _____

_____

6. 자녀가 나쁜 친구들과 어울리는 것이 걱정인 학부모

> 내담자: 민수가 요즘 친구들과 어울리면서 좋지 않은 행동을 배우는 것 같아요. 민수는
> 원래 그런 아이가 아닌데 걱정이에요.

상담자: _____

_____

7. 진학문제로 상담 중인 학부모

> 내담자: 선생님, 작년에는 이 정도 성적이면 충분히 B학교에 진학한 것으로 알고 있는데
> 올해 은정이는 왜 안 된다고 하시나요?

상담자: _____

_____

8. 놀기만 하는 자녀가 걱정인 학부모

> 내담자: 아이가 공부도 하고 싶지 않다고 하고, 놀기만 하니 정말 걱정이에요.

상담자: _____

_____

● 상담연습 [Ⅱ] ●

다음 대화에서 두 교사의 반응은 각각 어떤 반응을 이끌어 내게 될지 논의해 보자.

사례 1

> 학부모: 올해 처음 담임을 맡으셨다고…… 결혼도 안 하셨고. 아이들을 어떻게 제대로
> 이해하고 가르칠 수 있을지…….
> 교사 1: 앞에 두고 그렇게 말씀하시니 당황스럽습니다. 무슨 뜻으로 그런 말씀을
> 하시는지 모르겠습니다.
> 교사 2: 제가 경험이 적어서 아이들을 깊이 이해하고 가르칠 수 있을까 다소 걱정이
> 되시나 보네요. 아직 많은 경험은 없지만 교육분야를 전공했고, 교육에
> 대한 이해와 아이들에 대한 열정과 관심은 충분하니 잘해 나갈 수 있다고
> 생각합니다. 마음 놓으셔도 되겠습니다.

사례 2

> 교사 1: 정호가 잠시도 가만히 있지를 않아서 수업을 진행할 수가 없습니다. 도무지
> 말을 듣지를 않으니 정말 어쩔 도리가 없네요. 어머니.
> 교사 2: 정호가 수업시간에 돌아다니는 행동 때문에 곤란을 겪고 있습니다. 어머니의
> 도움이 필요합니다. 저도 노력하겠지만 어머니께서도 좀 도와주시면 좋겠습
> 니다.

● **상담연습 [Ⅲ]** ●

상담자와 내담자의 역할을 정한 후, 내담자는 학부모가 되고 상담자는 '촉진적 관계 형성'에 초점을 두어 다양한 기법을 활용하여 상담한다. 관찰자는 상담자의 반응에 집중하여 관찰한다. 연습의 효과를 위해 녹음이나 동영상 촬영을 하는 것이 좋다.

상담 후 다음과 같은 내용을 포함하여 상담자의 반응에 대해 함께 논의한다.

- 내담자의 문제에 대한 상담자의 기법은 적절했는가?
- 상담자의 기법은 내담자에게 도움이 되었는가?
- 상담자의 반응 중 효과적이었던 기법은 무엇이었으며, 어떤 점에서 효과적이었는가?

필요시 상담자와 내담자 역할을 다음의 사례로 연습한다.

사례 1

> 윤희의 어머니는 김 선생님의 상담요청을 받고 긴장된 마음으로 학교에 들어선다.
> '선생님이 뭐라고 할까? 작년에도 윤희가 학교생활이 엉망이어서 선생님 호출을 받았었는데. 이번 선생님도 윤희 때문에 골치라고 말씀하시려나……'
> 한편, 김 선생님도 어떤 말로 상담을 시작해야 할지를 생각하며 상담 장소로 향한다.

사례 2

> 김 선생님은 늘상 수업시간에 산만하고 학교규칙을 밥 먹듯 위반하는 민호를 지도하느라 한 달이 넘도록 애를 쓰고 있다. 민호의 이런 행동이 가정에서의 생활과 관련이 있는 것은 아닌지, 민호의 변화를 위해 가정에서 함께 협력할 수 있는 방법이 있지 않을까 민호의 어머니와 이야기를 나누어 보려고 한다.
> 반면, 민호의 어머니는 민호가 문제라고 보는 선생님이 탐탁지 않고, 선생님의 지도나 상담도 별 도움이 되지 않는다는 생각에 마땅치 않은 마음으로 학교로 향한다.

● 상담연습의 답안 예시 ●

상담연습 [I]

1. 자녀를 의대에 진학시키고 싶어 하는 학부모

• 실용음악학교에 진학하겠다는 성훈이의 생각에 대해 마음을 열고 수용적으로 이야기를 나누어 보시면 좋겠습니다. 좋은 학교에 진학시키고 싶은 부모님 마음은 깊이 이해가 되지만 일방적인 설득은 오히려 관계를 해치고 도움이 되지 않을 수도 있습니다.

[해설] 많은 학부모들이 자녀의 마음을 알아보려는 노력은 등한시 한 채 자녀를 자신의 마음대로 다루려고 하거나 바꾸고 싶어 한다. 이러한 학부모들은 교사와의 상담을 통해서 교사들이 자기 편에 서서 자녀를 설득해 주거나 부모가 원하는 방향으로 변화시키는 데 도움을 줄 것으로 생각하고 상담을 요청하기도 한다. 교사는 부모와 연합하여 학생을 부모의 뜻대로 바꾸려고 하기보다 학부모로 하여금 자녀를 보다 깊이 이해하고 도와줄 수 있도록 조력해야 한다.

2. 자녀의 성적문제로 고민하는 학부모

• 성적이 기대만큼 오르지 않아서 많이 안타까우시지요. 나래도 그런 것 같고요. 일단 어디에 어려움이 있는지 꼼꼼히 살펴보는 것이 좋겠습니다. 어떤 과목이 문제인지, 공부하는 방법이 잘못된 것은 아닌지, 다른 마음적인 어려움은 없는지 여러 측면에서 살펴보아야 할 것 같습니다. 그동안 제가 살펴본 바로는 나래는 느리지만 꾸준히 공부하는 스타일이라 너무 조급하게 빨리 성적이 오르기를 재촉하는 것보다는 격려하면서 천천히 기다려 주면 진전이 있을 거라고 생각됩니다.

[해설] 학부모가 자녀를 잘 파악하지 못하고 있는 경우, 학부모가 교사의 이야기를 긍정적으로 받아들이고 수용할 수 있을 정도로 관계가 형성되면 조금씩 학생의 상황을 인식시켜 가는 것이 좋다. 문제점을 이야기할 때는 반드시 칭찬을 함께 이야기하는 것이 바람직하다. 교사가 면담하거나 관찰한 내용과 더불어 심리검사나 전문가 의견 등을 토대로 학생의 문제를 부모가 인식할 수 있도록 돕는다.

3. 자녀에 대해 누구보다 잘 안다고 확신하는 학부모

• 네, 제가 보기에도 호연이가 리더십이 강한 면이 있습니다. 부모님이 리더십을 갖도록 잘 기르신 것 같습니다. 그런데 호연이의 강한 행동 때문에 힘들어하는 학생들도 있습니다. 호연이가 더 잘 성장할 수 있도록, 지나치게 강한 부분들을 다듬어 갈 수 있도록 부모님께서 함께 도와주시면 좋겠습니다.

[해설] 자녀에 대해 자신이 가장 잘 알고 있다고 믿는 학부모는 자신의 지식을 바탕으로 자녀의 문제를 진단하고 해결책까지 모두 제시하면서 교사의 견해를 잘 수용하지 않으려고 한다. 이러한 경우 교사가 화가 나거나 답답한 마음에 학부모의 의견에 정면으로 반대하면서 학생의 문제행동을 풀어 놓거나 교사의 견해를 제시하는 것은 학부모의 자존감을 손상시키며 분노를 일으키게 하기 쉽다. 잘못된 신념과 견해를 바로 변화시키기는 어려우므로 학부모의 견해를 일부 수용하면서 다른 방법들을 제안하는 것이 대안이 될 수 있다.

4. 다른 교사에 대해 부정적인 얘기를 하는 학부모

• 저에 대해 좋게 말씀해 주시니 감사합니다. 학생들이 A선생님에 대해 어렵게 느끼는 부분이 있을 수도 있겠지만 제가 지내 본 바로는 A선생님도 학생들을 많이 생각하시고 열심히 노력하시는 분이라고 생각합니다.

[해설] 다른 학부모나 다른 학생에 대한 정보나 사생활, 다른 교사에 대한 바람직하지 못한 이야기, 학교운영과 관련해서 지켜야 할 내용, 교사 자신의 사생활 등은 비밀을 유지하는 것이 바람직하다. 다른 교사에 대해 언급할 때는 가급적 바람직한 측면에 대해 이야기하도록 한다.

5. 자녀에게 무슨 일이 있는 것은 아닌지 걱정인 학부모

• 어떤 면에서 이상하다고 느껴지셨나요? 제가 미처 살펴보지 못한 점이 있는지 저도 주의 깊게 잘 살펴보도록 하겠습니다.

[해설] 부모는 자녀를 늘 가까이에서 보고 관심을 가지고 있으므로 자녀에 대해 이상한 느낌

을 받아 걱정이 되어 교사를 찾아오는 경우 일단 진지하게 듣고 받아들일 필요가 있다. 교사는 많은 학생들을 만나고 있기 때문에 문제상황을 인식하지 못하는 경우도 간혹 있을 수 있으므로 주의 깊게 반응할 필요가 있다.

6. 자녀가 나쁜 친구들과 어울리는 것이 걱정인 학부모

• 걱정이 많이 되셨겠네요. 자라나는 아이들은 누구에게나 문제가 있을 수 있으니 아이들에게 상황을 자세히 들어 보도록 하지요.

[해설] 무엇보다도 교사 입장에서는 먼저 학부모의 고민을 듣고 받아들이려는 준비와 태도를 전달하고 차차 상황을 정리해 가는 것이 적절하다.

7. 진학문제로 상담 중인 학부모

• 작년 입학기준으로 봐서는 지금 은정이 성적으로 그 학교에 입학할 수 있어 보인다는 말씀이시지요? 현재 은정이 성적은 ○○ 정도여서 그 학과의 작년 입학기준으로 보면 하위 기준선 근처에 있습니다. 때문에 충분히 안정권이라고 보기는 어렵고, 대체로 그 학과의 성적기준이 점차 높아지는 추세에 있다는 점도 고려해야 할 것 같습니다. 은정이는 △△ 분야의 적성이 높고 장래희망을 고려할 때 은정이에게 □□ 학교도 잘 맞을 것 같으니 함께 고려해 보시면 좋겠습니다.

[해설] 진로결정에서 교사는 필요한 자료를 제공하고 조력하는 조언자이며, 최종 결정과 선택은 학생과 학부모의 몫이다. 자녀를 좋은 학교에 보내고 싶은 부모의 마음에 상처를 주지 않도록 신중한 자세로 임하되 특별히 고집하는 학교가 있다면 이유를 충분히 탐색하면서 학생의 적성과 희망에 맞는 진로를 선택할 수 있도록 돕는다.

8. 놀기만 하는 자녀가 걱정인 학부모

• 아직 성장하는 과정에 있으니 좀 더 지켜보면서 공부에 관심을 가지고 습관을 들일 수 있게 도와주면 차츰 좋아질 거라고 생각합니다.

[해설] 학부모가 교사에게 자녀에 대한 걱정을 토로하는 경우, 교사는 가급적 부모의 걱정을

덜어 주려고 노력할 필요가 있다. 학생에 대해 최대한 긍정적인 측면을 찾아 이야기해 줌으로써 학부모가 학생의 긍정적 성장을 돕고 격려할 수 있게 한다.

상담연습 [Ⅱ]

1. 해설: 신임교사가 자녀의 학급을 맡은 데 대해 학부모가 염려를 하면서 이를 교사에게 직접 표현하는 경우, 교사는 당황하게 되며 어떻게 응대해야 할지 난처함을 느끼게 된다. 교사 1은 학부모의 이야기에 대해 자신의 불쾌한 감정을 직접적으로 전달하였으며, 교사 2는 학부모의 마음을 일단 수용해 주면서 자신에 대한 신뢰감을 갖도록 이야기하고 있다. 교사 2의 반응이 학부모와의 관계 형성과 이후 협력을 위해 보다 효과적일 수 있다. 그러나 학부모가 지나치게 교사를 무시하거나 하대하는 경우라면 교사 1의 경우처럼 단호한 어조로 불쾌감을 전달하는 것도 고려할 수 있다. 불쾌감에 압도되어 지나치게 감정을 직접적으로 표출하는 것은 관계를 해치게 되므로 유의한다.

2. 해설: 학생의 문제행동으로 학부모를 만나게 되는 경우, 우선 학부모 면담과정에서 학생의 문제를 사실 그대로 설명할 필요가 있다. 문제점에 대해 장황하게 설명하기보다 압축해서 이야기한다. 현재 교사가 하고 있는 지도와 앞으로 할 수 있는 지도방법들을 이야기하고 가정에서 도울 수 있는 일에 대해서도 협력을 구하는 것이 적절하다. 교사 1은 학생의 문제행동으로 인한 어려움과 학생지도에 대한 절망감을 학부모에게 직접 토로하고 있으며, 교사 2는 같은 어려움에 대해 표현하면서도 이를 극복하는 데 학부모를 조력자로 불러들이고 있다. 교사 1의 반응은 학부모의 공격적인 반응을 불러일으키거나 죄책감을 갖도록 만드는 반면, 교사 2의 반응은 학생의 문제행동을 함께 변화시키고자 하는 희망과 노력을 공유하도록 이끌 수 있다.

참고문헌

교육과학기술부(2011). 학부모진로진학상담.

구광현, 이정윤, 이재규, 이병임, 은혁기(2005). 학교상담의 이론과 실제. 서울: 학지사.

권석만(2014). 이상심리학의 기초-이상행동과 정신장애의 이해. 서울: 학지사.

김강일(2015). 상담자 자기개방에 대한 고찰. 사회과학 담론과 정책, 8(1), 37-53.

김동연, 한미령 (1991). 상담자의 비언어적 행동과 내담자의 성격유형에 따른 신뢰성 지
    각. 재활과학연구, 9(1), 19-31.

김영혜(2001). 상담과정에서 내담자의 자각과 통찰에 영향을 주는 상담자의 언어반응들.
    이화여자대학교 대학원 박사학위논문.

김혜숙, 최동욱(2013). 학부모상담 길잡이. 서울: 학지사.

서영석, 조화진, 조민아, 김민선, 최바올, 고은영, 안하얀, 백근영, 최영희, 석분옥, 이정
    선, 민경화, 김효주, 박준호(2012). 상담자 즉시성이 상담회기평가 및 작업동맹에
    미치는 영향: 회기-내담자-상담자 3수준 다층모형 검증. 한국심리학회지: 상담 및
    심리치료, 24(4), 753-780.

손선주, 박미숙, 박지은, 손진훈(2012). 한국어 감정표현단어의 추출과 범주화. 감성과학,
    15(1), 105-120.

연문희, 강진령(2009). 학교상담-학생생활지도-. 경기: 양서원.

유성희(2011). 학부모상담법. 서울: 꼬망세.

이장호(2005). 상담심리학입문. 서울: 박영사.

이재창(2006). 생활지도와 상담. 서울: 문음사.

이재창, 조봉환, 최인화, 임경희, 박미진, 김진희, 정민선, 최정인, 김수리(2014). 진로상담

의 이론과 실제. 서울: 아카데미프레스.

이종헌(2005). 학교상담교사의 직무 및 역할 분석. 한국교원대학교 대학원 박사학위논문.

임경희, 박미진, 정민선, 한수미, 이종범, 김진희, 홍지영, 문승태, 김수리, 최인화, 조붕환, 이인혁(2014). 자기개발과 진로설계. 서울: 학지사.

장재홍(1998). 해석기법에 대한 이해: 정신역동적 입장에서. 인간이해, 19, 25-49.

조붕환, 임경희(2013). 교사를 위한 생활지도와 학교상담(2판). 서울: 아카데미프레스.

한국초등상담교육학회 편(2015). 학교폭력의 예방 및 대책. 서울: 학지사.

허승희, 박성미(2010). 초등학교 상담 이론과 실천. 서울: 학지사.

서울진로진학정보센터 www.jinhak.or.kr

워크넷 www.work.go.kr

커리어넷 www.career.go.kr

American School Counselor Association (2005). *The ASCA National Model: A framework for school counseling programs* (2nd ed.). Alexandria, VA: Author.

American School Counselor Association (1990). *Role statement: The school counselor.* Alexandria, VA: ACA Press.

American School Counselor Association (1997). *The national standards for school counseling programs.* Alexandria, VA: Author.

Anderson, H., & Goolishian, H. (1992). The client is the expert: A not-knowing approach to therapy. In S. McNamee & K. Gergen (Eds.), *Therapy as social construction.* Newbury Park, CA: Sage Publications.

Barnett, J. E. (2011). Psychotherapist self-disclosure: Ethical and clinical consideration. *Psychotherapy, 48*(4), 315-321.

Cammack, F. M., & Buren, H. V. (1973). Paralanguage across cultures: Som coparison Between Japanese and English. *ELEC Bulletin*, 7-10.

Corey, G. (2005). *Theory and practice of counseling and psychotherapy* (7th ed.). Belmont, CA: Brooks/Cole.

Dahir, C. (2001). The national standards for school counseling programs: Development and implementation. *Professional School Counseling, 4,* 320-327.

Egan, G. (1997). 유능한 상담자[The skilled helper (5th ed.)]. (제석봉, 유계식, 박은영 공역). 서울: 학지사. (원저는 1994년에 출판).

Egan, G. (2002). *The skilled helper: A problem management and opportunity development approach to helping* (7th ed.). Pacific Grove, CA: Brooks/Cole.

Evans, D. R., Hearn, M. T., Uhlemann, M. R., & Ivey, A. E. (2011). *Essential interviewing : A programmed approach to effective communication* (8th ed.). Belmont, CA: Brooks/Cole.

Freedman, L., Sears, D. O., & Peplau, L. A. (1985). *Social Psychology.* New Jersey: Prentice-Hall, Inc.

George, R. L., & Cristinai, I. S. (1981). *Theory, methods, process of counseling psychotherapy.* New Jersey: Prentice-Hall, Inc.

Glaser, K. (1981). Psychopathologic patterns in depressed adolescents. *American Journal of Psychotherapy, 35,* 368-382.

Henderson, P. (1987). A comprehensive school guidance program at work. *TACD Journal, 15,* 25-37.

Highlen, P. S., & Hill, C. E. (1984). Factors affecting client change in individual counseling: Current status and theoretical spculations. In S. D. Brown & R. W. Lent (Eds.), *Handbook of counseling psychology* (pp. 334-398). New York: Wiley.

Hill, C. E., & O'Brien, K. M. (1999). *Helping skills: Facilitating exploration, insight, and action.* Washington, DC: American Psychological Association.

Hill, C. E. (1992). Research on therapist techniques on brief individual therapy: Implications for practitioners. *The Counseling Psychologist, 20*(4), 689-711.

Hill, C. E. (2012). 상담의 기술[*Helping skills: facilitating exploration, insight, and action* (3rd ed.)]. (주은선 역). 서울: 학지사. (원저는 2009년에 출판).

Kiesler, D. J. (1988). *Therapeutic metacommunication: Therapist impact disclosure as feedback in psychotherapy.* Palo Alto, Ca: Consulting Psychologist Press.

Knox, S., & Hill, C. E. (2003). Therapist self-disclosure: Research-based suggestions for practitioners. *Journal of Clinical Psychology, 59*(5), 529-539.

Kottler, J. A., & Brown, R. W. (1996). *Introduction to therapeutic counseling.* Pacific Grove, CA: Brooks/Cole.

Mehrabian, A. (1971). Nonverbal communication. *Nebraska Symposium on Motivation, 19,* 107-161.

Rayne, M. (2006). *Introduction to narrative therapy for counselors.* Thousand Oaks, CA: Sage Publications.

Ricoeur, P. (1984). *Time and narrative.* Chicago: The University of Chicago Press.

Rogers, C. R. (1942). *Counseling and psychotherapy.* Boston: Houghton Mifflin.

Rogers, C. R. (1980). *A way of being.* Boston: Houghton Mifflin.

Schmidt, J. J. (1999). *Counseling in schools: Essential services and comprehensive programs* (3rd ed.). Boston: Allyn & Bacon.

Simons, N. R. (1976). The impact of therapist disclosure of patient disclosure. *Journal of Counseling Psychology, 23*, 3-6.

Stricker, G. (1990). Self-disclosure in psychotherapy. In G. Stricker & M. Fisher (Eds.), *Self-disclosure in the therapeutic relationship*(pp. 277-290). New York: Plenum Press.

Wilgus, E., & Shelley, V. (1988). The role of the elementary-school counselor: Teacher perceptions, expectations, and actual functions. *The School Counselor, 35*, 259-266.

Williams, M. H. (2009). How self-disclosure got a bad name. *Professional Psychology: Research and Practice, 40*, 26-28.

Wittmer, J. (2000). *Managing your school counseling program: K-12 Developmental strategies* (2nd ed.). Minneapolis, MN: Educational Media Corporation.

Yalom, I. D. (2002). *The gift of therapy.* New York: HarperCollins.

김진희(Kim Jinhee)
홍익대학교 교육학과 상담심리전공 박사
현 안양대학교 교육대학원 청소년상담교육전공 교수

박미진(Park Meejin)
홍익대학교 교육학과 상담심리전공 박사
현 서울필심리상담연구소 소장

임경희(Lim Kyunghee)
홍익대학교 교육학과 교육상담전공 박사
현 순천대학교 교직과 교수

조붕환(Cho Bunghwan)
홍익대학교 교육학과 상담심리전공 박사
현 공주교육대학교 교육학과 교수

학교상담자를 위한
상담면접의 실제
Counseling Interview Techniques for the Professional School Counselor

2018년 2월 10일 1판 1쇄 발행
2021년 9월 25일 1판 3쇄 발행

지은이 • 김진희 · 박미진 · 임경희 · 조봉환
펴낸이 • 김 진 환

펴낸곳 • (주) **학지사**
　　　　04031 서울특별시 마포구 양화로 15길 20 마인드월드빌딩 5층
대표전화 • 02) 330-5114　　팩스 • 02) 324-2345
등록번호 • 제313-2006-000265호
홈페이지 • http://www.hakjisa.co.kr
페이스북 • https://www.facebook.com/hakjisabook

ISBN 978-89-997-1379-8　93180

정가　18,000원

이 도서의 국립중앙도서관 출판시도서목록(CIP)은 서지정보유통지원시스템
홈페이지(http://seoji.nl.go.kr)와 국가자료공동목록시스템(http://www.nl.go.kr/kolisnet)
에서 이용하실 수 있습니다.
(CIP제어번호: CIP2017034659)

출판 · 교육 · 미디어기업 **학지사**

간호보건의학출판 **학지사메디컬** www.hakjisamd.co.kr
심리검사연구소 **인싸이트** www.inpsyt.co.kr
학술논문서비스 **뉴논문** www.newnonmun.com
원격교육연수원 **카운피아** www.counpia.com